U0110059

北望長天

—報導文學隨筆集—

何與懷 著

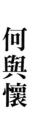

本書榮獲澳大利亞南溟出版基金贊助，

特此鳴謝。

序

•••••••蕭虹•••••••

看完何與懷的書稿，很受震撼。

首先一個印象就是整本書的主題是悼念。但卻不是一般的悼念，悼念者與被悼念者表現出某種緊密相連的關係，雖然不能說是「夫子自況」，但他們之間明顯地在思想上精神上有著共通性，因此文章裏充滿深摯的情感。作者是把他全副靈魂迭印在他所悼念的人的靈魂上。讀者可以想像何與懷對這些人的崇敬與欽佩，同時，感同身受地承受了他（她）們的苦難與屈辱，油然而生出的不平之鳴就不由得流露在這些文章裏面。這就是這部書的震撼力之所在。

本書所寫的人物中，有我所熟悉的，如巴金、劉賓雁、王若水，也有不那麼熟悉的，如沈元、林昭，也有些是兩者之間的，如遇羅克、張志新。最令我感到高興的是在這十多篇文章裏，有林昭、張志新、郁風三篇是寫女性的。在傳統編纂中，往往沒有女性的出現。即使有，也是象徵性的。例如幾十卷的正史裏面有一卷或兩卷後妃傳及一卷列女傳。到了清代編全唐文、全唐詩的時候，也在佛道類之後，加一個婦人類。在新中國，情況也未見得有好轉。據我所知，所有

的組織中，還是規定象徵性地要包括百分之若干婦女。古今中外婦女都占總人口的一半，這樣的象徵性，無疑是對婦女的一種侮辱。我生平最恨這種聊具一格的作法。我曾經因為它而拒絕做某社團的理事，因為我問會長他們邀請我是否因為我是一個女人，他老實地回答：是。雖然他誠實可嘉，但我還是拒絕了。我覺得本書值得我高興的地方不是它包括了百分之若干的婦女，因為如果規定百分之幾，婦女便不是由於她本身的條件而被收容的，而是別人為了填補那個百分比而施捨給她們的。照我看來，本書的三個女性之所以被收入，純粹是因為她們和書中其他的人物是同類的。她們有共通的經歷和寧死不屈或百折不撓的精神。所以不是象徵性在作祟，而是名正言順地進入本書的。

我們一般稱讚人的文學作品，往往說「文情並茂」，上面說了情，現在再說文。在何與懷這些文章內，不乏精彩的文字。這些不是雕琢的華贍文采，而是經過錘煉的動人心魄的警句，用在某一個地方不但最為貼切，簡直就是淋漓盡致，不能用其他更好的詞句來代替了。他的文字雖驚人但不誇大，雖動人卻不煽情，從平實中見跌宕，由冷靜中生火焰。何與懷雖然是英美文學專業出身，但是中國傳統文學的根底極佳，用詞遣句，老練而精當。其次，中國人寫文章，往往重敘事抒情而疏於分析，而他的文章也許受了西方文學和學術傳統的影響，注意分析。當時的形勢與政治環境，以及人物的性格與家庭背景在事件中的因果關係，條分縷析地展現出來，所以他的文章很有說服力。

　　然而，除了文情並茂之外，更重要的是，何與懷和他所崇敬的劉賓雁一樣，在以報告文學的寫法行文。他所寫的人物，資料往往散見於不同的地方，但他做了大量研究，多方搜集並比較了很多資料，使文章有豐富的內涵，紮紮實實，擲地鏗鏗有聲。而這些人物形象，生前死後種種狀況，以及當時社會環境，經過他的整理篩選和刻畫，較為完備地呈現在讀者面前。這當然是為了順應他自己評述分析，但也無形中為這個人物整理出了可信的史料。就以張志新來說吧，十年前我為她在我所編的《中國婦女傳記辭典：二十世紀卷》寫傳記時，就沒有見到何文中的一些資料。當然那時互聯網還沒有現在那麼發達，因此有些資料是後來才出現的。

　　直到我讀到〈夾邊溝，我聽見亡靈的悲訴……〉一文時，我意識到這本書不只是為逝去的人而寫。其實裏面還有活著的人。這使我重新尋找它的主題。我感到何與懷不僅僅在做悼念文章。他在寫中國二十世紀下半期的悲劇。這個悲劇是由千千萬萬個像本書內的驚心動魄的個人經歷組成的。它流淌著這個時代的血和淚，飄蕩著這個時代留下的冤魂。像主張成立文革博物館的巴金一樣，他把這些人和事寫下來，希望我們永遠不會忘記，而且，如果有幸，我們的後代，後代的後代也能讀到這本書，我們就世世代代都不會忘記在中國發生過這樣可恥可悲的事情，而不允許同樣的事情再度發生。

　　然而，我覺得到此我還是沒有完全梳理出何與懷的意圖。我覺得這些文章內還隱藏著一個動機，但必需說明這只

是我自己的體會，並未求證于何本人。他可能並沒有意識到
這一點，也可能是我無中生有。總之，我還感到他在寫這些
文章的時候，一定懷有幾分懺悔的心情。因為在當時沈默的
芸芸眾生之中也有他。當他重新拾起這些往事時，能沒有幾
分愧疚？其實，這個世界裏真正能成為英雄的男女太少了。
我們能夠記取某些歷史的瞬間，不讓它們湮沒無聞就已經是
盡了一分心意，比無動於衷或是善忘的人好多了。像何與懷
這樣勤勤懇懇搜集整理資料，用盡心力構思成文，畢竟是難
能可貴得很了。

（蕭虹博士曾任教於澳洲雪梨大學中文系。退休後仍致力於各種文
化文學活動。為《南溟出版基金》創辦者和主持者。）

社會良知與道德追求
——序何與懷博士文集《北望長天》

◆◆◆◆◆◆◆冰夫◆◆◆◆◆◆◆

　　不久前，與懷兄交給我一部隨筆評論集《北望長天》原稿，囑我寫點文字，以誌留念。

　　這是他又將付梓的一部力作。而我，半個多月的時光過去了，久久未能動筆。本來為文壇好友的新作寫序，是件愉快的事，但是面對這部「吐詞涉事，絕藝奇技」的文集，我卻膽怯了。要對這些作品作出「不偏不倚、洞中肯綮」的分析，我自知才薄識淺，雖有所悟，卻無法以文字表達其精義，現在，只能就腦螢幕中積聚的映象，述略一二，算作「野人獻芹」吧。

一

　　作家的激情與思辨源於他對社會人生的理解與認知；源於他的胸懷、目光、氣質、心態及觀照態度。與懷兄是雪梨文壇的名士之一。在他的生命流程中，幾乎貫穿著一條對政治與文化的熱忱關懷。這就使我們不難理解，他既是雪

著名的社會活動家，又是文評與時評雙翼齊飛的多產作家。他擁有諸多社會頭銜，而且，他與一般社團的那些掛名者不同，他是以作家的筆墨為社團張揚主旨、傳播影響的主將。有一段時間，幾乎雪梨每天的新聞中都能看到他的行蹤。我想，與懷兄雖不是口若懸河的滔滔雄辯之士，但精通英語與深厚的學養使他在交際場合仍然不失談吐肆應的工夫。

作為一介文人，這一切活動，無疑地擴大了他的視野，拓展了他的思路，繁富了他的生活蘊藏。使他在書寫評論文章（包括時評與文評）時，能夠思潮洶湧，激情澎湃，歷史現實，縱橫捭闔，上天入地，信手拈來，因而他的文章源源不斷，豐富多彩，引人注目。

初識與懷兄，大約十年前，一個春天的午後，在雪梨華文作家協會的集會上，那時他剛從新西蘭移居雪梨不久，任職「天大集團」，當時，給我的第一印象，舉止溫文爾雅，言談條理清晰，思路敏捷，頗多文人氣息，不像時下某些商界附庸風雅的弄潮兒。後來，隨著交往過從的增多，才知道他是個地道的文人。他二十世紀六十年代畢業於南開大學外文系，曾任教廣州外語學院，主講英美文學。八十年代在新西蘭奧克蘭大學一邊讀博士學位，一邊在該校教書。值得一提的是，他的博士論文是「評述中國『新時期』中一系列文學政治事件，探討當代中國文學與政治的關係」（該論文《壓制與放鬆的迴圈：1976—1989年間中國文學與政治的互動》，由德國馬漢茂教授生前的波鴻出版社出版）。

　　後來，又一次見到他，是在《酒井園詩刊》創刊號發行會上，他已當選為雪梨華文作家協會副會長，時而有文章見諸於報端。那天他帶來了剛由美國紐約M. E. Sharpe出版社2001年出版的的英文詞典《中華人民共和國政治文化用語大典》。這部厚達七百四十七頁的英文書籍是向西方人介紹當代中國社會政治文化的工具書。如果不是對中國當代社會有深刻的瞭解，而又對西方有較透徹的認識，是很難完成這樣的著作的。大家在熱烈祝賀之餘，都為他的勤奮與博學而驚歎不已。他對中西方政治文化的研究與學養，為他的評論文章奠定了深厚的基礎，不僅他寫時得心應手，而且使人讀來有「文直事詳，雍容揄揚」之感。

　　細心的讀者自會從文集的字裏行間體味到他奔瀉的激情與思辨的理性，用不著我從旁喋喋。作為可與傾談的文友，我與與懷兄相交十來年，雖然在某些問題上有些觀點不盡一致，但彼此間能坦誠相待，直抒胸臆。記得前輩柯靈先生說過：「直來直往的爭執正是推心置腹的表現，而虛與委蛇必然成為友誼的障礙。」

二

　　如果我們把這部文集放在當今社會「在道德準則上，人們由崇尚精神完善到崇尚物質實惠」這個大背景下來審視，就不難發現與懷兄的社會良知與道德追求，使他的隨筆、他的評論，甚至他的報導文學在在閃爍出理性之劍的光芒，感人肺腑。

與懷兄不但關懷於文學，也關懷社會政治問題。說他是政論型的文藝評論家，似乎更為適合些。廣泛的視野，敏銳的目光，源於作者的學術根底與中西文化的薰陶。而直面現實，對社會問題的關注，則是他「社會良知與道德追求」的具體表徵。

記得上海一位學者曾經指出，「據說我們的社會進入一種『沙化』的精神狀態，像沙粒一樣的個性佈滿社會的任何一個角落，無情地消蝕著民族的一切值得尊敬的標誌。藝術如果作為這類沙粒般的個性的載體，那麼，鬼祟行為、邪惡欲望與粗鄙醜陋都可以堂而皇之地粉墨登場。美，無論是人性美還是藝術美，都將被放肆地嘲笑和褻瀆。」

然而恰好相反，我們在這部文集中，看到的「道德訴求」與「審美闡述」都是圍繞著「人性美與藝術美」的課題進行的。讀者自會體認到那豐碑雕像般的追念英靈的文章，如追念在上個世紀八十年代被稱為「中國良心」的劉賓雁（〈上下求索，雖九死猶未悔〉）、中國一代文學巨匠巴金（〈不讓歷史的悲劇重演〉）、當代傑出詩人公劉（〈遙遠的紀念〉）、國際著名經濟學家楊小凱（〈天妒英才〉）、大右派儲安平（〈北望長天祭英魂〉）、詩人學者翻譯家梁宗岱（〈他以悶雷般的吼叫告別世界〉）……等等篇章中觀察到，作者在洋洋灑灑的篇幅裏傾訴著他對這些先行者的仰慕、敬佩與追思之情，同時又委婉地披露出那「荒誕年代荒誕事件」產生的腐朽土壤及其嚴重後果，在字裏行間感受到那「血的驚心與淚的沉重」。

　　附帶說一下，其中三篇文章的寫作都與我有些關聯。2003年1月份，詩人公劉在安徽合肥逝世的消息傳到澳洲，大家都很悲痛。與懷兄看到國內報刊上的悼念文章不多，毅然決定在澳洲影響最大的《澳洲新報》，以副刊整版篇幅編紀念專輯，除選登公劉的短詩之外，還登了我的〈世事茫茫憶公劉〉與雪楊博士的〈遙望一盞隱去的燈〉和他深情悲憤的短文〈紀念公劉〉。在公劉逝世兩周年的時候，他又寫了近萬字的長文〈遙遠的紀念〉，在《澳洲新報》發表後，更被海內外多個網站轉載傳播。

　　記得2004年7月，澳洲華裔著名經濟學家楊小凱教授逝世的第二天，與懷兄就打電話向我約稿（他知道我認識楊教授），並告訴說，中國社科院、北京大學等經濟研究所都在第一時間開了追思會，他想立即在《澳華新文苑》上編悼念楊小凱教授的專輯，為這位享譽世界的中國著名經濟學家送行。

　　對儲安平一文的撰寫，可謂煞費苦心。那是一次談論章詒和的《往事並非如煙》中，他聽說儲安平的長公子儲望英是馬白兄的鄰居並時有過從，便萌生了編紀念專輯的念頭。於是約馬白教授撰寫讀《儲安平文集》的感想，約我寫悼念的詩歌，他則親自撰寫追思文章。其後，將近一個多月的時間，他採訪儲望英與夫人陶俊英，查尋、閱讀大量有關資料。

　　他的〈北望長天祭英魂〉的長文，可謂「繼采前書遺事，傍貫異聞」，而吟作今文時又「斟酌前史，譏正得失」（《後漢書・班彪傳》）。因而該文一經澳洲報刊披露，立即在海內外引起巨大反響，不僅世界各地眾多華文網站予以

轉載,就連中國大陸好幾個著名網站也紛紛刊載此文,並由此文而生發出許多敏感的評論與話題。我想,由此可見,作者知識份子的良知和社會責任感,對構建自由、平等、和諧、健康的現代社會是一種巨大的推動力量。

＊冰夫先生為詩人、散文家、文學評論家。原為中國上海作家協會理事,現為澳洲雪梨華文作家協會顧問及酒井園詩社創社社長。

他鐫刻了一座心碑
——讀何與懷《北望長天》

·······陳行之·······

一

　　閱讀何與懷先生《北望長天》書稿，我自然想起湯因比（1889-1975）曾經提醒人們的一句話：「歷史學家必須提防的事情之一，就是聽任勝利者壟斷對後人敘述故事的權力。」他以古希臘史中的伯羅奔尼薩斯戰爭為例，認為它反映的幾乎全部是雅典人的觀點，這種觀點一直延續到了近代，導致近代歷史學家也按照雅典人的觀點描述這場戰爭，把伯羅奔尼薩斯人視為敵人。湯因比說，假如當時的勝利者不是雅典人而是伯羅奔尼薩斯人，記述這段歷史的是伯羅奔尼薩斯人而不是雅典人，「那麼，我們就會擁有一部完全不同的歷史。」（湯因比：《湯因比論湯因比》，1974年）

　　在湯因比看來，歷史只不過是勝利者的宣傳，它必然帶有某種主觀性和相對性，任何歷史學家都不可能擺脫他所處的時間和空間的限制、排除道義和偏見的影響去撰寫所謂「純客觀的歷史」。

　　我對湯因比充滿了敬意，不僅僅因為這個英國人用40年（1921-1961）時間撰寫了煌煌12大卷、洋洋500萬字巨著

《歷史研究》，也不僅僅因為這個人建立了體系龐大、豐富複雜的歷史哲學體系，更重要的是他的很多論述往往能夠被我們的經驗所證實。比如「歷史是勝利者的宣傳」這個觀點，就能夠在我們觀察歷史和經歷生活時被證明是一條真理。

用這個觀點來推導，我們會發現一個有趣的現象：歷史經常交互呈現「隱」和「顯」兩種形態。在一段時間裏，勝利者（或者說「權力者」）的宣傳表現為「顯」，對真實進行了遮掩，使真實呈現「隱」的形態；在另一段時間裏，它們又會突然發生逆轉，在民間力量參與下，「顯」者不得不轉化為「隱」，與此相對應，「隱」者也就轉化為「顯」了──我們經常說「歷史會證明一切」，它不僅是對歷史公正的一種寄望，實際上還反映了這樣一種歷史發展規律。

二

我是從何與懷先生的歷史記述和時評文章中認識他瞭解他並進而成為朋友的。最初，我接觸何與懷的歷史記述只是個別篇章，從《北望長天》書稿中，我才知道他已經在這條承載著歷史意義的道路上前行了許久，創造出了如此豐厚的產品。我對從事精神創造的人總是充滿敬意，我認為何與懷做的工作很有意義。意義在哪裏？意義在於當歷史顯現為「顯」的時候，何與懷要把那些被隱藏和遮蓋的東西從「隱」的狀態中挖掘出來，使之顯現──收集在《北望長天》中的文章大部分都是這樣的作品。

　　何與懷即使作為海外學者做到這一步也極為不易。我這裏說的不易指兩方面：一，需要抵禦乃至於抗拒某種力量有形或者無形的限制，這意味著你必須懷有一種崇高的道德使命，具有為了張揚思想而受難的勇氣；二，需要以相應的思想學術水準和道義高度來處理手下的素材。這就是說，這並不是一件隨便什麼人想做就能夠做的事情。

　　何與懷在這兩個方面都享有得天獨厚的條件——他的思想、學養和道德勇氣使得他穿行在素材的叢林中游刃有餘，他憑藉敏銳深刻的歷史感擷取具有歷史意味的事件，就像技藝精湛的畫師那樣把它們表現了出來，組合排列成為了琳琅滿目的歷史畫廊……站在這個畫廊前，我們固然會為那些思想受難者悲慘坎坷的命運唏噓，慨歎可以被稱之為「宿命」的東西對於知識份子使命的搓弄，我們也同樣會為還原和呈現了歷史真貌的人在心底裏發出讚歎。

　　何與懷有資格獲得這種讚歎，他無愧於這種讚歎。

　　讀過這本書的文稿，我對何與懷先生說要為它寫一篇東西。在這個承諾裏當然有友誼的成分，但是更多的是對記述者和被記述者的敬佩。是的，我們應當為自己有機會直接面對那些逝去了的生命感到幸運，當晦暗天空上出現普照大地的思想光輪的時候，我們每一個人都會情不自禁為它歡呼，我們會默念那些很少在公開場合提起的名字：林昭、遇羅克、王申酉、張志新、劉賓雁、王若水……也只有在這種情況下，「顯」才顯得那樣蒼白，而「隱」則像生命那樣鮮活，那樣難以抗拒。

這時候你就要想，在這個世界上，精神法則是超然於一切所謂「社會法則」之上的。它總是在向我們宣示一個真理：有一種東西即使活著也沒有生命，有一種東西即使死去了也會徜徉在人間。

三

我把話題延伸一下。

陝西省乾縣有一座著名的陵墓，這就是唐高宗李治與女皇武則天的合葬墓，謂之乾陵。乾陵立有兩塊高宗去世的時候武則天親自主持豎立的高大石碑。西面是「述聖記碑」，由武則天撰文、唐中宗書寫，用8000餘字碑文歌頌唐高宗的豐功偉業；東面是武則天的「無字碑」，由一塊巨大的整石雕成，碑首雕有8條互相纏繞的螭首，飾以天雲龍紋，碑上平滑無字。由於無字，自然引起人們很多猜測聯想，其中之一就是則天武帝自信是一代傑出君主，功過是非留給後人評價。我大致相信這種說法。

我曾經數次陪同朋友去乾陵參觀遊覽，每一次站立在「無字碑」前都很有一番感慨：人人都想不朽，但是歷史常常不遂人願──該朽的，不管你豎立了多麼高的石碑修築了多麼大規模的廟堂照樣朽掉；不該朽的，即使僅僅留下一抔黃土甚至於消逝於天地之間也照樣不朽……這就是說，石碑無用，真正不朽的是那些被人們鐫刻在心碑上的人，是那些用靈魂而不僅僅是肉體站立的人，是那些像普羅米修士一樣盜天火給人間的人。

　　在乾陵前面那兩塊有字的和無字的石碑面前，我們談論最多的不是渴望流芳百世的皇帝，而是那些長眠地下、由於某些原因不再被允許提起的人——奇怪的是，這些人與何與懷在《北望長天》中記述的人物竟然出現了大面積重合。這說明了什麼？這說明人們會為那些值得尊敬的人在精神殿堂裏留下位置，說明有一種東西是不死的，它就徜徉在廣袤無垠的大地上，閃耀在寥廓寂靜的蒼穹深處，迴響在每一個用理性支撐的人心中。

　　我們經常說歷史總有一天會讓一切被遮掩的東西昭然若揭，然而，長久以來，我們也在深深遺憾無法把那些人物的紀念轉化為有形——在這個世界上，顯然有一種東西比我們的紀念更有力量。嚴格一點兒說，是這種力量決定著何為「顯」何為「隱」，即使是那些「徜徉在廣袤無垠的大地上，閃耀在寥廓寂靜的蒼穹深處，迴響在每一個用理性支撐的人心中」的事物，也無法進入公眾視野。好在認為把它們「顯現」極為重要的人越來越多了，何與懷者為其一。有了這些人的努力，我們不僅從網路上看到真相，我們甚至還能從出版物中獲得接近那些偉大靈魂的機會。

　　《北望長天》像所有此類書籍一樣，終於找到機會向後人述說曾經發生過什麼事情——回想我十幾年以前在無字碑前的慨歎，不能不認為歷史歸根結底具有一種向善的本性，它知道應當把人們期望的東西呈遞到人們眼前。

四

通過網路交到很多朋友，何與懷先生為其中之一。

我驚訝地發現海外學者對祖國發生的事情極為關注，他們不僅用眼睛而且是用整個靈魂注目著這塊與他們血肉相連的土地上發生的一切：光明與黑暗，正義與非正義，前進與倒退，光榮與恥辱……「中國」這兩個字在他們心中有比在我們心中還要沉重的分量。他們希望祖國繁榮昌盛，他們知道一個國家在何種條件下能夠強大，知道只有「自由」「民主」才能夠抵禦黑暗，抵禦非正義，抵禦倒退，抵禦恥辱……這是從經歷中而不僅是從書本上獲得的信念。他們所做的一切都出於這種信念。

這使他們變得異常堅韌，做著很多國內學者沒有條件做的事情。何先生告訴我說《北望長天》將在臺北出版，我具體想像到那個似乎遙不可及的地方，想到1997年我到那裏與出版界朋友聚談時的情形，想到那裏有一個叫龍應台的人……這時候，地理上的距離也就沒有什麼意義了。臺灣近在咫尺，因為，有一種被稱之為思想和精神的東西使我們聯結成了一個整體，就像我們並不孤單、我們與整個世界都是一個整體一樣。

其實，海外學者可以不關注國內發生的事情，可以不做讓被遮隱的事物顯現的事情，同樣，臺灣也可以不關注大陸發生的事情，它也可以不做學者們做的事情……他們為什麼還要做？《北望長天》之類的書籍與臺灣人的生活有直接關

係嗎？這個問題簡單而又複雜。說它簡單，是因為他們與我們同種同宗，他們認為有義務護佑那些應當被護佑的人；說它複雜，是因為還有比這種關係更為重要的東西決定著他們做什麼和怎樣做。這就是：正義。

是的，正義。

正義是這個星球上所有人類的精神支點，即使不同種族、不同膚色的人也被它所激勵，相互做它要求做的任何事情，何況身體裏流淌著中華民族血液而又關注這個民族命運的人？

正是在這個意義上，我對海外學者和台、港、澳那些基於正義信念直接和間接推動祖國進步事業的人總是心存感激。

五

我很喜歡的奧地利作家茨威格曾經寫過一本名為《人類的群星閃耀時》的歷史特寫，記述了歷史上一些著名事件和人物輝煌閃耀的瞬間情形。他認為「這種充滿戲劇性和與命運攸關的時刻在人的一生和歷史進程中都難得一見，而它們對個人命運和歷史進程的影響卻超越時空」。

我們同樣可以從這個角度來見解何與懷筆下的人物。

從《北望長天》的篇什中能夠看出何與懷對他們寄予了怎樣的思想和藝術情懷。奇妙的是，恰恰是茨威格在《人類的群星閃耀時》「序言」中概括出了何與懷所著眼的東西：「我想在這裏從極其不同的時代和地區回顧這種群星閃耀的

某些時刻──我之所以這樣稱呼這個時刻，是因為它們宛若星辰，永遠放射著光輝，普照著暗夜。我不想用虛構來增加和沖淡所發生一切的內外真實性，因為在那些時刻歷史本身已經表現得十分完全，它無需任何輔助手段來做補充。歷史是真正的藝術家，任何一個作家都無法用虛構超越它。」

　　何與懷就是這樣利用歷史資料並賦予它們富於個性的藝術形式的。

　　《北望長天》中的作品思想嚴謹而又不失藝術張力，好讀又耐讀，是真正能夠被稱之為「思想作品」的藝術品。閱讀這樣的作品，你享受的將不是快感，那是一種凝重，一種能夠讓你的靈魂也沉重起來的凝重，因為它以自己的獨特品格讓「隱」顯現為「顯」，讓人們看到了歷史真相，看到了未被遮掩的心靈。

　　我有理由認為這本書是何與懷為那些高尚而深刻的靈魂鑴刻的一座心碑。我也有理由據此推想：倘若有更多的人鑴刻這樣的心碑並把它們置放到一起，我們就將得到一座穿越祖國歷史時空的長城，它巍峨壯麗，肅穆莊嚴，在它面前，任何可笑的事物都將愈發可笑，任何輕飄的事物都將更加輕飄，因為它是一個偉大民族真正的精神創造──它無與倫比。

2008年7月18日，於北京

＊陳行之先生為中國著名評論家、小說家。現居北京。

目次

北望長天祭英魂

——儲安平誕辰紀念

儲安平遺照　　《儲安平文集》封面

儲望英與夫人陶俊英

北望長天祭英魂
──儲安平誕辰紀念

一

那天在馬白教授家裡和儲望英聚會。望英君是儲安平長子，移民澳洲也有一些年月了，就住在雪梨南區離馬白教授家不遠的地方，過著平淡幽靜的退休生活。我們談那場倏忽之間就摧殘了幾十萬精英的所謂「反右運動」，談他父親。他話不多，看來性格也像他每天的生活一樣，但內心的悲愴，雖然壓抑著，也是可以感覺到的。

二

關於儲安平，至今還是一個謎──是他之死，或不知生死。

許多人已為此寫過文章，提供自己的見解。例如：徐鑄成的〈我的同鄉〉（台灣《傳記文學》一九八九年第五期）、戴晴的《儲安平與「黨天下」》（江蘇文藝出版社，一九八九年六月）、孫琴安和李師貞的《毛澤東與名人》（江蘇人民出版社，一九九三年二月）、董樂山的〈閑話皇帝〉（廣東《隨筆》，一九九三年第三期）、鄧加榮的《尋

找儲安平》（北京十月文藝出版社，一九九五年十月）、胡志偉的〈中共文化百人誌〉（台灣《傳記文學》一九八九年第五十三卷第二期）、余開偉的〈儲安平生死之謎又一說〉（《書屋》一九九九年第二期），以及章詒和的《往事並不如煙》（人民文學出版社，二零零四年一月）一書中有關章節……等等。各有各的說法：「投河自殺」（在北京某個地方？）、「蹈海而死」（在青島？在天津？在塘沽？）、「虐殺斃命」（被紅衛兵活活打死？一九六六年八月，北京紅衛兵掀起「紅色恐怖」期間，北京市被打死或受到迫害後自殺者超過一千七百人）。也有說未死的，說儲在新疆改造時，逃到蘇聯去了；或說他在江蘇某地出家當了和尚……

最神乎其神的是章詒和的敘述：

> 八十年代初，吳祖光訪美歸來。他特地打來電話，說要告訴我一則消息。我去了坐落於東大橋的吳宅。
> 紅光滿面的吳祖光，興沖沖地說：「詒和，有個老作家在美國某個小城鎮的街道散步，忽見一人酷似儲安平，即緊隨其後。那人見有跟蹤者，便快步疾行。老作家生怕錯過良機，便連呼：儲先生。聲音也越來越高。那人聽後，竟飛奔起來，很快地消失了。依我看，儲安平可能還活著，在美國。要不然怎麼死不見屍呢？這個消息太珍貴了，你回去告訴李大姐。」

章詒和把這個消息轉述給母親。這位大右派章伯鈞的夫人沒有興奮起來，只說：「這不是儲安平的消息，是儲安平傳奇。」

　　儲安平的後人也不相信儲安平還活在世上。儲望英的弟弟、現在墨爾本居住的儲望華記得，早在六十年代初，他父親曾和他說起過「想要自殺」的想法。自從反右以後，面對「抱負」不能實現，屈辱不堪忍受，儲安平想到死是很自然的。而儲望英的腦海裡，一直浮現的是另外一個可怕的情景：他父親被野獸吃掉了。他以平靜的聲音告訴我們說，儲安平在他生命的最後一天，可能神志不清地躑躅到北京郊外像八大處一帶的山林裡，那時八大處山林裡常有豺狼野狗出沒……。

　　儲安平孤零悲慘的最後日子又是怎樣的呢？人們知道，反右之後，儲安平第二次結婚的妻子也棄他而去，此後經年，大多數時候，老人煢煢孑立，形影相弔，每天只能與屋裡養著的山羊為伍……。

　　經過多方回憶，總算拼湊出一些零零碎碎的情景。

　　儲安平「失蹤」是在一九六六年九月上旬，在他五十八歲的時候。

　　八月三十一日，剛好與作家老舍投太平湖是同一天，慘受多日淩辱毒打的儲安平在京西青龍橋邊潮白河自殺，但沒有成功。一個多星期後，他從關押他的九三學社後院小屋回家，看到家裡已是第二次被抄家。居室、客廳均被洗劫一空，除了滿地的碎紙亂片外，已一無所有。面對這般情景，儲安平的心便整個地絕望了。他踽踽離開家，走了出去……而陰差陽錯，就在第二天，他學農的女兒儲望瑞曾從北郊進城，回了一趟家——只見門虛掩著，裡面空無一人，東西也

蕩然無存，只是滿地撒著花手帕，她記得是她小時候一條條精心攢在盒子裡的……

九月中旬的一天，儲望華接到當時主管九三學社中央機關日常事務的梁某女士打來的電話，問知道不知道儲安平目前在哪裡。儲望華說：「父親不是被你們押管著嗎？你們不是正在籌備批鬥他的大會嗎？」到了九月二十日，中央統戰部下達命令：一定要在十月一日國慶之前找到儲安平，「以確保首都的安全」（！！？？）於是九三學社派了一名幹部（中共黨員）負責此事，並要求儲望華和他二哥協助。他們騎著自行車在北京的東、西城不少街巷轉了好幾天，查訪了過去與儲安平曾有來往的朋友，卻毫無結果。

到了一九六八年夏，有一天，幾個穿著軍裝的幹部來找儲望華，說他們是奉周恩來總理之命，由公安部、統戰部等組成儲安平專案組，在全國範圍內進一步查尋儲安平的下落，希望儲望華提供情況予以協助。首先他們要求儲望華提供幾張父親的照片。儲望華一時頗覺詫異：憑他們的權力，他們完全可以通過組織途徑去向有關部門索取，相信不難獲得他的照片，卻偏偏來向家人索取照片。事後聽說這幫專案組的人是有意通過這種試探，來考察儲望華是否和父親徹底地「劃清了界線」。他們知道，儲安平最疼愛他這個自小聰明伶俐、天資過人的小兒子。

在那個全國籠罩在紅色恐怖的年代，這種考察幾乎是多餘的。

又過了一段時間，在一九六九年，大陰謀家、迫害狂康生發話：「儲安平，大右派，活不見人，死不見屍，怎麼回

事？！」害人的人顯然都想清清楚楚確知所害的結果——他們引以為榮的業績。

沒有答案，即使在威嚴的無產階級專政面前。死人無言，生人不語。真是一個冷冰冰的「死結」！儲安平生死之謎，雲遮霧障，撲朔迷離，如今雖然過了幾十年，聽來也令人分外黯然神傷。

三

作為一九八〇年「不予改正」的中央「級別」的五名大右派之一，儲安平究竟犯了什麼滔天大罪？歷史莊嚴地記錄下來了：「黨天下」。

儲安平是在毛澤東「誠懇」動員之下，於一九五七年六月一日中央統戰部召開的座談會上做了「黨天下」的發言的，發言以〈向毛主席和周總理提些意見〉為題；第二天見報於《光明日報》，標題改為〈黨天下是一切宗派主義的根源〉。

儲安平說：

> ……黨領導國家並不等於這個國家即為黨所有；大家擁護黨，但並沒有忘了自己也還是國家的主人。政黨取得政權的主要目的是實現它的理想，推行它的政策。為了保證政策的貫徹，鞏固已得政權，黨需要使自己經常保持強大，需要掌握國家機關中的某些樞紐，這一切都是很自然的。但是在全國範圍內，不論單位大小，甚至一個科一個組，都要安排一個黨員做

頭，事無巨細，都要看黨員的顏色行事，都要黨員點了頭才算數。這樣的做法，是不是太過分了一點？

這幾年來，很多黨員的才能和他們所擔當的職務很不相稱。既沒有做好工作，使國家受到損失，又不能使人心服，加劇了黨群關係的緊張。但其過不在那些黨員，而在黨為什麼要把不相稱的黨員安置在各種崗位上。黨這樣做，是不是有「莫非王土」那樣的想法。從而形成了今天這樣一個家天下的清一色局面。我認為，這個「黨天下」的思想問題是一切宗派主義現象的最終根源，是黨和非黨之間矛盾的基本所在。

今天宗派主義突出，黨群關係不好，是一個全國性的現象。共產黨是一個有高度組織紀律的黨，對於這樣一些全國性的缺點，和黨中央的領導有沒有關係？最近大家對小和尚提了不少意見，但對老和尚沒有人提意見。我現在想舉一個例子，向毛主席周總理提些意見：解放以前，我們聽到毛主席倡導和黨外人士組織聯合政府。1949年開國以後，那時中央人民政府六個副主席中有三個黨外人士，四個副總理中有兩個黨外人士，也還像個聯合政府的樣子。可是後來政府改組，中華人民共和國的副主席只有一個，原來中央人民政府的幾個非黨副主席，他們的椅子都被搬到了人大常會去了。這且不說，現在國務院的副總理有12位之多，其中沒有一位黨外人士，是不是黨外人士沒有一個人可以被培植擔任這樣的職務？從團結黨外人士，團結全國的願望出發，考慮到國內和國際上的觀感，這樣的安排是不是還可以研究？

…………

　　儲安平的發言石破天驚，引起與會者極大震動。馬寅初等人，當場叫好；而個別政治敏感者或有特別管道者立時覺察到，這位「言者無罪」者肯定罪責難逃，要大大倒楣了。事實上，毛澤東於半個月前，也就是五月十五日，已寫了一份題為〈事情正在起變化〉的秘密文檔，在高級幹部中內部傳閱。毛已將反右部署安排妥當，只等扣發板機了。

　　對儲安平鋪天蓋地的揭發、批判與控訴，白天黑夜的、馬拉松式的輪番轟炸，是從六月六日下午開始的。當日下午，國務院秘書長習仲勛邀請黨外人士舉行座談。國務院秘書長助理盧郁文首先發言，批評儲安平的「黨天下」的提法是嚴重的錯誤。

　　六月八日，《人民日報》發表了毛親自執筆的、題為〈這是為什麼？〉的社論，從而向世界公開地拉開了反右的序幕。儲安平的「黨天下」論使他首先成為「眾矢之的」。

　　六月十日下午，民盟光明日報社支部首先在吳的主持下召開全體盟員大會，一致對儲安平的「黨天下」論進行了嚴厲的駁斥。在大會上先後發言的有《光明日報》編輯部各部主任、副主任和部分編輯、記者。

　　六月十三日晚，民盟中央小組座談會舉行了第四次會議。民盟中央副主席史良在會上作了〈民盟中央不能對心懷異志的人有所包庇〉的發言。民盟中央委員千家駒在會上也批判了儲安平等右派「在整風中混水摸魚，假借整風反社會主義、反共」。

　　六月十四日，《光明日報》社工廠和行政部的職工舉行座談會，一致「憤怒譴責儲安平以本報總編輯名義發表的反社會主義言論，堅決表示要保衛社會主義陣地，粉碎儲安

平將報紙拉向右轉的任何企圖」。在會上發言的，有排字工人、輪轉機工人、汽車司機、鍋爐房工人、炊事員和行政管理人員等二十多人。

當日下午，九三學社中央常務委員會邀請在京的中央委員和北京市分社的委員舉行座談會。二十四個人發言，一致對「儲安平散佈的『黨天下』謬論和其他右派分子反黨謬論作了批判」。

六月十五日，《文匯報》登載了姚文元題為〈右派野心分子往何處去〉的文章，文章說：「當儲安平、葛佩琦等等野心分子，以英雄的姿態站起來向社會主義開火的時候，他們自以為是頂天立地的巨人……然而他們立刻就發現自己倒了大黴了。」

當日《人民日報》刊載了馬寅初的文章〈我對儲安平、葛佩琦等的言論發表些意見〉，說：「儲安平先生的話據我看來是反映了某些人的看法，決不是他一個人的意見」，「『黨天下』的說法是錯誤的。」

六月二十一日晚，九三學社由該社主席許德珩主持，舉行中央常務委員會第十六次擴大會議，聽取了九三學社副秘書長關於《光明日報》最近召開社務委員會討論章伯鈞、儲安平擅自篡改《光明日報》政治方向問題的情況的報告。

六月二十九日，《文匯報》加編者按登載了儲望英被迫於三天前寫給父親的公開信。

七月三日，《人民日報》刊載了李兵的文章〈儲安平在民主革命時期就是右派〉。文章系統地揭露了儲安平在民主革命時期的「右派」表現。

　　七月十七日，《人民日報》發表了郭敏的文章〈編輯「能手」〉。文章最後說：「儲安平的『左鞭右打』的標題的政治性之強，手法之巧妙、毒辣，可謂深明編輯政治性之味矣。」

　　八月六日，《四川日報》發表了唐小丁的文章〈「黨天下」——「共產黨一黨專政」的說法為什麼是反動的〉。

　　九月二日，《人民日報》登載了署名理夫、林歧瑞的文章〈天下究竟應屬於誰？〉，批判儲安平的「『黨天下』的謬論」。

　　十一月二十八日，《光明日報》刊載了魏建功、黃子卿等人的文章〈批判儲安平反共、反社會主義的幾個荒謬論點〉。

　　十一月二十四日、二十五日、二十八日三天，九三學社中央和《光明日報》聯合舉行大會，系統揭露和批判右派分子儲安平。參加大會的有九三學社社員、《光明日報》社職工以及中央國家機關工作人員、首都高等學校代表等一千餘人，對儲安平的「反動言行」表示出極大的憤慨。

　　……

　　上述的遠遠不是完整的紀錄。這些東西今天讀來真是令人厭惡之極，因此不必再多錄述了。不過，應該還加上毛澤東七月九日在上海幹部會議上作的〈打退資產階級右派的進攻〉的報告。當然，「偉大領袖」不屑對儲安平一人發話，他訓斥全部右派，說：「我看頑固不化的右派，一百年之後也是要受整的。」（只是毛這個預言恐怕要落空了。）

　　在全國性的恐怖政治高壓下，誰都要對儲安平進行攻擊、謾罵。為了尊重歷史，筆者也不避諱列出儲安平親朋好友、不久前的戰友同志對他的攻擊，其中包括後來同樣被打落水者。「這是一個屍橫遍野的戰場。中國的文化人在這裡寫下他們最悲慘也是最恥辱的一頁。」戴晴在她的《儲安平與「黨天下」》中如是說。一下子橫遭眾叛親離的打擊，儲安平徹底崩潰了。他在「人民」面前成了大「罪人」，不得不「向人民低頭認罪」，「向人民投降」。儲安平能有他想嗎？「人民」一詞，在黨政治文化術語中，藏掖著深刻的詭譎。

　　早在六月二十一日晚，在九三學社舉行的中央常務委員會第十六次擴大會議結束時，儲安平發言承認錯誤。他說他看到台灣香港的反動報紙為他喝彩時，「感到很沉重」，並表示「要認真地挖掘自己的思想根源，並且交代同章伯鈞、羅隆基的關係」。

　　七月七日晚，九三學社中央整風委員會召開擴大座談會，儲安平交代他的「反黨、反社會主義言論和行動」。

　　在七月召開的第一屆全國人大第四次會議上，儲安平作了題為〈向人民投降〉的發言（七月十五日的《人民日報》刊載了全文）。

　　儲安平雖然「向人民投降」了，但對他的鬥爭並不結束。在一九五八年一月十八日至二十四日召開的九三學社第四屆中委會第三次全會上，儲安平中央委員、中央宣傳部副部長的職務被撤銷。一月三十一日，第一屆全國人大第五次會議召開，決定罷免儲安平人大代表的資格。至於儲安平的

《光明日報》總編輯的職位，則早於一九五七年十一月十二日和《光明日報》社長章伯鈞被同時免掉。

此後，儲安平被一頂特大號的「大右派分子」的帽子死死地扣在頭上。以毛式的形象又刻毒的時髦語言概括之，儲安平已變成「不齒於人類的狗屎堆」。

四

「普天之下，莫非王土；率土之濱，莫非王臣。」這是古人對古代中國專制社會王權無邊狀況的形象描述。二十世紀五十年代，儲安平竟敢對當時的中國也作了類似的描述。孟子早就有過告誡：「為政不難，不得罪於巨室。」而儲安平竟敢觸犯皇帝之大忌。這個「黨天下」之諫，太尖銳了！在幾乎五十年後的今天，在中國大陸，人們仍不敢如此露骨地公開議論，這還是一個可能帶來麻煩的禁忌。不過，「黨天下」的說法並不是儲安平的創造，上個世紀三十年代羅隆基就用這個說法批評過國民黨──「黨在國上」，這是那時自由主義知識分子最看不過的。從今天已知的材料看，儲安平事先肯定和同道中人說過他的想法，其中很可能也包括梁漱溟。而以梁一貫敢言的性格推論，他是支持儲安平說話的。可以說，當年儲安平的發言代表了不少知識分子和民主黨派的心聲，而他卻為此付出了生命。

儲安平此舉，驚天動地，的確並非一時心血來潮，並非信口開河，而是有很深的思想基礎；應該說，只有他這樣的人物，才作得出這樣的建言。儲安平何許人也？大概現在知

道他的人對其生平並不詳悉——儲本人生前很少寫到自己。
以下是一些簡歷：

* 一九○九年七月二十二日（陰歷六月六日），出生於江蘇宜興城內
  北門儲宅。儲家是名門望族。
* 一九二八年，考進上海光華大學（所讀何系歷來說法不一，有說是
  新聞系，有說是政治系，或英國文學系，華東師範大學的陳子善先
  生看了光華的檔案，證實是政治系）。一九三二年在光華大學畢業
  後，任南京《中央日報》文藝副刊編輯。
* 一九三六年入英國倫敦大學經濟學院深造。一九三九年回國，任中
  英文化協會秘書。
* 一九四○年至四五年在湖南藍田國立師範學院任教，不久去重慶復
  旦大學任教授。抗戰勝利前夕應聘任湖南《中國晨報》主筆。
* 一九四六年九月一日，在上海創辦獨立的無黨派政論刊物《觀察》
  週刊。一九四八年十二月二十四日被國民黨政府查封。至此《觀
  察》凡出四卷又八期。此後，他秘密去北平並轉入地下工作。
* 一九四九年九月作為新聞界代表出席中國人民政治協商會議第一屆
  全體會議。一九五一年，他先後加入九三學社和中國民主同盟，並
  任九三學社理事。
* 一九五○年七月，《觀察》更名為《新觀察》，任特派記者。同年
  夏離開《新觀察》，任北京新華書店總店副總經理。一九五二年
  夏，任國家出版總署發行局局長。
* 一九五四年當選為第一屆全國人大代表。
* 一九五七年四月一日到《光明日報》社任總編，兩個月後發生前述事變。

　　就儲安平悲劇的一生而言，其事業的顛峰是辦《觀
察》。永垂史冊的《觀察》週刊誕生於一九四六年九月一

日（或許只是歷史的巧合—— 一九三三年，因為江蘇鎮江
《江聲日報》經理兼主筆劉煜生被害引發新聞界及社會各界
的抗議風波，國民黨當局被迫於九月一日作出積極的回應，
一年後這一天被新聞界自發地定為「記者節」）。作為一名
自由主義知識分子，儲安平在《觀察》創刊號上以「編者」
名義發表〈我們的志趣和態度〉，直言「我們這個刊物的第
一個企圖，要對國事發表意見」。他提出了「民主」、「自
由」、「進步」、「理性」四個基本原則，並表明所取的
是「公平的、獨立的、建設的、客觀的」態度。像當時多
數知識分子政黨的共同政治取向，儲安平開頭兩年既反對
國民黨，又不認同共產黨，企圖走第三條道路，只是經過
一九四八年淮海戰役、國共兩黨的勝敗大局已定之後，便基
本上拋棄走第三條道路的幻想，投身到中國共產黨領導的推
翻國民黨統治的民主革命鬥爭。在那風雲翻滾的幾年，《觀
察》以其堅定的道義擔當和獨立的品格為知識份子自由論政
提供了一個公開的平臺，而儲安平本人更在這期間發表了大
量叱吒風雲的政論。他的研究者謝泳說，儲安平的《觀察》
政論很有感染力，文字也好，一九四九年後再沒有人能寫出
這樣的時評，不是後來者沒有見識，而是沒有這樣的條件。
單說儲安平的心態，就是後來知識分子難以想像的。人只有
在沒有顧忌，完全敞開獨立思維的狀態下，才能保持心境的
平和與文思的泉湧，喪失了這樣自由的心境，思維的空間必
然狹小，寫出的文字也很難體現出獨特的個性。（謝泳，
〈悲劇儲安平〉，《生死之謎——儲安平》紀念網站）

　　儲安平的《觀察》政論，有些是使人尷尬甚至難容的。儲望英送來一套《儲安平文集》，筆者翻閱過。這是一九九八年七月上海東方出版中心作為「20世紀文學備忘錄叢書」出版的。書為兩卷本，很有分量，但編者張新穎不得不作了一些處理。「文字稍加刪節」的「少數篇章」有：〈國民黨的病症〉、〈共產黨與「國家」〉、〈中國的政局〉等。全文沒有收入但標明「存目的篇目」有：〈閻錫山〉、〈共產黨與民主自由〉、〈停戰令下，戰仍不停〉、〈協商成就〉等。其實，這些處理沒有多大必要。〈共產黨與民主自由〉、〈共產黨與「國家」〉、〈中國的政局〉等篇，早在一九八三年浙江人民出版社出版的《中國現代思想史資料簡編》第五卷（蔡尚思主編，下稱《簡編》）就曾全文收錄，公開面世。一九八九年江蘇文藝出版社出版戴晴的《梁漱溟王實味儲安平》一書也曾大量引述文集中被刪節的那些內容。差不多同時出版的一些著作如謝泳的《〈觀察〉研究》等也都引述了其中一些內容。一九九九年嶽麓書社還出版了《觀察》週刊的影印本。

　　當然，刪去的都是指責共產黨的文字。如〈共產黨與民主自由〉文中說：

　　　　今日中國人民都在要求民主，爭取自由，然而假定在共產黨統治下，究竟人民有無「民主」，有無「自由」，此實大為可研究之事。我個人的答復是負面的。我不相信在共產黨的統治下，人民能獲得思想

及言論等等基本自由，能實現真正的民主。（《簡
編》，第二十五頁）

又如〈中國的政局〉文中說：

坦白言之，今日共產黨大唱其「民主」，要知共產黨
在基本精神上，實在是一個反民主的政黨。就統治精
神上說，共產黨和法西斯黨本無任何區別，兩者都企
圖透過嚴屬的組織以強制人民的意志。（《簡編》，
第三十四頁）

同文另一處還說：

老實說，我們現在爭取自由，在國民黨統治下，這個
「自由」還是一個「多」「少」的問題，假如共產黨
執政了，這個「自由」就變成了一個「有」「無」的
問題了。（《簡編》，第三十五頁）

　　時過半個多世紀，這些文字的確還是非常尖銳。但作
為一個自由主義知識分子，當年儲安平持有此種觀點並非怪
事，甚至可以說具有一定代表性。而對今天中共人士來說，
則實可以大度看待歷史，甚至不妨以史為鑒，以促進自身改
革，更加進步。就儲安平研究而言，這些文字非常重要——
這裡提出一個非常關鍵非常重要的問題：為什麼抱有此種觀
點的儲安平沒有隨國民黨去台灣而要留在大陸，而且還進

而支持共產黨打敗國民黨呢？除了當時形勢變化等外在因素外，可能只能從自由主義知識分子儲安平對國家的大愛去解釋。對國家的大愛是兩千三百年前楚國三閭大夫屈原樹立的光輝榜樣和流傳下來的偉大傳統。自此以降，中國大多知識分子都懷抱儒家入世觀，起碼「達則兼濟天下，窮則自善其身」，其內心都渴望著一種承擔的機會。這種承擔，既是個人對社會的責任，也是一種自我證實的需要。如論者所說，在儲安平的思想裡，處在一個特定地域的「國家」，主要是指生活在這個地域上的民眾以及這些民眾所傳承的文化；這個國家既不是某一個人的，也不是某一個政治集團的。這就使他把愛國與政治分開，他不會因為批判某一個統治國家的政治集團而鄙視祖國，他的批判恰恰是為了使祖國更加美好。儲安平深深的「以天下興亡為己任」的情結，也引導他希望參與社會主義的實驗。畢竟社會主義本來是一個為貧苦大眾謀福利的美好事業，對社會主義的嚮往也是當時很多中國知識分子的心聲。而在當時中國，社會主義事業又是和共產黨的領導分不開的，這是他們這些知識分子無法繞過無法解開的死結。

一九五七年春天，這種對國家的大愛，又一次使儲安平失去了時空觀念隻身回到了主編《觀察》的狀態。按說，一九四九年之後，《觀察》複刊失敗，接著自己離開《新觀察》，這接連發生的兩件事，當使儲醒悟。然而，俗語說，江山易改，本性難移。儲安平內心對承擔的機會的渴望，他一生對辦報辦刊的熱情，他的情結，他的個性，卻決定了他還要向悲劇的深淵走去。

　　四月一日，《光明日報》黨組撤銷，儲安平就任總編輯。雖說儲安平是經「各民主黨派公推」出任此職，但在「公推」之前，卻是共產黨意識形態大人物胡喬木親臨廠橋棉花胡同他的家，以「三顧茅廬」般的熱情給請下山的（台灣《傳記文學》一九八九年第五十四卷五期上有李韋一文，其中說胡喬木曾說過，儲是一個很有才華的人。戴晴的報告文學也有一個類似的細節，說「文革」之後，胡喬木不知儲已失蹤，想請他出來辦報，可見胡對儲的評價不低）。於是，儲安平的自由主義知識分子的精神很快就抖擻起來，前些年毛澤東所領導的摧殘人性的所謂「思想改造運動」如果在他身上哪怕殘留過一點點「成果」的話，此時都煙消雲散了。他在報社公開大力宣揚：「我們這些人是以批評政府為職業的。」他認為：「只要是事實，什麼新聞都可以登。」當有人問儲安平，對於重大新聞要不要向中共中央宣傳部請示時，他直率地回答：「我們是民主黨派的報紙，用不著。」儲安平還說過：「我聽統戰部一位副部長說毛主席說過，光明日報可以和人民日報唱對台戲。請問：大家有沒有這樣的思想准備？有沒有真正擁護和貫徹這一點的准備？來把它檢查一下子。」說到「民主黨派獨立自主地去辦光明日報」的方針時，儲安平多次說過：「這句話說得好，我倒要看看怎樣讓我獨立自主，我要撞撞暗礁，擔擔風險，用我的肩膀扛扛斤兩，看到什麼時候會受到阻力！」（見穆欣，《辦〈光明日報〉十年自述》，北京，中央黨史出版社，一九九四年）……看，真不得了，好一個自由主義知識分子儲安平！

也正是這種對國家的大愛，使儲安平，作為《光明日報》總編輯，上任兩個月就在中央統戰部座談會上做了關於「黨天下」的慷慨陳詞。不然，以儲安平在新聞界文化界滾打多年、見多識廣的資歷，以他對國民黨、共產黨，對中國這個國家、民族，均有的深刻的認識，當年何以會如此坦呈這個驚天動地、但看不出有多少可能為對方接受的批評？！他何以會這樣別無選擇地走向了最終的悲劇命運？！

五

⋯⋯彈指一揮間，近半個世紀過去了。

筆者去年十月二日在北京見到章詒和時，也談到儲安平和她的父親章伯鈞。章詒和把他們兩位當年的往來寫在《往事並不如煙》的第二篇裡，標題是〈兩片落葉，偶爾吹在一起〉。該篇開頭就說：

> 在我所結識的父輩長者當中，最感生疏的人，是儲安平。而我之所以要寫他，則是出於父親說的一段話：「人生在世，一要問得過良心，二要對得住朋友。（19）57年的反右，讓我對不住所有的人，其中最對不住的一個，就是老儲（安平）。」
> 父親最對不住的，確要算儲安平了。原因很簡單──把他請到《光明日報》總編室，連板凳都來不及坐熱，就頂著一個大大的右派帽子，獨自走去，一直走到生命的盡頭。雖然「黨天下」這句經典右派話語，

是儲安平自己說的，但禍根不在於自身。事情還須從頭說起……

章伯鈞感到內疚，當然他自有理由。不過誰都看得出，儲安平落得如此「下場」，應該是在劫難逃。

今天，儲望英亦近耄耋之年。他慎重地告訴我們，最近得知章詒和有個想法，要在北京為她父親立個紀念碑什麼的，並希望羅隆基和儲安平的紀念碑最好也立並且都立在一起。我心裡想，不知章詒和的想法能否實現？不知紀念碑如何設計？有無可能乾脆一個碑三面體？畢竟章伯鈞在一九五七年五月二十一日提出的「政治設計院」，羅隆基接著在五月二十二日提出的「平反委員會」，儲安平又在六月一日提出的「黨天下」，已經一起被稱之為「中國右派三大反動理論」；而且，這「三大反動理論」得以名留青史，亦需要一起「感謝」毛澤東的「陽謀」之功——它們都是毛寫了〈事情正在起變化〉這份密件後被「引蛇出洞」的。

中國現代史上沉重的一章轉眼就過去了這麼久。荒謬的是，「偉大的反右鬥爭」至今依然被認為「正確」，盡管百分之九十九點九的五十五萬餘右派分子都已經平反和脫帽了。這豈不是說，「不予改正」的五名中央級別的再加上地方上九十多名的右派的身上——準確地說，除可能幾位尚存人世，是冤魂——便要為這個「正確」的結論屈於政治需要而永世不得翻身了？而且，即使如此，這種「證據」也是荒謬可笑的。

往事並不如煙！冤案何時昭雪？！我想到中國歷史上的著名人物——岳飛。岳飛的後人記錄到宋朝給岳飛平反總

共八次，開始是初步昭雪，然後發還田宅，再到復官改葬、賜諡追封，直至追封三代，全程歷時九十九年。首次平反是一一六二年七月，岳飛冤死二十一年之後，正好和右派平反歷時的長度一樣。難道平反也有週期律？也有中國特色？西方有句諺語：遲到的公正不是公正。此論自有精求法理之妙，但就中國而論，遲到的公正總比不公正好。

中國人雖然沒有沉重的宗教感，雖然不會因為「原罪」而懺悔，但中國人敬畏歷史，並相信歷史是公正的。

不是嗎？歷史正在一點點地昭示真相；時代的大河儘管曲曲彎彎，最終都會匯進真理的大海。

中國開始開放改革至今已近三十年，卷進這場時代的洪流也包括中國共產黨本身。例如，當年曾經被毛澤東及其追隨者定性為「死不改悔的走資派」的鄧小平史無前例地提出「開放改革」，毅然顛覆了毛「以階級鬥爭為綱」的既定方針，把中共全黨的工作規定為「始終要以經濟建設為中心」；江澤民把中共定位為「三個代表」，即「代表先進生產力的發展要求」、「代表先進文化的前進方向」、「代表最廣大人民的根本利益」；胡錦濤提出「權為民所用、情為民所繫、利為民所謀」的「新三民主義」，倡導「以人為本」的「和諧社會」——這些都是絕對不能見容於過去從來定於一尊而且「戰無不勝」的「毛澤東思想」的。盡管不少問題未能解決，不少狀況不盡人意，但不爭的事實是，今天的中國早已不是毛時代的中國了。點點滴滴的變化，順應中國人民大眾的要求，也折射著儲安平思想的光輝。

例如，儲安平這段痛快淋漓的激揚文字——

我們要求終止一黨專政。這種一黨專政的終止，決不
僅僅是一種形式上的終止，必須同時是一種精神上的
終止。一黨專政在精神上的主要特徵和主要苦痛，是
人民的各種基本公民權利沒有保障。人民的基本公民
權利包括人身自由、居住自由、職業自由、財產自
由、宗教自由、言論自由、集會自由及結社自由。其
中人身自由尤為一切自由的基本。我們所以要求上述
各種基本的公民權利，僅僅是因為只有人民能獲得上
述的基本民權，人民的智慧的、道德的、身體的能
力，始能作充分優性的發展，以充實國家的生命，培
養社會的活力，提高政治的道德，促進文化的進步；
從而產生合理的政治活動和安定的社會秩序。（《儲
安平文集》下冊，東方出版中心，一九九八年七月
版，第六十三頁）

　　這是當年儲安平對「一場爛汙」的國民黨的批判。今
天，時隔半個多世紀，早已改朝換代，但在神州大地，不是
也能聽到時而隱約時而響亮的回聲嗎？其中一個回聲甚至發
生在曾經擔任中華人民共和國總理和中國共產黨總書記趙紫
陽的身上。根據前蘇聯總統和蘇共總書記戈爾巴喬夫回憶錄
所記載，一九八九年五月十六日下午，趙紫陽在北京與他會
見時，以「修辭」的方式提出了如下這樣一個問題，並強
調，這個問題應當由他們一起來回答（見戈爾巴喬夫回憶錄
《MEMOIR》第四八九至四九一頁）：

> 一黨制能夠保證民主的發展嗎？在一黨制下，究竟能
> 不能實行對各種消極現象的有效監督，能不能對黨和
> 政府機關存在的貪汙受賄現象進行有效的鬥爭？

戈爾巴喬夫說，這其實也是他自己的疑問。他從問題的
這種提法中發現，原來為這種疑問而苦惱困惑的，並不只是
他一個人！

趙紫陽最後又說：

> 假如這不能取得成功，那就將不可避免地面對「多黨
> 制」的問題。
> …………

這就是歷史！

儲安平正在復活，正從過去向今天走來。今天那麼多人紀念
他，也是有力的訊息，預示他思想的光輝明天將會更加閃亮。

儲安平將永遠活在歷史的記憶裡，活在現實的動態中，
活在中國人的生命中，盡管他當年先知般的預言是以昂貴的
代價去證實的──包括他自己生命的淒慘的終結。

六

馬白教授住的是十八層的高樓。我隨儲望英、馬白走出
陽台，往外望去，一馬平川，筆直的大道通向無限，南雪梨
盡收眼底，而稍微偏北方向，隱約還可見到成功地舉辦千禧

年奧運會的運動場。我們憑欄佇立良久，仿佛面對著萬里之外的、位於北半球的祖國……

一代精英，千古英魂，祭祀您了。

＊自注：此文完稿於2005年4月26日，是晚雪梨作家剛好有一個聚會，歡迎天津作家楊顯惠來訪。他的《告別夾邊溝》描述當年勞改的右派分子大批死亡的駭人聽聞的慘烈場景。中國小說學會常務副會長、文學批評家雷達為此書作序，標題是「陰霾裡的一道閃電」。他認為書中表現的歷史悲劇的精神本質和沉重教訓發人深省。

此後不久，我便到中國大陸參加活動。無獨有偶，5月8號離開雪梨，當晚到達香港，第二天無意中就在香港鳳凰衛視看到一套紀念儲安平的節目。四海同心，心同此理，我又一次感到人間正氣長在。2005年7月13日又及。

＊本文曾為世界多家網站、報刊登載。刪節本刊於2005年7月16／17日、23／24日《澳洲新報‧澳華新文苑》「儲安平先生紀念專輯」。原文副標題為：〈儲安平誕辰九十六周年紀念〉，現文本有個別改動。

上下求索，雖九死猶未悔

——悼念劉賓雁先生

少年時代的劉賓雁　　劉賓雁半身銅像

劉賓雁在他八十歲
生日慶祝會上

劉賓雁與夫人朱洪1987年
初攝於中國海南島

第四屆文代會上和胡耀邦在一起（1985年1月）

上下求索，雖九死猶未悔
——悼念劉賓雁先生

　　他少許進食之後，在注射的嗎啡影響下，安然入睡，便再沒有醒來。美國東部時間二零零五年十二月五日，凌晨零點二十五分，他呼吸停止了。

　　噩耗通過互聯網很快越過大洋，在世界各地傳開⋯⋯

　　此刻，在我腦海上，漂浮的，是他故鄉東北那一片森林，樹林之上飛雪紛紛揚揚，天上地下一片雪白；我聽到，在《我的家在松花江上》或深沉寬廣、或激昂低回的管弦樂音徐緩升起之中，傳來他沉穩的聲音：

> 我生來是一個愛幻想、有幾分怯弱又不善社交的人。在正常環境下，我多半會成為一個離群索居的詩人，或埋首古籍的學者。我的母親，我童年的夥伴和我本人，絕不會想到我在三十歲上捲入中國的政治漩渦，成為全國聞名的政治罪人。更不會有人猜到，三十年之後，我會重蹈覆轍，第二次被開除出中國共產黨，在全中國遭到最劇烈的譴責和批判⋯⋯

　　劉賓雁先生終於離世了，這個在二十世紀八十年代被稱為「中國良心」的報告文學作家，一位身上濃縮了中國悲劇的悲劇人物。

一

　　青年時代的劉賓雁曾經一夜成名。

　　那是一九五六年。那年，四月號的《人民文學》在頭條地位發表了他的報告文學〈在橋樑工地上〉，副總編秦兆陽寫了按語，給予很高的評價，甚至說「我們期待這樣的作品已經很久了」。接著，也是依秦兆陽的要求和安排，劉賓雁寫了另一篇報告文學名作〈本報內部消息〉，在當年六月號和十月號的《人民文學》上發表。〈在橋樑工地上〉批判黨內保守主義，口氣其實很溫和，但確實是一九四二年延安文藝座談會以來一篇揭露黨內陰暗面的有鋒芒的作品。〈本報內部消息〉也是揭露批判官僚主義，其中直接提到了新聞自由問題。兩篇作品在中國大陸引起巨大的社會反響。正是在劉賓雁的影響下，報告文學這個文學體裁在全國流行開來，特別是，流行開來還有一個響亮的文學口號——「干預生活」。

　　當時的劉賓雁，真是「春風得意馬蹄疾，一日看盡長安花」。那麼，是在什麼契機下喚起創作〈本報內部消息〉這樣作品的衝動的？他記得很清晰——是一九五六年隨鄧拓到波蘭開國際新聞記者協會理事會時受到啟發。當時蘇共剛舉行二十大，赫魯雪夫揭露史達林暴行的秘密報告，部分內容循著「小道」已經傳到華沙。他們每天在新聞記者俱樂部吃飯，自然要彼此傳播這些東西。當時，東歐的變化比蘇聯快。華沙街頭很多地方擺著報紙，共產黨報紙、右派報紙都有，英國、法國報紙也公開擺著，隨便看。他們訪問了幾家

報社和雜誌社之後，熱血沸騰。接著，中共中央給十三級以上的幹部傳達了赫魯雪夫秘密報告，劉賓雁更感到有信心了。

一九五七年五月大鳴大放期間，劉賓雁常常興奮得夜不能眠。憑著新聞記者的敏感，更由於高漲的政治熱情帶來的自信心，他竟然要直接向毛澤東進諫。二十五日，他在上海電臺的地下室寓所裏給毛寫了一封信：「……請您注意：一，黨內高級幹部中，一個特權階層已經形成。他們已完全脫離了黨組織與群眾的監督，成為新的貴族……二，在多數工礦企業中，黨的組織處於癱瘓狀態。東北的一些工廠中，黨員起好作用的不到四分之一……在機關中，黨內健康力量不得伸張，佔優勢的仍然是教條主義與宗派主義的思想。有些機關黨員領導幹部政治熱情衰退……者竟達三分之一以上……關於黨與群眾關係的普遍惡化，就無須寫了。」

耽於理想主義的劉賓雁，不可避免地過於天真了。後來他才知道，就在寫這封信的前十三天，五月十二日，《中國青年報》發表了他寫的關於上海鳴放情況的報導〈上海在沉思中〉，毛澤東看到，當即批示：「看來，有的人不是想把事情搞好，而是想把事情搞亂。」「陽謀」在胸的偉大領袖毛主席，顯然把劉賓雁看作是「要在中國煽起匈牙利式的暴亂」的「右派」代表。但毫不知情的劉賓雁卻還要如此多情地進言，這就真是毛後來嘲笑的「自投羅網」了。

轉眼之間，曾經春風得意、躊躇滿志的劉賓雁成了「人民罪人」。雖然時任團中央第一書記的胡耀邦也暗中保了他一下，但他在劫難逃，他是毛澤東點的欽犯，終於被打成右

派，開除出黨，送到外地勞改。此後，二十二年金色年華無聲無息地付諸東流。在那淒涼歲月裏，他極力回憶起來，最多也只有兩三個人去探望過他。

　　但後來劉賓雁對此厄運卻很坦然。他竟然說：「我最好的出路，就是當了右派，離開了官場。」想想此話也對。如果劉賓雁當時一路飛黃騰達，那很可能在文革中要不死於非命，要不成為御用幫兇。該知道，於一九二五年農曆元月十五日元宵節出生在哈爾濱市的劉賓雁，可以說是革命的「老資格」。他一九三九年十四歲就參加共產黨週邊組織；一九四四年加入中共時才十九歲；一九五六年定行政級別，剛過「而立之年」的劉賓雁就是共產黨的十三級「高幹」了，有資格坐軟臥、坐飛機，一個月工資一百五十八元人民幣，又有用不完的稿費。劉賓雁在當時簡直就是一個富翁，他說自己都不知道錢該怎麼花。「那時年紀不大級別不低，哪兒知道老百姓的疾苦？……如果不是自己倒了大楣，跌到底層，哪裡知道中國社會的實情？！」這是他的自白。

二

　　一九七六年，毛澤東去世，四人幫倒臺。

　　劉賓雁此時已經是年過半百的人了，但他義無反顧。一九七九年二月獲得平反後，馬上重出文壇，寫出一系列關心老百姓疾苦、尖銳揭露腐敗和社會黑暗的報告文學作品，其中尤以一九七九年九月在《人民文學》上發表的〈人妖之

間〉膾炙人口。他發展了他五十年代已經形成的風格。〈人妖之間〉所揭露的社會矛盾，不再是局限於某一橋樑工地或某一報社編輯部之類的個別的特定單位；在跟蹤王守信這個貪汙犯從一個粗鄙淺薄的女人變成「當代英雄」的過程中，劉賓雁追查到縣委、地委、直到中央商業部某局等許多單位，深入到社會生活的許多領域。他探討了王守信之所以能成事的土壤，第一次在報告文學中引起人們對共產黨內的腐敗以及中國社會政治制度問題的注意。這部作品的發表，被人稱為「等於引起一場地震」。事實的確如此！

劉賓雁的所有作品都融入他的政治、哲學，政治經濟學的見解。他不但淋漓盡致地描繪事件的過程，而且喜歡以政論的語調來夾敘夾評。敘述時生動簡潔，繪聲繪色；議論時邏輯嚴密，鋒利明快。所有分析、引申、挖掘，政論性極強，鞭辟入裏，富有真知灼見。其中〈人妖之間〉、〈第二種忠誠〉等作品，成為那一個時代報告文學的經典之作。〈人妖之間〉在《人民文學》上發表後發行了一百多萬冊，書一出來就賣完，真可謂盛況空前。

在二十世紀八十年代，劉賓雁在中國大陸家喻戶曉，成為受到廣大民眾敬仰和熱愛的作家，在國際上也受到廣泛的敬重。這當然不僅僅是因為他在文學上的成就，應該說這主要還是因為他令人敬佩的堅定不屈的政治信念和好打抱不平、助人為樂的崇高的道德人格。全國各地許多人，尤其是下層的幹部和工人農民──那些今天稱之為「弱勢群體」的人們，把劉賓雁稱之為「中國的良心」，當作他們的代言

人，甚至找上門來，請劉幫助他們解決具體困難問題。例如，一篇關於遼寧的報導發表之後，劉竟收到了八千多封讀者來信！不輕易誇獎人的文學大家錢鍾書先生，曾引《論語》稱讚劉賓雁是「仁者必有勇」，又贈給他一副對聯：「鐵肩擔道義，辣手著文章」。一九八五年年初，在中國作家協會第四屆代表大會首次自由選舉中，原來並未列入候選人名單的劉賓雁，居然以第二最高票當選作協副主席，可見他在整個文壇上威望之高！

受到劉賓雁（以及另一流派代表徐遲）創作方向及其作品的影響，報告文學又一次而且以更大的聲勢在中國大陸異軍突起，發展成針砭時局和呼籲改革的一種特殊文學樣式。特別是，當時出現了文評家歸納為「以問題為中心的報告文學」的新品種。具有強烈社會性、政治性的大事件、大問題成了報告文學的主題和表現內容。過去的作品，焦點只在一個或幾個人物身上；現在不少傑作，一下筆就洋洋灑灑，採用宏觀的角度，全景式的透視，有些甚至帶有學術性的味道。這絕不僅僅是形式或表現手法上的變化。人們在作品中明顯感受到作者的歷史反思以及這種反思所暗示的政治要求。現實生活中關係到人民大眾切身利益的許多敏感問題，也都在報告文學作家關注之列。總之，這些作品並不聽命於某黨某人，不是歌功頌德之作，而是作家出自強烈的社會責任感、進行認真思考並提出自己的看法和判斷的結晶。他們發自心底的聲音，或多或少帶有冷峭的、批判性的色調。

二十世紀八十年代最後幾年，報告文學在中國大陸高度發達、高度繁榮達到難以想像的程度。例如，一九八七年十

月，九十九家雜誌、報紙共同舉辦《中國潮》報告文學徵文比賽，應徵作品幾乎有一千部之多！帶批判性的、以問題為中心的報告文學作品成了這個文學樣式的主流。蘇曉康、麥天樞等報告文學作家則飲譽全國。他們發展了劉賓雁的「干預生活」的信條，甚至是以文學「干預政治」了。如果說民主是劉賓雁報告文學的靈魂，蘇曉康等人倡導民主更為大膽（論者稱他們代表「浪漫理性」階段）。他們許多作品，其道義水平之高，社會震撼力之大，是前所未有的。

報告文學使整個中國文壇為之激動，一九八八年半年多時間連續開了幾個全國性的研討會。這一年被文史家稱為「報告文學年」。由於報告文學的極大成功，文史家相信，在一個特定的時代，在一個特定的社會，某一文學樣式可以特別獲得迅速發展而達到高峰；而二十世紀八十年代最後那幾年，對中國大陸而言，就是以問題為中心的報告文學的時代。這甚至是劉賓雁所預料不到的。他當然是喜出望外。他對後繼者的新成就，可真是老懷欣慰了。

三

劉賓雁一九七九年重出文壇的亮相之作是一篇論文，就是發表在《上海文學》三月號上的〈關於「寫陰暗面」和「幹預生活」〉。劉認為，「干預生活」是一個涉及「文學的根本特性」的問題；而且，「這其實首先是個如何作人的問題，其次才是文學問題。在封建時代，尚且提倡仗義執

言，捨身死諫，到了社會主義社會，對於關係到人民利益、社會主義成敗的大是大非問題，反倒不許人們干預，豈非咄咄怪事？」

這是一篇翻案文章，為他劉賓雁二十多年前曾經倡導卻遭到嚴厲批判的文學口號作自我辯護；這是一篇挑戰書，挑戰當時還相當流行、但已陳腐不堪的文學理念；這也是一篇宣言書，宣告天下他劉賓雁初衷不改！

許多人都說，劉賓雁其實不像一個「本分的」文學家，雖然他寫報告文學已是聞名天下。這也難怪，他的職業是記者，他更熱衷於政治，是個憂國憂民的改革家，或者說，是個懷抱「第二種忠誠」的十足的理想主義者。

〈第二種忠誠〉是劉賓雁發表於一九八五年《開拓》雜誌創刊號的報告文學。他通過作品中的兩個人物，表達自己的忠誠觀。所謂「第二種忠誠」，即是作為有頭腦、有是非、有熱血的黨員，對黨應該抱實事求是的理性的態度，對它的方針政策，也要分析，不能盲從；支援它的正確的主張是愛護它，揭露和糾正它的錯誤同樣是對它的真誠的愛護。這種赤子般的真誠，正是劉賓雁自己的人生理念和行為準則。

那麼，「劉賓雁豈不是自命為針對黨的檢察官和法官了？！」黨內一些人特別是一些元老不能容忍了。在他們眼裏，複出以後的劉賓雁一直是個可疑的問題人物。現在，劉的「問題」升級了——以前他的報告文學以及相關的調查只是受到幾個地方黨委的攻擊；現在他進一步惹起了中央一些人如胡喬木、鄧力群的不滿。

　　不過，二十世紀八十年代的中國，是一個很奇怪很有意思的社會。就像很多政治歷史研究者所說，幾乎不可思議的是，整個十年，政治風雲反復變幻，大致上竟是逢雙年反「左」、逢單年反「右」！或者是同一個時間，有些領導人反「左」，有些領導人反「右」。一九八六年七月間，政治局委員、國務院副總理萬里在軟科學座談會上發表長篇講話，傳出政治生活民主化的資訊。萬里竟說不僅一般政治問題、連政府的政治性決策也是可以提出不同的意見的。萬里在講話中，還一度離開講稿，說起劉賓雁的文章來。他說，「劉賓雁的文章〈第二種忠誠〉我最初沒有看過，聽說引起很多人反對，找來看了。我看很好嘛，我們就是需要第二種忠誠嘛。」幾天以後，萬里還約見劉賓雁。劉來到中南海萬里的寓所後，萬里見到他第一句話便是：

> 我們就是需要你寫的那種「第二種忠誠」。一個黨，一旦聽不得不同意見，它就完了。無論是共產黨、國民黨或者社會黨、基督教民主聯盟，都一樣，只要聽不得批評，就必定要垮臺。

　　談到二十世紀八十年代的劉賓雁，自然一定要談到胡耀邦與他的關係。

　　劉賓雁曾經回憶說，一九五八年二月，他的命運已定、準備下鄉勞動改造的時候，胡耀邦把他和團中央系統幾名資格較老、地位較高的右派分子找到團中央小會議室去。這時

他們這些人最關心的是前程問題，心情都是灰溜溜的。胡耀邦似乎有意表示，他並不認為劉賓雁等人是反黨分子，是敵對分子，他的態度和以前一樣，仍然以「同志」相稱。談到犯「錯誤」的原因時，他特別提到劉，說：「比如劉賓雁，就是驕傲了嘛，尾巴翹得太高了嘛。」

胡耀邦對劉賓雁的關心愛護是有目共睹的，劉賓雁也是感恩的。然而，在二十世紀八十年代，「本性不改」的劉賓雁給現在已成了黨中央總書記的胡耀邦帶來很大的麻煩。例如，一九八四年秋，劉賓雁寫陝西省一個案件的文章引起一場大風波，竟鬧得胡耀邦為首的書記處一個多月不得安寧，以致胡不得不出面批評劉。他的話是：「劉賓雁沒有接受一九五七年的教訓。他還是不要作《人民日報》記者，去當作家吧。」但胡耀邦的話在《人民日報》傳達之後，又引起編輯部一片譁然：「誰應該接受反右派鬥爭的教訓，不是黨中央嗎？難道要被迫害二十幾年的『右派』來接受教訓？」

劉賓雁知道他每引起一個省委的不滿和攻擊，都使胡耀邦很難辦，但胡始終暗暗關心和同情他，每次都給以保護，不然他是不可能繼續當記者，繼續寫作到一九八七年的。而劉賓雁和中國許多知識份子與有志於改革的人一樣，對胡耀邦寄予極大的信賴與期望。人們都說，胡耀邦最得人心的是他的兩個概念。一個叫「假大空話」，概括了思想上理論上的那些曾經被認為天經地義、不容置疑，然而不切實際、甚至虛妄、謬誤、騙人、有害的話語口號。他主張對這些東西就是要藐視，要戳穿，要拋棄，不管是誰的發明，不管來頭

多大。早在一九七八年，他組織和推動「真理標準」的討
論，反對「兩個凡是」，影響非常深遠；而近的就是繼續千
方百計為十一屆三中全會的「開放改革」方針路線披荊斬
棘，鳴鑼開道。另一個概念叫「冤假錯案」，概括了政治上
組織上的種種冤獄。也是在一九七八年，胡耀邦擔任中央組
織部長的時候，便以「我不下地獄誰下地獄」的勇氣，主持
對堆積如山的冤假錯案的平反工作。無論受害者是黨內的幹
部還是非黨的民眾，哪怕是毛澤東親自拍板定性的，他都主
張一風吹，一概平反昭雪。而劉賓雁在下面所作所為，作為
一個記者也好，作為一個報告文學作家也好，無非是在戳穿
「假大空話」、平反「冤假錯案」這些大工程上添磚增瓦、
略盡綿薄而已。

　　但當胡耀邦竭盡全力試圖進一步開放改革、試圖進一
步實施他的治國方略的時候，他在某些元老眼中也成了問題
人物了。一九八一年對《苦戀》和「資產階級自由化」的批
判；一九八二年中共「十二大」前夕《解放軍報》和上海
《解放日報》同時發表一篇題為〈共產主義思想是社會主義
精神文明的核心〉的居心叵測的文章；特別是一九八三年來
勢洶洶的「清除精神污染」運動，最終目標都是要搞掉胡耀
邦。劉賓雁和他的朋友們都常為胡耀邦捏著一把汗；胡耀邦
的安危，成為他們關注中國政局動向的中心。顯然，雖然劉
賓雁與胡耀邦地位差別很大，但他們對黨內黑暗醜惡的東
西，均是不遺餘力揭露鞭撻，不護短，不回避，在這些方面他
們的心是相通的。他們都是心直口快，滿懷激情，既執著，又

天真，憂國憂民，是正直的理想主義者，也是悲劇人物。

一九八六年末至一九八七年初，第一個大變動終於發生了。堂堂中國共產黨黨中央總書記胡耀邦在一次非民主的、更說不上正式會議的什麼「民主生活會」上被廢黜了，罪名是「反資產階級自由化不力」。無數冤假錯案的大無畏的平反者，自己卻成了冤假錯案的殉難者！

順理成章：一月二十四日下午七時，中央電視臺按「每五天宣佈開除一個」的計畫，像十天前公佈開除王若望、五天前公佈開除方勵之一樣，宣佈開除劉賓雁黨籍的決定。劉的罪名和前者一樣──「資產階級自由化」的代表人物。

四

很早以前便有人問劉賓雁：你和一家人那些年受到那麼多罪，為什麼一九七九年重新拿起筆來，就寫〈人妖之間〉這種作品呢？難道不怕再禍及全家嗎？

最初，劉賓雁的回答是：「在一九七九年那種氣氛下並不覺得〈人妖之間〉這種作品會帶來多少危險。」很快，這個答案不切當了，因為他開始遭到攻擊和威脅，卻依然在寫。其實，從一九八二年起，劉賓雁就知道自己不會有好下場。一些先例已擺在那裏：先是哲學家郭羅基、作家白樺、詩人葉文福、評論家阮銘，後來又有哲學家王若水、李洪林……等等，一個個或被剝奪發表作品的權利，或被撤職、開除黨籍。有一次劉賓雁和王若水議論他們的前途，劉說：

「真怪，我們這些人無疑是最擁護三中全會路線的，為改革寧肯犧牲自己，可是我們一面這樣做，一面又不得不提防著隨時可能被我們所擁戴的人踹上一腳。你說是不是？」王若水說他也有同感。果然，一年以後，在一九八三年「清汙」運動中，王若水的《人民日報》副總編輯的職位也被拿掉了。

著名女作家張潔為劉賓雁找到的解釋是：「劉賓雁這人傻，他是『笨人劉老大』！」張潔借用王毅、劉錦雲那篇描寫文革中一個農民的悲慘遭遇的短篇小說〈笨人王老大〉（作品曾獲一九八零年全國優秀短篇小說獎，一九八七年北京電影製片廠拍成電影）所作的比喻，用著名詩人邵燕祥後來的話說，「文學界友人深然之」。劉賓雁似有所悟，覺得自己大約也是缺點心眼兒，對有些事，神經比常人遲鈍，大意失荊州。後來，劉終於找到了答案：第一腳邁出去的時候，他確實不知深淺，想不到會有什麼危險。過些時候看到危險了，但這時覺得背後有一個力量在成倍地增長，那就是他的讀者，中國各階層的人。他們人多勢眾，在背後推著劉賓雁前進，讓他甚至感覺到他們越來越熱切的呼吸。於是，劉賓雁欲罷不能，甚至有恃無恐了。

即使被開除黨籍，劉賓雁也感到背後民眾的支持。說來好笑，這個決定，按黨章規定，應該召開黨支部大會來討論，但這個會始終不敢開。據說上頭分別找過劉所屬支部的黨員談話，發覺百分之九十以上的人反對，而且難以說服和壓服。在《人民日報》報社以外，也作過試探。找過中國作家協會黨組，但黨組中三人都認為開除不妥，對共產黨不利。

一九八七年一月二十四日宣佈開除那天，從下午三時起至十時，共有二十七位客人到劉賓雁家裏表示慰問。有人向錢鍾書提起劉被開除黨籍的事，錢先生也說，他贈給劉「鐵肩擔道義，辣手著文章」這副對聯，「是不收回的」。三十年前劉被打成右派以後的二十二年中，敢到劉家來的客人不超過寥寥數人；今天，同樣事情發生之後，劉反而聲名大噪，家中更是門庭若市。

　　劉賓雁深切感到，他的生命是和中國人民緊密相連的。他不無自信地覺得，不像三十年前，他現在還是可以做一點事的。他從中才找到他生命的意義。但是，此時命運之神又和他開了一次玩笑。一九八八年三月，被開除中共黨籍的劉賓雁卻意外地得到接受哈佛大學尼曼基金會的邀請的批准，到美國研究和講學。這個批准是經過趙紫陽親自同意的。看來胡耀邦的繼任者亦同情劉賓雁。（陳一諮回憶他任中國國務院經濟體制改革研究所所長時，有一次和趙紫陽總書記談起劉賓雁，陳說：「我接觸過劉賓雁。賓雁這個人有正氣，敢說真話。」陳還把他對〈人妖之間〉的看法告訴了趙紫陽。趙沒說話，過了一會兒點點頭，說：「說真話不容易呵！」）但趙總書記這個「同意」不知道對劉賓雁究竟是好還是壞，總之，劉的命運因此又發生極其重大的變化── 一年之後，「六四」發生，劉賓雁不能返國，從此開始長達十八年的流亡生活。

　　劉賓雁曾經傷感地說：「正是在我要同心同德為這個黨的事業主動地、多少有點創造性地獻出我的力量時，我卻開

始成為它的最危險的敵人。」他自以為「忠誠」啊，而且還是他覺得的更為寶貴的「第二種忠誠」！但事實上他就是被視為一個「敵人」。多麼巨大的矛盾！多麼巨大的痛苦！現在，他更要成為一個政治流亡者了。對於劉賓雁這樣一個只有在中國大陸才是他真正的活動場地的社會改革家，流亡生活無疑是非常難以接受的。

不過，即使處在這樣一個不堪的境況，十八年來，他魂牽夢繞地一刻也忘不掉的是那塊哺育了自己靈與肉的土地和人民；「老百姓的疾苦」始終是他傾注心血研究問題的起點和終結。他那憂國憂民的情懷始終激蕩著。真是一個「笨人劉老大」！真是一個無可救藥的理想主義的執著追求者！已經步入老年的劉賓雁，流落他鄉，關山萬里，卻正是像范仲淹的〈嶽陽樓記〉中所說的，「進亦憂，退亦憂」，終日念茲在茲的仍然是他的「國家」和他的「人民」。劉賓雁的友人都說，也都最感慨，他的一個行為方式就是，每次有來自大陸的中國人，不管來自何方，不管身份何屬，也不管社會地位高低，只要他知道，只要能夠前去探望或請到家來問詢中國國情，他必定這樣做。年長日久，朋友們漸漸養成了一種習慣，但凡有可能，必定將自己身邊來自國內的朋友通報給他，接到他家，讓他做詳細的調查瞭解。他心頭時時刻刻都縈繞著一堆問號。難怪有個作家開玩笑說：「跟劉賓雁一起吃飯最倒楣了，他永遠憂國憂民，這飯菜哪還有味兒！」

劉賓雁憂國憂民的理想主義精神，如人所說，是他生命萌發期種下的「牛痘」，那痕跡永遠抹不掉。人們更不無崇敬地、也

許還有點驚訝地發現，劉賓雁在如此逆境中，直到生命最後一刻，卻從未改變他的基本信仰──他自少年時代起，在目睹國破家亡的民族不幸和國民黨統治末期的腐敗、墮落和社會不公後，建立起來的對社會主義、對馬克思主義學說的信仰。

劉賓雁對一種他稱之為「甯右勿左」的現象不以為然。他說，中國大陸過去長期的政治生活中，許多人行事均「甯左勿右」，現在在美國，我們可不能簡單地倒過另一邊去啊。劉賓雁在美國生活十八年，當然對美國社會的優越性深有體會，但他從馬列主義分析方法出發，對其中他認為的弊病，對布希總統某些國內外政策，特別對他的伊拉克戰爭政策，又有不少微詞。他本能地不喜歡弱肉強食、貧富懸殊的資本主義，非常警惕美國具體政策中資本主義意識形態的陷阱。對於中共，眾所周知，他批判甚多，但另一方面，他又不贊成對中國革命的歷史一筆抹殺。

劉賓雁說，當年走社會主義道路，並不能說是共產黨那麼一煽惑就走的啊，而是有它歷史的必然性。社會主義的最初衝動發源於消除社會的不公，而現在社會仍然不公，因此更應該研究社會主義所經歷所創造的一切──不論是經驗還是教訓。「社會主義豈能一扔了之？」他不認為、或者說不甘心，社會主義就該這樣在中國失敗了。

劉賓雁的確痛苦和迷茫：為什麼自己一生奮鬥的理想距現實不是越來越近而是越來越遠？他多次和友人談起，為什麼二十年間中國會變得如此物欲橫流，貪汙腐敗，貧富懸殊？！但是，他當年加入共產黨時，為尋求一個民主、自

由、公平、人性社會的火焰，仍然不息地在胸中燃燒！人們發現，他生命最後這幾年特別密切關注、研究起拉丁美洲來了。原來他想從中為中國大陸的問題找出某些經驗教訓。他反復質疑：偏向資本而壓制勞工的「新自由主義」經濟道路，真的是第三世界國家擺脫貧困的福音嗎？如果我們堅定地支援勞工權益，是不是也必須要同時拷問我們自己對待資本的態度呢？

劉賓雁一些觀點看法，顯然不同於他周圍一些人，包括他一些朋友。這個當年的大右派，竟然也被人或明或暗送上一頂「新左派」的帽子。今年十月九日，即是去世前不到兩個月，劉賓雁在疾病的極度折磨中，為紀念胡耀邦九十冥辰寫成六千多字的文章〈孤獨的胡耀邦〉。可以看出，這篇後來成了他的絕筆的文章，也是他心靈境況的某種反映——他在美國追求他的真理的崎嶇小路上，也是孤獨的。但理解他的朋友知道，對社會主義的追求、思考和抗辯，正是出於他對人類正義、公平執著追求的赤子情懷。劉賓雁決非那些無視制度性不公的前提卻妄談「社會公正」、並企圖用毛澤東文革中或文革前所施行的那一套來解決當今社會問題的所謂「新左派」。他也決非那些將其列為「新左派」的人的淺薄無知所能理解的。

劉賓雁借用學者秦暉的話說，我們在反對黨內老左派頭子胡喬木、鄧力群的「假主義」上花了太多精力，卻疏忽了中國畢竟面臨很多「真問題」。他決心要切實研究這些「真問題」。他的決心，他的幾乎可以說雄心勃勃的寫作計畫，

讓每一個知道他病情的人萬分感動，萬分心痛。這兩年，他的癌細胞已經由直腸轉移到肝部，其實已經是癌症晚期！但他沒有給嚇倒。他以說笑的口氣說：醫生當時切除癌瘤時，說長到這麼大，已經有十年了。這就是年紀大的「好處」——癌瘤發展得慢。現代科學發達了，觀念也得改變了，雜誌上有篇文章說，以前認為，癌症意味著人生的終點，現代人卻得習慣帶著癌症繼續走人生之路。他說他也能習慣，活下去大概問題不大。再活十年就行！他要帶病完成他目前正在撰寫的回顧自己一生、思索中國歷史和現實的著作《走出千年泥濘》。今年二月二十七日，在他八十誕辰慶祝會上，劉賓雁剛毅地說：

> 再活十年（我覺得少了點）的話，我會更加珍惜時間。近年來悟出一個道理：對於中國，個人的作用是太有限了；但是它又是別人代替不了的。只要腦子還好用，就一定要多留下一點東西，不管年輕人愛不愛看。總之，一方面覺得自己能夠不死、不精神崩潰、不家破人亡，太幸運了，應該多做點事；現在，心裏就更是誠惶誠恐了……相信我，決不會辜負大家對我的期待！

五

可惜，命運之神沒有特別眷顧劉賓雁。他走了，留下他一大堆未竟的事業……

想不到他的名字就是他的宿命。如同大雁永遠留在異鄉為賓客，他沒有能夠活著回到深深牽掛著的祖國，沒有能夠

在北京街頭和他日夜眷戀著的民眾打打招呼，說上幾句話，這成了他永遠的遺憾，也讓許多熱愛他、敬仰他的人感到心傷。

人們想到了屈原。劉賓雁與中國古代這位偉大的詩人一樣，都追求真理，抨擊權貴和邪惡，都遭到放逐，不怨不悔，最後客死他鄉。人們說，自古以來，「文王拘而演《周易》，仲尼厄而作《春秋》，屈原放逐，乃賦《離騷》……」似乎成為幾千年來中國知識份子不變的「職責模式」；「不以成敗論英雄」，不幸成為永遠處於「敗勢」的中國知識份子的悲情豪語。劉賓雁也這樣悲劇地走完他的一生。

但是，走完八十年生命旅程的劉賓雁，「耿耿良知耀日月，錚錚風骨擎蒼天」(治喪委員會敬獻的花圈上所書輓聯)。他以赤子之心，自始至終追求人類的公正與正義，完成了他大寫的人生！「高山仰止，景行行止」，人們無不為劉賓雁的人格所感動。這個人的一生揭示了：人格的力量有可能超意識、超黨派、超宗教、超國界，有可能超越具體觀點立場的不同。這是一個奇特的現象：無論左、中、右，無論社會民主主義者、馬克思主義者或是反馬克思主義者，或自由派知識份子，無論他的仰慕者追隨者或是心存隔閡者，無論他的批評者或被他批評過的人，都覺得劉賓雁實在人格高尚，剛正不阿，堪為典範。的確，幾代中國人，捫心自問，誰沒有或多或少受到劉賓雁的「啟蒙」？誰能否定他留給中國思想界文學界的精神基因？

當年，胡耀邦對不止一個人說過：劉賓雁這個人能夠成為一個大作家。胡耀邦這個期許，也許沒有完全實現；但

是，作為「中國良心」的劉賓雁，他晚年的堅守和追求，可能遠比文學史上的劉賓雁更為可貴。

「長眠於此的這個中國人，曾做了他應該做的事，說了他自己應該說的話。」這是劉賓雁生前希望將來在他的墓碑上，只寫上的一兩行字。

是的，劉賓雁先生，您已經做了您應該做的事，說了您應該說的話。

劉賓雁彌留間，最後最清晰的一句話是：

　　將來，……想起今天……這樣的日子……，會非
　　常……有意思。

是的，將來，我們每個人，都會想起今天這樣的日子，都會覺得非常有意思……

＊2005年12月7日初稿，同月18日修改，於澳洲雪梨。發表於《澳洲新報‧澳華新文苑》第198-200期，並為眾網站轉登。

遙遠的紀念

——寫於中國著名詩人公劉逝世兩周年

艱難歲月：公劉與幼女相依為命，
相濡以沫（1965年秋或1966年春）

詩在你在：公劉女兒劉粹為
父親所編的紀念文集封面

病中的公劉
（2001年5月於合肥）

父女同植詩人林
（1998年3月於海南島三亞市第四屆國際華文詩人筆會上）

遙遠的紀念
——寫於中國著名詩人公劉逝世兩周年

一

2003年1月7日，公劉因病醫治無效，在合肥逝世，享年七十六歲。

聽說，他是腦血栓復發，後又腸梗阻，急需開刀治療，而所在的文聯單位又缺乏醫藥費，萬般無奈之中，他唯一的一生相依為命的女兒劉粹求助於北京。後來，中國作家協會負責人請安徽省委宣傳部長親自過問，他這才順利地住進省立醫院⋯⋯

公劉生前，在2000年11月病痛中，曾請了三位見證人，立下正式遺言：「唯願平平常常地來，安安靜靜地去。」根據他的遺願，這位一生坎坷的詩人去世後，喪事從簡，不開追悼會，不舉行遺體告別儀式。真是平平常常，真是安安靜靜。

我們遠在南半球的澳洲的雪梨，是過了一些天才知道這個噩耗的。當時，我馬上決定，無論如何也得表示一下。結果，第五十期《澳華新文苑》成了悼念公劉的專輯，刊登了公劉的名詩，發表了冰夫題為〈世事茫茫憶公劉〉的長篇悼念和雪陽深情的隨感〈遙望一盞隱去的燈〉，以及我一篇短文。這是一份遲到的紀念（這一期出版時已是二月中旬），

我為此有點感到內疚。冰夫卻安慰說，如今在整個中國大陸，可能也沒有一份報紙會花一整版的篇幅去紀念這位詩人，我們算不錯了。

逝水流光，轉眼竟是兩周年了。為了保持記憶，我想再寫些文字。公劉先生，天上有靈，就請接受這份遙遠的紀念吧。

二

紀念公劉，必須提起這一件事：1979年8月12日，他特地來到瀋陽市郊外的一個名叫「大窪」的地方，來這裏憑弔烈士。

烈士是張志新。這位生前任職中共瀋陽市委宣傳部的一個小小的幹部，因對毛澤東一手發動和領導的文革發表了尖銳的批評和質疑，而被批鬥關押，夫離子散，在獄中慘遭各種令人髮指的折磨。1970年，張志新被判無期徒刑，但還是利用一切機會繼續申辯抗議，因而「罪加一等」，最後，1975年4月4日，在「大窪」被強行槍決。臨刑前，為了防止她在刑場上當眾高呼口號抗議聲辯，她還被割斷了喉管……

此時，張志新就義已經四年，這一冤案也已在1979年3月31日獲得了平反。然而，面對著一片沒膝高的草叢，面對著雜生一株株槐秧的荒蕪的坡溝地，面對著這個極度體現「無產階級專政」、卻有冤魂飄蕩的地方，詩人盤桓良久，思緒萬千，感慨不已。

在刑場憑弔那一天，公劉寫下兩首詩，形象地表現了他非凡的政治思考力度。

一首是〈刑場〉。詩人以前往大窪憑弔的經過為線索，以「楊樹的意象」象徵死難的烈士，抒發激憤和悼念之情。

另一首是〈哎，大森林！〉：

哎，大森林！我愛你，綠色的海！
為何你喧囂的波浪總是將沉默的止水覆蓋？
總是不停地不停地洗刷！
總是匆忙地匆忙地掩埋！
難道這就是海？！這就是我之所愛？！

哺育希望的搖籃喲，封閉記憶的棺材！
分明是富有彈性的枝條呀，
分明是飽含養份的葉脈！
一旦竟也會竟也會枯朽？
一旦竟也會竟也會腐敗？

我痛苦，因為我渴望瞭解，
我痛苦，因為我終於明白——
海底有聲音說：這兒明天肯定要化作塵埃，
假如，今天啄木鳥還拒絕飛來。

關於〈哎，大森林！〉，已有許多評論。這首詩以象徵手法表現現實，用直抒胸臆表達感情，用鮮明的對比展開議論，用擬人手法發出警告。在短短的十四行中，詩人密集地

採用了排比、感歎、設問和反詰等句式。大量的迭句極度強化思想，強化感情；排比對偶的運用，也使詩篇節律整齊，音韻鏗鏘；特別是激烈詞語的選用，並列遞進句式的安排，使整首詩的情感宣洩酣暢淋漓，流蕩著一種強烈的氣勢。這樣，「大森林」意象的複雜內涵得以逐層加深的揭示，最後，詩人的警告發聲振聵，其「聲音」令人不寒而栗。

公劉寫下〈哎，大森林！〉，到如今已有許多年了。時間已經證明，這真是一首憤世嫉俗、懷國懷民、蘊含深刻的歷史反思和對未來的高度警誡的優秀詩作。這是一首千古絕唱！

三

記得二十世紀五十年代我剛上中學正對詩歌著迷的時候，公劉也闖進我年少幼嫩的心房。他的詩歌，帶著天真的欣喜與青春的志氣，調子明朗、親切而歡快，最能在年輕人的心弦上共鳴。而那時，那是青春燃燒的歲月，那時是共和國的早晨。那時家喻戶曉、響徹全國的口號是：蘇聯的今天就是我們的明天！一切似乎都是史無前例的。人們嚮往幸福，豪情萬丈──而我們這些中學生，幾乎一有機會便朗誦公劉的詩章。例如：

> 我推開窗子，／一朵雲飛進來──／帶著深谷底層的寒氣，／帶著難以捉摸的旭日的光彩。／／在哨兵的槍刺上／凝結著昨夜的白霜，／軍號以激昂的高音，

／指揮著群山每天最初的合唱……／／早安，邊疆！
／早安，西盟！／帶槍的人都站立在崗位上／迎接美
好生活中的又一個早晨……

這首題為〈西盟的早晨〉的詩寫於1954年，是公劉參加中國
人民解放軍並以新華社記者身份隨軍挺進雲南後的第四年。
這幾年他寫於雲南邊境的不少好詩，以邊防士兵為抒情主
體，把西南特有的美麗神奇的自然風物與英勇豪邁的戰士精
神氣質融於一體，形成出手不凡的風格，而〈西盟的早晨〉
是其中最好的一首。當時，雖然我們這班少年朋友們對軍旅
生活一無所知，但大家都喜歡幻想我們迎接的每一個早晨而
且幾乎確信未來每一個早晨都是美好的，因此也似乎感受到
（或者是自以為捉摸到）詩中所洋溢的軍人的豪情。何況
該詩在《人民文學》發表後，這「一朵奇異的雲」引起詩
歌界的注意，得到了大詩人艾青的激賞──他寫了〈公劉的
詩〉，刊於《文藝報》頭條。據傳這是艾青第一篇評論文
章。這更增加公劉在我們心中的分量了。

　　1954年，公劉出版第一本詩集《邊地短歌》。接著是詩
集《神聖的崗位》（1955）、《黎明的城》（1956）、《在
北方》（1957）、長詩《望夫雲》（1957）、以及與黃鐵等
合作整理的長詩《阿詩瑪》等。如果說從《邊地短歌》一開
始，公劉便創造了清新而凝重的抒情風格，體現了強烈的時
代激情，那麼，《在北方》標誌著他創作題材和詩情的拓
展。詩評家公認，公劉以富有縱深感的抒情形象，概括出當

時中國人民建設新生活的情緒，在清新中增添了雄渾，思想深度有明顯的增強。清新、凝重、雄渾──公劉這個特色在這個時期的中國大陸詩壇上是多麼亮麗啊。例如：

> 夜半車過黃河，黃河已經睡著，／透過朦朧的夜霧，我俯視那滾滾濁波，／哦，黃河，我們固執而暴躁的父親，／快改一改你的脾氣吧，你應該慈祥而謙和！／／哎，我真想把你搖醒，我真想對你勸說：／你應該有一雙充滿智慧的明亮的眸子呀，／至少，你也應該有一雙聰明的耳朵，／你聽聽，三門峽工地上，鑽探機在為誰唱歌？

這是他寫於1955年5月27日深夜的〈夜半車過黃河〉。改造河山，人定勝天！只幾行詩，就是整個偉大的社會主義建設事業的呼喚了。記得後來我中學畢業考上大學乘長途慢車從南國邊陲到北方津門，夜半車過黃河的時候，一下子湧進我腦海裏的便是這首詩。

又如：

> 上海關。鐘樓。時針和分針／像一把巨剪，／一圈，又一圈，／鉸碎了白天。／／夜色從二十四層高樓上掛下來，／如同一幅垂簾；／上海立刻打開她的百寶箱，／到處珠光閃閃。／／燈的峽谷，燈的河流，燈的山，／六百萬人民寫下了壯麗的詩篇：／縱橫的街道是詩行，／燈是標點。

這是他寫於1956年9月28日的〈上海夜歌（之一）〉。公劉熱情滿懷，對社會主義建設事業充滿壓抑不住的禮贊。「為了享受這一夜，我們戰鬥了一生」（公劉，〈五一節抒情〉），公劉有理由自豪。他是共和國的一名創立者、建設者、保衛者啊！

又如：

> 大路上走過來一隊駱駝，／駱駝駱駝背上馱的什麼？／青綠青綠的是楊柳條兒嗎？／千枝萬枝要把春天插遍沙漠。／／明年駱駝再從這條大路經過，／一路之上把柳絮楊花抖落，／沒有風沙，也沒有苦澀的氣味，／人們會相信：跟著它走准能把春天追著。

這是他寫於1956年6月13日的〈運楊柳的駱駝〉。公劉自己的一首首華章，不就像這詩中所讚美的一隊隊駱駝，在播種春天，在播種生命，在播種對偉大的祖國的堅貞與愛情嗎？我們都跟著他，因為相信跟著他准能把春天追著。

當時，這位年輕的軍隊詩人，像一顆耀眼的新星，在天邊冉冉升起……

四

公劉絕對可以成為大詩人。當時許多人都這樣認為。例如，著名詩人邵燕祥。他和公劉相識於上世紀五十年代，那時他們都是風華正茂的青年。邵燕祥回憶說，公劉的詩寫得

很有特色，非常能打動人心，他和許多人當時都期望他能成為郭沫若、艾青那樣的大詩人。可是他們的期望落空了。就是1957年那場摧殘精英的政治風暴，使公劉二十年徹底交了厄運。公劉是共和國成立後自香港回國參軍的。肅反時他被關押，絕望中曾把腰帶勒在自己脖子上企圖自殺，幸被奉命看守他的作家黃宗江救下。然而，公劉逃過此劫卻逃不過下一劫。1957年大鳴大放時，他在西北戈壁灘，一封電報把他召回北京，一頂右派帽子已經為他制好，跟著便被送到山西省郭堡水庫工地同別的勞改犯人一起服苦役去了。公劉的主要罪狀是：在某次座談會上曾經說總政文化部「蓮花池」肅反搞得過火，傷害了感情，這個批評被上綱為「攻擊」黨的肅反政策；特別是，一年前發表過兩首懷古詩，其中詠南宋詩人陸遊的詩中有「昏庸當道，戕盡了男兒志氣」的句子，現在被拿出來批判，說他用「這一類惡毒字眼來發洩他對黨對社會主義的仇恨」。真是欲加之罪，何患無詞！

當時的統戰部長李維漢在後來的回憶錄中披露，在這場反右鬥爭中，全國有五十五萬之多的人蒙受不白之冤，所波及的家庭不計其數。其中半數以上的人失去了公職，相當多數送勞動教養或監督勞動，有些人流離失所，家破人亡。右派超過了當時全國僅有的五百萬知識份子的十分之一，公劉是其中一個。

對公劉的打擊接二連三。女兒劉粹（小名小麥）生於1958年，從出生的第一天起，就從未吮吸過母親的乳汁。這個狠心的左派母親，聲明拒絕給一個右派的後代餵奶，最後

決然拋下不滿百日的女兒，背夫而去。公劉父母也經受不了
命運的打擊，先後辭世，只剩下女兒與父親相依為命。

又過幾年，文革掀起，公劉更為凄慘。

公劉後來在一篇題為〈大難不死尚待後福〉的「右派」
生涯片斷回憶中說，一個人一輩子只能生一次，也只能死一
次。而他經歷瀕臨死亡甚至接觸死亡而終於不曾死亡，先後
就有若干次，其中最懸的有兩次……

從1958年至1979年，公劉在強制勞動中，「努」傷了身
子骨，關節腫大，還經常屙血不止。那期間，扛百十斤一塊
的石頭築壩，一天扛十二個鐘頭。特別大煉鋼鐵那陣，礦石
八十斤一擔，五十里路一天得跑兩個來回。1981年透視，才
發現，脊椎早已呈Ｓ形了。

長期間餓一頓飽一頓，造成公劉嚴重的胃病。1977年，
他出差北京，忽然胃大出血，血壓降到臨界點。可當時北京
市委書記吳德還在執行《公安六條》，嚴禁外地五類分子晉
京看病，而公劉恰恰是山西來的「右派」，怎麼辦？幸虧馮
牧的女兒小玲給走了個後門，混進了公安醫院，止住血便乖
乖地自動走人。

那些年月，患難中，公劉父女情深。有一個小故事。
1969年公劉進「中辦」學習班，被變相監禁，一號戰備令
下，由北京轉石家莊。年底，奉命填一張「公用私函」寄給
家人。很快公劉就收到女兒的回信，但信封裏沒有片紙隻
字，只有一方潔白的手絹。對著手絹，公劉還是激動萬分，
猜測十一歲女兒此舉至少有兩重意思：一是相信爸爸清白無

辜,二是讓爸爸擦眼淚,堅強地活下去。後來父女重逢,才知道女兒的信封裏本來還有一張寫有幾行字的小紙條,但被拆檢人員沒收了。至於手絹的寓意,女兒說,當時也沒想那麼多,只是想讓爸爸知道,女兒還活著。文友說,在公劉女兒的信封裏,丟了字條,只剩「不著一字」的白手絹,就成了一首立象盡意、含蓄蘊藉的純意象詩。真是一首悽楚得使人掉淚的純意象詩!什麼是大災難中小人物的境遇?什麼是相依為命、相濡以沫?受害受難的人如何活下去?這首純意象詩不著一字,卻的確立象盡意了。

「四人幫」被粉碎後,公劉終於得以複出。但是,近二十多年來,公劉又被腦病像毒蛇似的纏住不放。1980年腦血栓,1989年中風,1994年腦梗塞,1995至1996年腦梗塞並顱腔積水,1997年腦梗塞,1998年腦梗塞,1999年腦梗塞並顱腔積水。當中有三次是經搶救脫險的。無疑,禍根都是早年摧殘太甚!草草四分之一的世紀,三番四次死去活來。都是人為的迫害啊!

公劉原名劉仁勇,又名劉耿直;而這位仁勇耿直者又取筆名「公劉」,以此激勵自己為祖國人民奉獻終身(「公劉」取自《詩經・公劉篇》,1946年正式啟用)。果然人如其名。而正因為如此,如公劉自己所說,他命中註定是一個得了「中國病」的中國病人。所謂「中國病」,就是政治病。從1955年起,反胡風、肅反、反右派,其後大運動套小運動,直至「文革」,他終於被真瘋子宣判為「瘋子」了。

　　公劉悲憤地指出，全中國像他這樣得了「中國病」的知
識份子，豈止萬千！然而試問，一個人經得起多少次這樣的
折騰！？個別知識份子死了固不可惜，只是從今而後，能否真
的下決心不再製造「中國病」了？善待知識份子，正是加強綜
合國力的首要一條啊。這個願望，當不為過不是奢求罷？

五

　　二十多年的劫難，並沒有磨去詩人青春的激情和銳氣，
卻平添了坎坷所留下的沈鬱和深思。

　　復出的公劉開始了詩歌創作的新階段。先後出版長詩
《尹靈芝》（1979）、詩集《白花紅花》（1979）、《離
離原上草》（1980）、《仙人掌》（1980）、《母親──長
江》（1983）以及詩論集《詩與誠實》（1983）、《詩路跋
涉》（1983）等。其中《仙人掌》獲中國作家協會第一屆詩
歌獎。公劉這個階段的詩，已改過去五十年代那種清遠明麗
的情趣、詩風。他不忘歷史悲劇，時刻以警覺的目光、以睿
智的和理性的思考，關注著民族命運與國家前途。他的寫作
多取自現實生活提出的課題，以誠實的血淚、尖銳的針砭、
希望的呼喊，凝聚著當代人民的愛憎，許多詩寫得老辣、凌
厲、深沉、冷峻，充滿辯證觀點與哲理意味，充滿火山爆發式
的激情。〈星〉、〈哀詩魂〉、〈為靈魂辯護〉、〈沉思〉、
〈刑場〉、〈哎，大森林！〉、〈從刑場歸來〉、〈讀羅中
立油畫「父親」〉、〈乾陵秋風歌〉等，均是此時期的代表

作。批評家黃子平把公劉的轉變概括為從「帶著旭日光彩的『雲』」到「噴射著至愛大憎的熾烈感情的『火』」。

公劉晚年還寫了不少散文隨筆精品。女兒劉粹主編了兩大卷《紙上聲——公劉隨筆》（作家出版社2000年1月出版）。該書分為「江南三憑欄」、「畢竟東流去」、「靈魂的獨白」和「火的境界」四個部分。評論家說，這四個部分把公劉的思想感情流露無遺，充分體現出中國當代知識份子對社會的責任感和對現實與歷史關係的把握。公劉站在對知識份子的整體命運的關注上寫下的這些作品，真可謂是杜鵑啼血，聲聲帶淚。

為什麼發生這個轉變？如何看待公劉的這個轉變？對許多人來說，這是不言而喻、彼此大可以心照不宣的。可能亦有些人不想深究甚至不以為然。不管怎樣，公劉複出後的成就顯然為中國大陸詩壇普遍公認和珍視。上個世紀的九十年代初，詩壇泰斗艾青有一次談話說，中國什麼行當裏都有真假「李逵」，公劉是詩歌界中的真「李逵」，是個真正的天才。艾青由衷地讚美公劉的詩，養病時還讀公劉的詩。

公劉去世後，第二天，詩人宮璽便泣成這樣悼念公劉的詩句：

歌唱，嘔心瀝血地歌唱／從南方到北方／從北方到南方／不知哪裏是適合你的地方？／／苦難捆不住你才華的翅膀／就百般摧殘你的健康／你倔強，你抗爭／讓每個字每頁紙都放聲發光／／一座詩的火山熄滅了

　　／有多少愛恨未及釋放？／大書未成氣先絕／你我吞
聲兩茫茫……

　　邵燕祥於2003年1月15日在〈文匯報〉刊出悼念文章
〈憶公劉〉。邵燕祥著重指出，在七八十年代之交，公劉的
詩如久久深潛的地火冒出地面，火山爆發的岩漿滾滾奔流，
他寫的〈上訪者及其家族〉、〈從刑場歸來〉、〈車過山海
關〉等，或寫民間疾苦，或評是非功過，呼天搶地，椎心泣
血，迴腸盪氣，振聾發聵，以詩人的全生命、全意識追問歷
史，震撼讀者的靈魂。邵燕祥沉痛地說，一代詩人，不世出
之才，生於憂患，死於憂患，讓後死者情何以堪！
　　《詩刊》副主編李小雨說，她父親李瑛曾對她說，要學
寫詩，一定要看公劉的作品，自己也正是讀著公劉的詩起步
的。公劉的詩有血的熱度，讓人深切地感受到知識份子的良
知。公劉的痛苦也不是他個人的痛苦，而是和國家的命運、
民族的命運聯在一起的。
　　是啊，公劉曾經以天真而又多情的筆觸期盼著世間的
美好更多而苦難更少；他後來又以率真而又尖銳的眼光關注
著生命中的真善美與假惡醜，更以淩厲的筆鋒揭穿一切虛無
縹緲的「皇帝的新衣」，令一切嗜穿「新衣」的「皇帝」們
大為難堪甚至惱怒。他秉承詩人的純真和坦白，直面歷史、
直面自身，不斷拷問自己的靈魂，以求純潔和昇華……──
這些是論者的歸納，如以詩人自己簡明的話說，就是：「詩
人可以不寫詩，但不可以背叛詩」，「詩必須對人民誠實」
（公劉，「〈離離原上草〉自序」）。

公劉還自我總結說，創作的生命在於自主的選擇，他在全部創作中，始終追求三個目標：第一是有大腦，第二是有骨頭，第三是有靈氣。

大腦、骨頭、靈氣──這不就是對每一個詩人每一個作家每一個知識份子的最高要求嗎？公劉先生，您說得多麼好啊。真是金玉良言，擲地有聲！而您的作品證明，您已經完全達到了您為您坎坷的一生所訂立的這三個目標。

您已經完成了您作為一個中國詩人的職責。您可以安息了。

雖然您走了，但您已把一種精神、一種力量永遠地留給了後人。此刻，我心中還在回蕩您當年寫的〈刑場〉中的詩句：

> 我們喊不出這些花的名字，白的，黃的，藍的，密密麻麻，
> 大家都低下頭去採摘，唯獨紫的誰也不碰，那是血痂；
> 血痂下面便是大地的傷口，
> 哦，可─怕！

> 我們把鮮花捧在胸口，依舊是默然相對，一言不發；
> 曠野靜悄悄，靜悄悄，四周的楊樹也禁絕了喧嘩；
> 難道萬物都一齊啞了？
> 哦，可─怕！

> 原來楊樹被割斷了喉管，只能直挺挺地站著，象她；
> 那麼，你們就這樣地站著吧，直等有了滿意的回答！
> 中國！你果真是無聲的嗎？
> 哦，可─怕！

＊本文最初發表於2005年1月8／9日、15／16日的《澳洲新報》，後為世界各地網站轉登，包括「天益」網、「多維」網、「楓華園」網、「憲政法治」網、「民主通訊」網、「傾向」網、「真話文論週刊」網、「彼岸論壇」網……等等。「酷我─北美采楓」網轉登時，加了一句導言：「推薦一文，或可回答關於新詩的一些問題。」

＊趁此文現在收入本書付印之機，改正一個錯誤。這還得感謝劉粹。2006年3月她因為要編輯父親的紀念文集，看到此文，特請友人轉來電郵「專致謝忱」，非常感謝筆者對她家父「人格和詩文的厚愛」。她順便指出，原文中所引的那首悼念張志新的短詩並非公劉之作。筆者因而想起這首詩應該是流沙河先生寫的，不知為什麼我記錯了，也許因為他們兩人都同有「右派」的印記，都為筆者所極其敬佩。筆者特此說明，並請讀者和流沙河先生見諒。另外，由於記憶有誤，題為「哭」的原作和筆者當時的引文也稍有出入（參看本書關於張志新一文）。

我看見那座巍然聳立的山脈

——祁連山下思昌耀

昌耀遺照

陣痛的靈魂：昌耀紀念文集封面

我看見那座巍然聳立的山脈
──祁連山下思昌耀

一

那天挨晚時候，我們從青海湖趕回西寧。

斜陽，不知什麼時候，已經了無蹤跡；慢慢明亮起來的，是空曠的天靜寂的月。在冷冷月色的割切下，汽車在飛馳，遠遠可以看到的連綿大山似乎也在滾滾奔騰，一兩個小時，都在眼界之內。

這群黑壓壓的大山就是祁連山脈。我心中一下子就湧現出這些詩句：「明月出天山，蒼茫雲海間；長風幾萬里，吹度玉門關。」天山者，匈奴語祁連山的漢譯也。李白為祁連山寫的大氣神妙的詩句，可謂千古絕唱，寫盡邊塞的關、山、月的蒼茫浩渺。當年祁連山南北兩麓，並列著兩條絲綢之路。那麼，李白也曾在路上風塵僕僕也曾在哪個驛站歇息過？……我想像著大唐時代中西文明往返絲綢之路的繁榮景象。

思緒馳驟間，我腦海某處，又出現一座八寶山，在祁連山脈之中，山下是青海省有名的「勞改」場所。我想著我所知道的有關「勞改」「勞教」這個具有中國大陸特色的懲罰制度的故事，腦海裏不經意又跳出一個名詞──「慈航」。

佛經《大智度論》二十七曰：「大慈與一切眾生樂，大悲拔一切眾生苦。」由此得知：佛、菩薩以大慈悲救度眾生出生死苦海，有如舟航，所謂的人生就是「苦海慈航」……。

「慈航」，好一個名詞！我記起來了，這也是一部長達四百多行的抒情長詩的名字——這是昌耀流放四部曲中的一部。

那些年月裡，在「勞改」、「勞教」這個懲罰制度的淫威之下，昌耀就曾在那些大山裏長年服役勞改流放，受盡精神和肉體的折磨……

二

我們在青海西寧期間，曾到文聯大樓和省裏文藝領導及作家、編輯座談。那天上午，一進入室內，就看得出主人很是慎重其事。領導縱談全省文藝發展形勢，有兩位作家給我們介紹了各自的創作體會，談了西部文學、西部電影……

我們問起了昌耀。也請介紹一下昌耀吧，我們誠懇地要求。

主人好像預先沒有想到。是啊，怎麼想到我們這些萬里迢迢來自異國他鄉的人記得他們青海的昌耀？主人一陣驚喜，馬上吩咐工作人員出去拿來一疊書，每人贈送一本。這是青海省作協主席董生龍主編、青海人民出版社出版的紀念昌耀的書：《昌耀：陣痛的靈魂》。

……昌耀去世的時候，我們在海外也有所聞。

2000年3月23日，清晨七時。當時昌耀，年六十五歲，遭受肺癌的侵襲和折磨。

天界晨鐘隱隱作響。太陽說，來，朝前走。

昌耀朝著滿目曙光，從醫院三樓的陽臺縱身一躍。這樣，他——「駕起慈航之舟，絕塵而去，直向著雲間堂奧莫測的化境。喜馬拉雅叢林，為他燃起一團光明的瀑雨」……

三

昌耀是在1955年到青海的。當年黨和政府發出「開發大西北」的號召。未達弱冠的昌耀欣然回應，他的浪漫的革命情懷顯然也為他對中國西部異域情調的嚮往所激發。請看他寫於1957年的那首總共只有八行的〈高車〉：

> 從地平線漸次隆起者
> 是青海的高車
>
> 從北斗星宮之側悄然軋過者
> 是青海的高車
>
> 而從歲月間搖撼著遠去者
> 仍還是青海的高車呀
>
> 高車的青海於我是威武的巨人
> 青海的高車於我是巨人的軼詩

所謂「高車」者，不過是當年西北各地那種極普遍的牛挽或馬挽的大木輪車，但突厥時代北方草原上又的確有過一支以這種高車為自己命名的高車部族。於是，正如論者所指

出，一種陌生古遠的聯想立時產生。在天低地曠的大高原，那恍然是從地球脊線下端漸漸隆起，透迤而來，又緩緩而去的高車，一霎時被無限放大在整個天地之間。真是對青海的大感覺！此詩為古漢語浸滲的、帶有滯澀感的語境；由現實場景向歷史空間推移的陌生化方式；化平淡為神奇的奇崛的詩思，在在令人嘆服！而且，人們還會追問，與同一時期作為主流詩歌的郭小川的〈向困難進軍〉、賀敬之的〈三門峽歌〉，以及同是抒寫西北或雲南邊地風情的聞捷、顧工、公劉等人的詩歌相比照，它為什麼如此不同？昌耀如何獲得這種完全脫離了一個時代基本詩歌語境的語言方式？他怎能如此無視同時代的詩歌時尚？他如何建立這種在對大地之美的追取中決不動搖的自信？……

四

當時昌耀年僅二十一歲。人們感到他對自己詩歌未來的期許，甚至隱隱感到一個不同凡響的大詩人就會誕生。

然而，他兩首總題為〈林中試笛〉、加起來共總不過十六行的短詩竟一下把他送到地獄之門。

第一首是〈車輪〉：

在林中沼澤裏有一隻殘缺的車輪
暖洋洋地映著半圈渾濁的陰影
它做著舊日的春夢，常年不醒
任憑磷火跳越，蛙聲喧騰

車隊日夜從林邊滾過
長路上日夜浮著煙塵
但是，它卻再不能和長路熱戀
靜靜地躺著，似乎在等著意外的主人……

另一首是〈野羊〉：

在晨光迷離的林中空地
一對暴躁的青羊在互相格殺
誰知它們角鬥了多少個回合
犄角相抵，快要觸出火花

是什麼宿怨，使它們忘記了青草
是什麼宿怨，使它們打起了血架
這林中固執的野性啊
當獵槍已對準頭顱，它們還在廝打

這兩首詩昌耀本來並沒有發表，但當時的青海省文聯領
導指令人前往印刷廠對已經開印的1957年第八期《青海湖》
期刊緊急處理，撤下別人稿件換上這兩首詩，造成公開發表
的事實，並加上這樣一個「編者按」定性：

這兩首詩，反映出作者的惡毒性陰暗情緒，編輯部的絕
大多數同志，認為它是毒草。鑑於在反右鬥爭中，毒草
亦可起肥田作用，因而把它發表出來，以便展開爭鳴。

　　在那個時候，就這幾句按語便足以使人心驚膽跳，便足以毀人一生前途。而〈林中試笛〉這十幾行詩句何來「惡毒性陰暗情緒」？究竟算是什麼反黨反革命反人民反社會主義的「毒草」？簡直荒謬透頂的「莫須有」！昌耀經常以長句子和大氣勢震撼讀者心靈，而這兩首詩只不過閃動一些年青的靈氣，就如昌耀自己說的，這兩首詩就是寫景、抒情，單純得很。

　　然而，宣佈「毒草」後便是組織對「反動詩」的「反動本質」的批判，上綱上線，毫不手軟，並進而在詩外尋繩織網，居然這樣惡毒地捏造：

　　　　昌耀是惡霸地主家庭出身，他父親已被勞改，她母親在土改中畏罪自殺，殘廢後病死。昌耀對家庭被鬥母親死去，一直心懷不滿，繼續對黨和人民懷恨在心。

　　詩人一生的命運就這樣定死了。

五

　　從1957年下半年起，年青的昌耀開始了被流放的生涯，加上流放中反覆抗爭，結果刑役層層加碼，越走越險惡地流徙於祁連山重巒幽閉的山谷，進入遠離人煙的監獄農場。在那個時代，青海人最害怕聽到的一句話就是：「送你到八寶山去！」勞改犯有三教九流各色人等，相當數量是右派分子。而這些右派分子裏面藏龍臥虎，有科技人員、醫生、教師、音樂家、美術家、行政幹部、作家、詩人……昌耀就是

其中一個。像他的五百多行的長詩〈大山的囚徒〉所刻畫的，雄偉的大山後面沾染著他們這些「囚徒」的熱血，刻記著他們這些「囚徒」的冤屈。右派們根本並無什麼罪過，只是被認為「從骨子裏反黨」。何謂「從骨子裏反黨」？秦始皇時代有「偶語棄市」，漢武帝時代有「腹誹」者斬，而「骨子裏」的「反黨」，也可算是一種恐怖的「發明」！而1957年，因「骨子裏」的罪而蒙難者，竟是幾十萬之眾！

昌耀就是其中一個！他在漫長的流放、勞教、勞改期間，所遭受的折磨，非親身經歷者幾乎無從感受。只說他回憶裏的一點：他作為一個打入另冊的「異類」，語言上的交流也是被認為是額外的。在青海廣袤無垠的土地上，孤獨的昌耀甚至渴望有一隻狼過來和他交談。二十二年之後，「囚徒」生涯結束，昌耀慶倖自己居然存活了下來，但不禁悽然發覺，自己已年過中年，不過是一個流落西部山鄉領有五口之家的拖兒帶女的「賤民」。

六

今天的研究者還進一步指出，昌耀如果不是因為那兩首短詩的偶然事端，大約仍難逃過1957年或此後更大的厄運。一個卓爾不群的藝術個性，其生命姿態往往桀驁不馴，具有決不接受任何搖撼擺佈的定向性，因此更易折斷。昌耀二十多年後重新露面時，依然故我——他在〈致友人〉（《詩刊》1979年第十期）一詩中這樣向世界宣佈：

九死一生黃泉路
我又來了
骨瘦如柴
昂起的
還是那顆討厭的頭顱

　　事實上，昌耀復出後的成就很長一段時間並不為中國當代詩壇普遍認可。一個殘酷得令人心頭發寒的例證是：詩人駱一禾為昌耀寫評論時，赫然發現：從1954年到1988年的三十四年間，有關其作品的系統性評論竟然一篇也難以找到。他不由得深深感歎：「民族的大詩人從我們面前走過去了，竟無人認識他。」九十年代，雖然已和毛時代非常不同，雖然昌耀已「貴」為青海作家協會副主席，然而，他要出版一本《命運之書》，也為多家出版社退稿，而自己又無錢自費出版（最後總算於1994年由青海人民出版社完成此事）。他在屢次評獎中屢次敗北，直至到臨終前僅僅被恩賜了一個年度獎──但此時他已重病不起，沒能親自到北京領獎。不平人禁不住發問：中國詩壇何以如此遲鈍？眾伯樂們的見識和尺度何在？這般對待昌耀，使中國詩壇蒙羞，叫詩人汗顏！

　　昌耀無論在生命的前期或後期，似乎都不屬於他那個時代。鮮花和掌聲不屬於他。他註定苦命一生。他決定結束自己的生命時，在遺囑裏已經淒酸地想好了：青海作協窮，醫藥費只能報一部分或者久久拖欠。既然如此，僅有兩三萬塊

積攢不必用作治病了，不如留給子女讀大學……真是令人心頭作痛的遺言。只是，更令人感動的是，他心存大愛和大悲憫。他領悟了天地間大愛，終於能夠說出：

> 在善惡的角力中
> 愛的繁衍與生殖
> 比死亡的戕殘更古老
> 更勇武百倍

——這是他〈慈航〉的終極體驗。

七

我聽到人們說，行吟詩人昌耀以其畢生的苦難和咯血般的吟哦，以他對詩寫的宗教般的虔誠，以他的大愛大悲憫生發出的詩藝的大美，使中國當代詩歌達到了一個高度。這是昌耀的高度，是難以企及的獨特的高度。人們說，昌耀是不可替代的，如青銅般凝重而樸拙的生命化石，如神話般高邈而深邃的星空，他留給詩壇一個博大而神奇的認識空間。人們說，昌耀對中國西部那種悲劇性的生存處境有一種深入骨髓的感受。與他的同代人相比，昌耀不僅將個人的悲劇歷史作為反思民族、國家的悲劇的契機，並且有能力將之上升到一種人類普遍的悲劇處境的地步。人們說，讀昌耀，讀得人發抖，為生命之卑微，為生存之苦難；讀昌耀，讀得人感

激，為上天之賜予，為活著之幸運。昌耀羞澀又莊嚴，內心清澈、堅忍。他是一位聖子聖嬰。他用詩歌堆壘了一座西部高原，或者說，他已經成為青海高原上的一座巍然聳立的山脈。

　　而我，在昌耀落難之處又成聖之處，能夠親身感觸，應是不虛此行了……

＊本文為拙作〈青海情思〉的一部分，寫於2003年11月。

她去了，一片紫色的煙霧……

——悼念郁風老太太

郁風遺照

1997年，雪梨文壇名人趙大鈍出版《聽雨樓詩草》，郁風為詩集封面創作《聽雨樓圖》；黃苗子在圖上題《點絳唇》詞

「十月的春天」：郁風畫澳洲蘭花楹（2000年）

本文作者與郁風、黃苗子攝於雪梨名人楊雪峰（右）組織的書畫精藏展覽會上（1999年）

她去了，一片紫色的煙霧……
——悼念郁風老太太

一

2007年4月15日凌晨0點48分，郁風永遠離開了我們。她是個永遠樂觀的人，她一生崎嶇坎坷，但卻慷慨多姿，所以才有那麼多的朋友、永留在那麼廣大的人們心中。她是個總為別人操心、安排的人，但自己不願受人擺佈，她最不喜歡別人為她哀傷。所以根據她的遺願，不再舉行任何追悼會或其他告別儀式。記住她的風度、愛心、藝術，這就夠了。她是個魅力永存的人！承中國美術館最近籌備她與我的書畫展覽，此展覽將於4月26日照常舉行，這應是對她最好的紀念。在她病重之中，許多親友不斷致意問候，我們在此隆重致謝！

噩耗自北京傳來，郁風老太太駕鶴西歸，這是她的夫君黃苗子老先生攜子女所作的〈辭世說明〉。

她去了，一片紫色的煙霧……

我在哀思中，突然感觸到這樣一種意境。

這是郁風老太太所鍾愛的澳洲蘭花楹啊。

1989年，郁風同丈夫黃苗子從發生了「六四」大事的中國移居澳洲，住在布里斯本。剛到不久，郁風發現了這種前所未見的花樹，便驚喜得不得了。在一封給朋友的信裏，她描寫道：

> 我第一次發現它是在博物館旁邊一片空地上孤零零一棵大樹。其他的樹在冬天也不落葉，而它卻姿態萬千地全部以粗細相間的黑線條枝椏顯示它的生命力。有一天我又經過那裏，突然它開出滿樹淡藍紫色的花！沒有任何綠葉和雜色的花。再過幾天越開越盛，枝椏全不見了，一片紫色的煙霧，地上落花也是一片煙霧……

蘭花楹，又叫紫楹或藍楹，英文名是Jacaranda，音譯成中文就是「捷卡倫達」。蘭花楹每年十月中旬——也就澳洲的春天——開花，花期一月有餘。那些時日，公園裏，街道兩旁，住家的前院後院，甚至山坡河谷野地中，幾公尺到十來公尺高的蘭花楹一樹都是花朵，而且只是花朵，好似一團團淡紫色的霧靄，如夢如幻，又純粹，又浪漫，讓人醉入心扉。這還是零星獨處的花樹。如果是一排排或者一叢叢的蘭花楹長在一起，成行成片，那更像紫霧繞天，氣象萬千，震撼心靈。那個輝煌的盛開的景象啊，可以說是旁若無人的盡情舒展，或者說得更好是傾盡全力的無私的奉獻。真是無私的奉獻！每天清晨，淡紫色的落花，散發著淡淡的清香，閃爍著晶瑩的露珠，鋪滿一地。但樹上，依然是滿滿的一樹的花朵，這美麗而又奇妙的紫藍花怒放著，飄散著，似是開不敗，散不盡……

又過了許多年。郁風更喜愛她所稱之的「十月的春天」，而且衍及澳洲整片土地和它的自然環境、社會生態。在她的一幅水粉畫下，郁風深情地這樣寫道：

> 紫色的Jacaranda代表南半球十月的春天。我曾居住在南極最近的澳洲十來年，那是如今地球上少有的沒經過戰爭蹂躪的土地。在這裏保持了比較原始的人的欲望，保持了人和土地、大海、動物、自然的關係。生活中需要有花草樹木，有鳥有魚，就和需要有水有空氣、有食物、有快樂、有友愛、有自由一樣地天經地義。

年過九十的老太太，在生命的最後日子裏，突然很多次跟她在北京的友人講起澳洲的Jacaranda。北京的去年秋天，她想到了，此時的澳洲，正是春天，是蘭花楹盛開的季節。去世前不久，有一天，她又說，真想再回一次澳洲，再看看盛開著的Jacaranda。那時，她剛做完一個療程的放射性治療。她心裏一定很清楚，今生今世，這個願望很難實現了。

她去了，就像一片紫色的煙霧⋯⋯

按照郁風生前的遺言，喪事從簡，不設靈堂，黃老攜子女只給親朋好友發了以上幾百字的說明，附上郁風生前所作並非常喜歡的兩幅水粉畫：一幅是故鄉富春江邊的風光；另一幅就是澳洲的蘭花楹。

二

在布里斯本，不經不覺，郁風和黃苗子轉眼竟度過了十個春秋。就是那段日子，他們又找到心靈的安寧。不消說，郁風終於開筆作畫，特別畫了很多張蘭花楹的水粉畫。他們進行講學和書畫創作，撰寫文章，詩詞唱酬，舉辦展覽，周遊列國，日子過得既安樂又充實；他們的成就，更受到各方面的高度讚揚。

對於澳洲華人文化界，黃苗子和郁風伉儷的到來，是一件可遇而不可求的大喜事。這是一對遐邇馳名的中國當代文學藝術界中的「雙子星座」啊。

有一次，這些文化人以《蝶戀花》詞牌作詞唱酬，便甚為熱鬧。是1995年9月吧，黃苗子和郁風雙雙來到雪梨，和梁羽生、趙大鈍等澳洲名家歡聚。回家之後，黃苗子作詞一首，題為：「一九九五年九月末雪梨歸來寄羽生兄暨諸友好」：

> 少年子弟江湖老，賣藝江湖轉眼成翁嫗。潑墨塗鴉堪絕倒，可曾畫餅關饑飽。大俠健強兼善儔，佳話劻詞載遍雪梨報。客裏相歡朋輩好，人生最是情誼寶。

陳耀南〈次韻敬和苗翁前輩布城惠示大作〉云：

> 鴛鴦翰苑同偕老，比翼江湖共羨雙翁嫗。起鳳騰蛟任拜倒，藝林滋茂心靈飽。說法生公為眾禱，絕妙佳詞寰海爭傳報。共道南洲風物好，相濡相愛仁親寶。

趙大鈍則言〈苗子道兄寄示此調依韻奉酬並希正拍〉：

> 劫蟪翻身成大老，七載牛棚苦煞閨中嫗。魑魅擠排翁
> 不倒，沉酣南史忘饑飽。庶境終嘗心默禱，挽臂雲遊
> 轟動梨城報。藝苑文壇齊叫好，逍遙雙璧今瑰寶。

黃苗子興發，又作一首，為〈步前韻奉答大鈍耀南兩公
並寄羽生俠者〉：

> 八十老頭顛到老，四處塗鴉見惱山陰嫗。昔是牛蛇曾
> 打倒，如今瞧著侏儒飽。半夜心香何所禱，大俠鴻篇
> 再遍環球報。松雪迦陵詞句好，頻傳嘉什當家寶。

梁羽生依韻奉和云：

> 踏遍青山人未老，休笑相逢朋輩皆翁嫗。風雨幾番曾
> 起倒，關情憂樂忘饑飽。浪跡天涯惟默禱，夢繞神州
> 只盼佳音報。更起樓臺前景好，省伊宮女談天寶。

趙大鈍依韻再制一闋：

> 八二阿翁刀未老，四顧躊躇並翼添賢嫗。天下問誰能
> 擊倒，頻幹氣象毫酣飽。我向阿翁遙一禱，踐約重來
> 介壽瓊琚報。願月長圓花永好，人生難得寶中寶。
> ⋯⋯⋯⋯⋯⋯

　　1997年，趙大鈍出版《聽雨樓詩草》，黃苗子欣然評論，指出：趙詩不藉典故的堆砌，純用白描去寫，這種千錘百煉的濃縮文學語言，非有湛深的功底不能達致。聽雨樓的詩極似白樂天，但比白詩略多一些蘊藉。黃老見解中肯，深為眾人佩服。此詩集的封面為郁風所作的《聽雨樓圖》；黃苗子又調寄〈點絳唇〉，題曰：

　　　　淅瀝添寒，憑伊隔個窗兒訴，淋鈴羈旅，舊日天涯路；濕到梨花，廉卷西山暮，花約住，春知何處，深巷明朝去。

南澳國學耆宿徐定戡和黃苗子原調原韻一闋：

　　　　剩水殘山，黍離麥秀憑誰訴，圖南羈旅，目斷鄉關路；問到歸期，風雨重廉暮，春且住，相依同處，莫便匆匆去。

雪梨女詩人高麗珍題：

　　　　小樓連夜聽風雨，紅杏今朝絢野林，
　　　　安得先生春睡穩，賣花聲裏閉門深。

墨爾本書法家廖蘊山題：

　　　　一廛堪借老南瀛，到處隨緣聽雨聲，
　　　　不管高樓與茅屋，滂沱淅瀝總關情。

著名武俠小說家梁羽生題：

> 一樓鐙火溯洄深，頭白江湖喜素心，
> 莫訝騷翁不高臥，瀟瀟風雨作龍吟。

博學多才的劉渭平教授則題：

> 瘦菊疏篁又再生，小樓棲隱晚方晴，
> 知翁得失渾無與，祇有關心風雨聲。

趙大鈍自題云：

> 風雨山河六十年，盡多危苦卻安然，
> 垂垂老矣吾樓在，依舊聽風聽雨眠。

這些絕妙詩詞勾畫出《聽雨樓詩草》一書的主旨，也表達了作者們各自的又相近的品性神態、心情志趣。真是心有靈犀一點通。想到他們大多已是耄耋之年，其心可鑒，其情可歎。

黃苗子和郁風與青年才彥的交往也很多。兩老1999年3月來雪梨時，送書法家梁小萍一本散文集《陌上花》。這本書主要敘述他們兩人的人生桑滄和感懷，淡淡道來，不著痕跡，但可以讓人在笑中流出眼淚，或在流出眼淚的同時笑出來。梁小萍作了一首回文詩——〈讀前輩苗子郁風散文集《陌上花》感懷〉：

　　陌上飛花動婉情，煙塵半紀逐空明。
　　跡留藝海癡雲逸，英落淒風聽雨驚。
　　奕奕文詩凝喜怒，緩緩韻律伴枯榮。
　　碧蘿綠泛幽春夢，夕照萍蹤撫晚晴。

　　（此詩倒讀則為：「晴晚撫蹤萍照夕，夢春幽泛綠蘿碧。榮枯伴律韻緩緩，怒喜凝詩文奕奕。驚雨聽風淒落英，逸雲癡海藝留跡。明空逐紀半塵煙，情婉動花飛上陌。」）詩中第一句「陌上飛花動婉情」嵌了書名《陌上花》，典出吳越王妃春天思歸臨安，王以書遺妃曰：「陌上花開，可以緩緩歸矣」。吳人用其語為歌，而苗子郁風兩老均喜其含思婉轉的歌詞，於是把「陌上花」摘為書名。該書問世時正值兩人五十年金婚，而今又安居澳洲，真可謂「夕照萍蹤撫晚晴」。

三

　　郁風早年入北平大學藝術學院及南京中央大學藝術系學習西洋畫，師從潘玉良。但她說她長久以來沒敢把自己當作畫家，最多是業餘畫家。她說，30年代、40年代在戰亂和其他工作的夾縫裏，畫過漫畫、插圖、水彩、油畫，「也就那麼一點點」；50年代、60年代作行政或編輯，一直是選畫、談畫、掛別人的畫。十年大難不死，猶如再生的人，她開始認真作畫了，並發現用水墨宣紙更適於表現自己心中的意象。她的畫作中西合璧，融會古今，多為文人小品畫，屬彩墨範疇，題材廣泛，筆墨簡練輕靈，明顯透出女性的細膩。

她晚年更熱衷於現代中國畫的探索，作品構思更趨精巧，色調秀麗，意境清雅，富有濃鬱的抒情意味，表現出現代中國人對於大自然的熱愛，也是她個人經歷的心靈感受，透出深刻的人文情懷。這種心靈感受不知不覺地引發人們的共鳴。如論者所言，郁風畫品很高。據報導，在4月26日開幕的《白頭偕老之歌──黃苗子、郁風藝術展》上，很多觀眾第一次見到郁風這麼多傑作，都驚歎不已，沒想到郁風的繪畫藝術已經達到了如此高深的境界。例如展覽中一幅《江南春雨》，畫出了煙雨朦朧中的江南稻田、油菜花、白房子等等的奇妙景象。尤其是雨的畫法，很多人覺得中國畫家中只有傅抱石在畫雨的研究上取得了突破，但郁風這幅畫中的雨也達到了很高的水平。其實，這是郁風一絕。她1997年為趙大鈍《聽雨樓詩草》所作的《聽雨樓圖》中的雨勢也是極其出神入化。

　　郁風不但能畫，其散文也是精品。她少時受到叔父郁達夫的影響，一直愛好新文藝。她的散文也富於畫家的獨特敏感，體現獨特的個人風格──優雅，沉靜，明麗、清新、純淨。她早年寫過《我的故鄉》，後來增補修訂為《急轉的陀螺》，近年又出版《時間的切片》、《陌上花》、《美比歷史更真實》、《畫中游》、《故人‧故鄉‧故事》等，很有一發不可收拾之勢。

　　郁風一篇篇散文，也都是她個人經歷的心靈感受。

　　1990年12月，她寫了〈芳草何愁在天涯〉。蘇東坡一首詞──「客裏風光，又過清明節，小院黃昏人憶別」，很

讓郁風感觸：自古以來不知多少詩家詞人寫盡人間的離愁別
怨，惟獨蘇東坡雖一再被放逐，背井離鄉，到處為家，寫出
詞來卻另有一番瀟灑，即使憶別，也不必哭哭啼啼，而是客
裏另有一番風光，盡可排遣。

　　此篇美文最畫龍點睛之處是，郁風感悟了：「天涯何處
無芳草」這句話如果反過來說，更是——「芳草又何愁在天
涯」？！當時，郁風和黃苗子剛移居澳洲不久，新鮮的客裏風
光吸引著他們新的傾心，喚起他們再一次搏鬥的生命活力。他
們顯然以此自我激勵：「生命就應該在豐富的經歷和不斷有所
奉獻的滿足中結束，而不管是在天涯，是在海角。」

　　在澳洲，在一個似乎與世界隔離但卻頗為自由的天地
裏，在生平一段寧靜、舒坦、順心的異域生活中，郁風和黃
苗子兩老對往事有許多回顧。郁風在寫出新作的同時，也整
理她的舊作，一篇一篇地審視，一篇一篇地刪改。她的新書
《時間的切片》就是這樣整理出來的。這樣，同時也就是對
自己過去的回顧與審視。1993年5月22日，郁風為此書寫了
一篇題為〈縫窮婆的志願〉的序。她透露出，她曾經有過一
個很怪的志願，說出來也許無人相信，然而它是真真實實在
她心中存在過——就是想用她的下半輩子做一個專門為人縫
補破衣的縫窮婆。她這個「志願」發端於她文革時的獄中生
活。1971年11月，她從半步橋普通監獄被解到秦城，從四、
五人一間的破舊狹窄囚室換成一人一間的單獨的新式牢房。
提審的次數越來越少，「階級鬥爭」的是非糾纏逐漸在情緒
上放鬆，在長長的不見天日、不見親人的歲月裏，郁風找到

小小的「歡樂」，其中「最大的歡樂」就是每週一次發給針線縫補。她已經熟練得可以把任何難以彌合的破洞補得天衣無縫。「絕對的隔離能使人產生各種意想不到的生理、心理變化。」郁風因此就產生了這個作縫窮婆的志願。到1975年4月出獄回家後，她曾對黃苗子和兒子鄭重地說過。現在，郁風坦白說：「自然，成為一個志願，除了對縫補本身的興趣之外，也還有不願再當知識份子的意思在內。」

郁風覺得，現在的年輕人很難體會他們這「較老的最複雜的」一代在當時的心情。事實上，連他們自己也難說得清。例如，在那場可怕的打砸搶、毀「四舊」的浪潮中，眼看著自己心愛的書籍文物藝術品要交出來，郁風說他們恐怕主要的還不是悲傷，根本來不及悲傷，在困惑中思考得最多的還是每天在耳邊轟響的「最高指示」，時刻告誡自己的是要聽從偉大領袖毛主席的話──這是「文化」大革命，以前自己革別人的命，現在要革自己的命。志願做縫窮婆，也是革自己的命的「成果」之一。這背後的辛酸的無奈，郁風當時思想裏不清晰並不奇怪。不是要求知識份子「脫胎換骨」嗎？當時，九死一生存活下來的一些知識份子，在淒風楚雨中的確改造得希望「重新做人」──但不要再做知識份子。

1992年前後有一段時間，黃苗子在為臺灣故宮博物院撰寫巨著《八大山人年表》；郁風和居住臺北、從未謀面的林海音也建立了「特別的友情」，一封信就寫了兩千字。郁風看著一摞林海音寄給她的書，翻翻這本又讀讀那本，感到真是放不下手的一種享受，特別那本更像是她自己經歷的《城

南舊事》。林海音2001年12月1日逝世後，郁風在一篇追思文章中說她敬慕林海音一生相夫教子寫作創業，說：「我不禁慚愧地想到，曾經被我青年時代自以為革命思想所鄙夷的『賢妻良母』這個詞兒，已由林海音賦予全新的意義」！論者認為，那是一個一生為家國多難發憤求強的舊時代閨秀的省悟。在這樣的意緒裏，郁風的文字帶著一股異常節約的隱痛，讀來更像一頁痛史的謙卑的註腳。

郁風為1996年11月出版的《郁達夫海外文集》寫的編後隨筆〈郁達夫——蓋棺論定的晚期〉，可能是她最重要、也最費時耗日的一篇文章了。她要為她三叔討回歷史的公正！大半個世紀以來，鬱達夫都被冠以「頹廢作家」的頭銜——「曾因酒醉鞭名馬，生怕情多累美人」。後來有一本流行的《郁達夫傳》，概括說他是「與世疏離」的天才，評價好了些但仍然不準確。郁風說，郁達夫就是這樣一個直到死後半個世紀仍被誤解的作家。她強調：郁達夫的一生再複雜，也淹沒不了那條始終一貫鮮明的主線，越到晚期越執著，直到最後他給「文人」下的定義是：「能說『失節事大，餓死事小』這話而實際做到的人，才是真正的文人。」郁達夫是這樣說的，也是這樣做到了，還有比這更嚴肅的人生態度麼？

在更廣闊的意義上，郁風何嘗不知道，真實的歷史可望而不可即。歷史往往由權力編織而成；歷史往往被意識形態所歪曲。一切歷史都是當代史。這是義大利哲學家克羅齊（B. Croce）說的。對芸芸眾生來說，討回歷史的公正何其難哉！不過，郁風以她非凡的氣質和感悟，已經大大超越了

這一層面。1996年10月25日，郁風從布里斯本家裏給北京傳記作家李輝的一封信上說，她同意亞里斯多德「美比歷史更真實」的見解。的確，美是容不得一點虛假的；美是真與善的體現。對郁風來說，美是如此的重要，她對美又是如此的敏感。她在信上說：

> 我這個人算不算有點特別，從小到老，現在八十歲還是這樣，看著窗外一棵樹，路邊一種花，天上一塊雲，遠遠一幢房子，或是什麼別的，上帝或人工的操作，只要覺得美，都能使我著迷。哪怕是關在牢裏的歲月，看著那肥皂盒裏的綠茸茸的青苔就舒服，美滋滋的享受，哪怕是片刻，也能完全忘記一切。至今坐飛機坐車我都願靠窗，只要不是黑夜，我總不想閉眼不看。

郁風與美同在；而美比歷史真實比歷史重要。美是永恆的。

四

郁風一生崎嶇坎坷。就像黃老攜子女所作的〈辭世說明〉所說的。

這也是一個時代的傷痛：上世紀四十年代，郁風的祖母因拒絕為日本人做飯凍餓而死；父親郁華為敵偽特務槍殺；三叔郁達夫在印尼被日軍害死；而自己的一生更是大起大落。特別是在文革。1967年「五一」前，一個晚上，她突然

從美術館公開關「黑幫」的「牛棚」裏被單獨拉出去秘密關黑房，並被打昏在地。1968年6月，她又一次不由分說地被綁架，秘密轉移到美院、戲劇學院和電影學院三處地方，然後到8月又被送回美術館，秘密單獨關在樓上，直到9月4日早上被逮捕入獄。這樣，到1975年4月出獄，她竟然坐了七年牢！

而郁風可是一位「老革命」呢，早在二十世紀三十年代就在上海參加救亡運動，抗戰開始追隨郭沫若、夏衍等人，從事革命文化工作。但壞就壞在郁風當年在上海工作時認識了江青並成了好朋友。1945年國共重慶談判時，江青秘密到重慶還住在黃苗子郁風夫婦的家裏。文革掀起後，位居中央要職當上「旗手」的江青，最怕自己在上海的不光彩的經歷被人知道，到處抓知情人。郁風卻遲鈍於政治的險惡，竟然在這當口，給江青寫了封信，敘敘舊。郁風這封信無疑給她提醒這裏還有個漏網的。

郁風遭災也因受黃苗子「牽連」。他們兩個的社會背景相當不同。黃老1913年生於廣東省香山（今中山市）書香世家，本名黃祖耀。父親黃冷觀在香港辦中學，嶺南名家鄧爾雅跟黃冷觀是老同學，就經常來教這個小孩書法和古典詩文──開啟了黃苗子一生為學之門。1932年，黃苗子從香港跑到上海投筆從戎。黃冷觀緊急給曾同為同盟會員、時任上海市長的吳鐵城拍電報，拜託他關照兒子，結果拜吳之賜，黃苗子一直是拿鐵飯碗的國民黨政府高級公務員。黃苗子身在官場，心在藝壇，交遊甚廣，與許多革命左派文人藝術家成

為至交。他利用特殊身份，為共產黨作了貢獻，但套用中國大陸過去一個術語，卻屬「政治背景複雜」，每當政治運動到來——這種運動又偏偏頻頻到來——便不無麻煩。

郁風溫厚樂天爽朗，雖然命運坎坷，「但卻慷慨多姿」。黃苗子也一樣，且更幽默達觀，甚至調皮。他說他有個習慣，不因生死煩惱，坐監，倒楣，反正就是如此，所以不犯愁，甚至把苦難當作深刻體驗人生、鍛鍊情操氣質的機會。他調侃自己「從小就是個沒正經的人」。十幾歲時，萌生了向報刊投畫稿之念，想起個筆名，便接受嶺南畫家黃般若的建議，把小名「貓仔」兩個偏旁去掉，成了「苗子」。後來大家都說這名字起對了，黃老始終像隻活潑率真的「貓仔」，一生屢經打擊，本性不改。1988年12月4日，黃老在〈我的自傳〉中說，他1949年到北京，一住至今，恰是四十年整，合指一算，其間當「運動員」至少十五年，當「學習員」也有四、五年，「流光容易把人拋」，拋去一半了。然而，黃老對此不幸卻泰然處之，而且還能如此調侃：

> 父親參加過辛亥革命，坐過牢。我自己也繼承過這個光榮傳統——坐過牢，不過不是為了革命，而是被十年浩劫中的反革命硬指為「反革命」。如果按照「否定之否定」定律，被反革命指為「反革命」就是革命的話，那我一生最革命的，就是這一次。

對於死亡，黃老同樣是超然的。但是，一生風雨同舟、相濡以沫、攜手到白頭的愛妻的去世，對一個高齡九十五歲的老人來說，打擊畢竟是太大了。黃苗子所寫的「辭世說明」，文字透出一種異樣的平靜；而在這些平淡文字下面，相信翻騰著無限的悲痛。在這些悲痛的日子裏，相信黃老心中起伏的，是綿綿不絕的追思。

他們結合，快六十三年了；而兩人相識相知，更是七十多年了。那是三十年代中期，才十七歲的郁風，到上海參加救亡活動，並在期刊發表畫作。黃苗子那時侯剛過二十，也在上海創作漫畫，編輯雜誌。兩人都喜歡藝術，彼此有共同語言，互相吸引，漸漸就走近了。黃老一定想起，他追求郁風時寫給她的詩：

乳香百合薦華緵，慈淨溫莊聖女顏，
誰遣夢中猶見汝，不堪重憶相聚時。

黃老一定想起他向郁風求婚時那次最關鍵的時刻。為黃苗子擔任說客的是夏衍。夏公把吳祖光拉上兩個人專程到重慶郊外盤溪徐悲鴻的美術學院找到了郁風。他主要得給郁風解開政治問題的疙瘩。結果，夏公玉成了黃苗子、郁風的「國共合作」。1944年5月，他們在郭沫若的家裏舉行訂婚儀式。當年11月，不同政黨的要員在重慶一同參加他們的婚禮。書法大家沈尹默做證婚人，柳亞子和郭沫若合詩：

躍冶祥金飛鬱鳳，舞階干羽格黃苗。

蘆笙今日調新調，連理枝頭瓜瓞標。

　　黃老會想到文革中那個全國皆知的「二流堂」文化冤案。所謂「二流堂」，最初來源於1944年重慶一個名為「碧廬」的文化人的住所。當時，黃苗子和郁風剛結婚，在重慶定居，「碧廬」離黃公館不遠，所以常常過來。常聚的都是些文化名人，如革命家兼藝術家夏衍、漫畫家丁聰、劇作家吳祖光、畫家葉淺予、電影明星金山、翻譯家馮亦代、歌唱家盛家倫……等等。他們大多自由散漫，性情相投，喜歡聚會閒聊。剛好從延安來的秧歌劇《兄妹開荒》中有個陝北名詞「二流子」，他們便互相以此調侃。有一次，郭沫若來「碧廬」聊天，興致勃勃地要題匾「二流堂」，雖然並未題成，但「二流堂」的名號從此就叫開了。

　　1949年後，黃苗子和郁風、吳祖光和新鳳霞，以及盛家倫、戴浩等人住在北京「棲鳳樓」，盛家倫喜稱這裏是北京「二流堂」。舊雨新知，在這裏談天說地，雖欠舊時風光，也可交流心得、互尋溫慰。豈料偉大領袖點燃「文革」，這些文化人就徹底倒楣了。1967年12月13日，在洶湧恐怖的黑風惡浪中，《人民日報》赫然刊登了一篇檄文，題為〈粉碎中國的裴多菲俱樂部「二流堂」〉，罪名大得怕人。受害的除了一批熟知的堂友之外，還有陽翰笙、葉淺予、丁聰、馮亦代、潘漢年、趙丹、華君武、聶紺弩等人。黃苗子和郁風自然名列其中。這對夫婦雙雙含冤入獄七年，曾經關押在同一個監獄，卻相互不知下落。

　　大劫之後，近三十年間，黃苗子和郁風夫婦兩人聲名日隆。說到雙方都是藝術大家的夫婦，中國二十世紀很少，論者數得出的，大概只是錢鍾書和楊絳，吳作人和蕭淑芳，張伯駒和潘素等不多的幾對。黃苗子和郁風書畫合璧，均工文字，被譽為中國文藝界少有的才子佳人、「雙子星座」。但他們說他們不敢比，他們根本沒有成為什麼「家」，而是「行走在藝術世界裏的小票友」。黃老就調侃自己從外形到內在始終都很矮小，一輩子都沒有「日高千丈」的希望。他一定想到他們拍攝結婚照的趣事。是葉淺予想的辦法，拍照之前，在黃苗子腳下墊了兩塊磚頭。為此，夏衍還寫過一幅字，叫做「此風不可長」。

　　黃老不會忘記，他們先後在澳洲生活了十年，這裏地大人稀，住的房子很大，他們有一個很大的工作室，三個工作臺，中間有一個大桌子。郁風老太太畫完以後的顏料都不用收起來，黃老寫完了字就「偷用」太太的顏料畫畫。郁風經常是丈夫的第一個批評者，從直覺、構圖等方面，最不客氣地評價。黃老有時候聽，有時候也不聽。妻子的畫，黃老也批評。在他們北京家中，有一題為「安晚書屋」的書房，既可會客，也是兩老朝夕閑坐的地方。房門兩邊，各掛一幅古木，上面是黃老篆書對聯，右為「春蚓爬成字」，左為「秋油打入詩」，其調侃自趣，躍然字中。而黃老手書的「安晚」二字，正是他們自狀和自求的心態。兩老志同道合，互相影響，你中有我，我中有你，融為一體，直到最後。

多少年來，這兩個「小票友」朝夕相對、相互切磋琢磨藝術的情景，是多麼溫馨難忘啊。

而現在，從此卻人去房空。但願黃老節哀。

五

她去了，就像一陣輕盈的風，一團熱烈的火，一片紫色的煙霧……

郁風的逝世，牽動了中國國內國外許多人士的哀思。包括澳洲。郁風與黃苗子曾在這裏生活了十年，這裏有他們許多新老朋友。活躍在雪梨中西藝術領域的Mike Harty（何大笨）先生，就是其中一位。這位西方奇人，雖然不會說漢語，卻善中文書法與印章雕刻，曾與黃苗子、郁風結有深厚情誼。他極其欽佩郁風的風度與學養。為了悼念郁風，他特意雕刻了一方印章：「苔蘚籲勇且仁」。這位西方人記得郁風那段非凡的人生經歷──郁風文革坐牢時，一天放風發現地面上的青苔，於是挖起並秘密帶回監房，置養在肥皂盒中。對於酷愛大自然的郁風說來，這一小撮青苔，在那暗無天日的鐵窗歲月，是一種生命的希望和象徵。

梁小萍想到八年前兩老在雪梨給她贈送散文集《陌上花》的情景，想到郁風的畫作《落葉盡隨溪雨去》，想到黃老為亡妻所作的〈辭世說明〉──「她一生崎嶇坎坷，但卻慷慨多姿」，便哀思綿綿，無法壓抑。她為郁風前輩寫了兩首悼念律詩：

其一

細雨輕敲陌上花，天愴莽莽失嬌霞。
誰書俊逸搴豐色，孰繪風騷挹彩華。
嫋嫋鮮荷還滴夢，淒淒淡月正搖葭。
緩緩歸去仙山閣，問訊清魂幾訪家。

其二

漫若繽紛日歲紅，一生灑脫一如風。
一生優雅傳奇色，半百滄桑自在功。
西暢無崖遊奧渺，東瞰目盡寫蘢蔥。
吟成落葉隨溪去，騎鶴翩然逝遠穹。

　　澳洲的朋友們懷念郁風老太太。大家都知道她喜愛這裏的蘭花楹。郁風老太太今生今世，已不可能再回到澳洲，已不可能再見到她如此喜愛的蘭花楹了。然而，蘭花楹是有信的。一年一度，蘭花楹花開花落，從不耽誤。而芳華退後，枝頭上便漸長嫩葉，由淺翠轉為深綠，又是另一番景象。生命不息，美的力量不滅，不過是表現為另一種形態吧。

　　澳洲的朋友們知道郁風老太太有個英文名Wendy。Wendy的一個異體字是Windy——「風（有風的）」，或據她自己箋釋，倒過來是她的「風」衍生出Wendy。而Wendy的意思是「朋友，友好」，音譯為「溫蒂」，從音義推想，都有溫和之意，這也是郁風的為人。讓我們記住這位溫和友好樂天爽朗的老太太，記住她的風度、愛心、藝術。

　　行雲流水，歲月匆匆。這些年來，長壽的郁風和黃苗子曾經送走一個又一個老朋友。記得1995年夏衍去世時，兩老送了這樣一幅挽聯：

　　舊夢懶尋翻手作雲覆手雨；
　　平生師友一流人物二流堂。

此幅挽聯，也如論者評論郁風的文字一樣，「帶著一股異常節約的隱痛，讀來更像一頁痛史的謙卑的註腳」，不但點出長長歲月中的經歷與交情，也道盡此生的辛酸。不但是夏衍一人的辛酸，更是他們那一代受盡折磨的知識份子的辛酸。而這些人都是「一流人物」啊。

　　又記得2005年10月25日，巴金去世後八天，黃苗子郁風夫婦，和丁聰沈峻夫婦、邵燕祥、陳思和、李輝等人，來到嘉興圖書館，參加「奔騰的激流——巴金生平活動大型圖片展」開展儀式。巴金去世前兩年，郁風畫了一幅《巴金在沉思》，現在展覽中有一幅郁風在她的畫前的留影，下面是黃苗子抄錄的巴金的言論：「建立文革博物館是一件非常必要的事。惟有不忘過去才能做未來的主人。」黃苗子在他的書法作品前留影。他書寫道：「對我的祖國和同胞，我有無限的愛。我用我的作品，來表達我的感情。我提倡講真話。2003年錄巴金一封信的話。」

　　這就是中華民族的知識份子。他們終生堅守的文化精神浸透著中華文化的精華。讓這些精神得以流傳並在所有人的心中開花結果吧。

　　或者，此時此刻，我們不僅悼念郁風老太太，也應懷念所有同一命運的中國知識份子——他們大都亦已經去世了……

＊2007年4月25日前後於澳洲雪梨。發表於《澳洲新報・澳華新
　文苑》第270-272期，以及北京《天益》等網站。

他以悶雷般的吼叫告別世界

——懷念梁宗岱先生

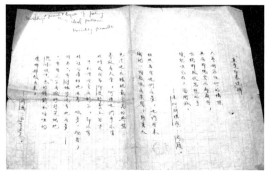

梁宗岱手跡

梁宗岱遺照

早年的梁宗岱

廣東外語外貿大學圖書館內新設梁宗岱紀念室

他以悶雷般的吼叫告別世界
——懷念梁宗岱先生

一

記得一九八三年年底某一天——當時我在紐西蘭奧克蘭大學英語系碩士班進修並緊張準備報讀博士學位，我太太從廣州帶來一個噩耗：梁宗岱先生去世了。

梁先生是是年十一月六日辭世，患的是腦動脈硬化兼敗血症。去世前一段時間，他已經身體癱瘓，神志不清。讓我極其震撼的是，梁先生彌留中一兩天，變得異常豪邁粗獷，不作呻吟，而是發出一陣陣悶雷般的吼叫，在整座樓房中激起巨大迴響，驚天動地。

是否此時神志不清的梁先生，靈魂深處可能還在痛苦地掙紮著，想要訴說此生要說而未說的話，或者是發洩某種感觸，某種悲憤？……

二

也許他又在與什麼人爭辯了？也許是與年輕時的畏友朱光潛先生？遊學歐洲的時候——那是多麼意氣風發、躊躇滿志的歲月啊——青春年少血氣方剛的他們，差不多沒有一次見面不吵架。後來他們回國任教在北京同寓，在一塊住過

相當長時間，吵架的機會更多了：為字句，為文體，為象徵主義，為「直覺即表現」……有一次梁宗岱外出，見到朱先生發表的文章，還是頓感「來而不往非禮也」。這樣留下的辯論文章，現在清楚知道的，就有創作於日本葉山的〈論崇高〉等。他們兩人的意見好像永遠是分歧的。

或許梁先生此時不但動口而且又動手？又一次和羅念生先生打了起來？羅教授是著名的古希臘研究學者，一九三五年他和梁先生在北京第二次見面時就發生了這麼一樁事：兩人為新詩的節奏問題進行一場辯論，因各不相讓最後竟打了起來。「他把我按在地上，我又翻過身來壓倒他，終使他動彈不得」——這是羅先生的一面之詞，也許梁先生另有記憶？

或許梁宗岱先生彌留中還為他一生的遺憾憤憤不平？

梁先生可謂是浪漫派的學者、才子和詩人。他自小天資聰穎，勤奮好學，又得父親刻意栽培，逐養成古今中外兼收並蓄的開闊自由的情懷。十五、六歲，一個中學生的他，即以清新的詩作在廣東文壇上嶄露頭角，爾後更被譽為「南國詩人」。一九二一年，鄭振鐸、茅盾等人發起並成立文學研究會時，十八歲的梁宗岱分別接到這兩位文壇權威的來信邀請加入，成為這個當時全國影響最大的文學社團在廣州的第一個會員。一九二四年至一九三一年，他先後在日內瓦大學、巴黎大學、柏林大學、海德堡大學及義大利斐冷翠大學、羅馬大學攻讀文學，學習法、德、意語。一九三一年梁宗岱回國，是年僅二十八歲，就擔任起北京大學法文系主任兼教授。

梁先生七年深造，精通幾國文字，積累了豐富的學識，

但卻像陳寅恪一樣，不修學位，只求與異國文藝界交朋友，與文學大師的心靈直接溝通。而他作為巴黎文化沙龍的座上嘉賓，雖然年紀輕輕，其詩人氣質和文學才華竟也讓一向崇尚高貴和浪漫的法國文化人為之傾倒。他們中有世界文壇中如雷貫耳的頂尖級人物。例如世界著名文學家羅曼‧羅蘭、法國後期象徵派大師保羅‧瓦雷里，以及後來於一九四七年獲得諾貝爾文學獎的安德列‧紀德等人。一九二九年寒假，梁先生把陶淵明的〈歸去來辭〉、〈桃花源記〉、〈五柳先生傳〉、〈歸園田居〉、〈飲酒〉、〈詠貧士〉等十多篇代表作譯成法文寄給羅曼‧羅蘭，很快便得到充滿讚賞的復信。後來，他譯成的法文本《陶潛詩選》又由保羅‧瓦雷里親自寫序，給予高度評價。

梁先生後來曾在一篇文章中這樣說：「……影響我最深澈最完全，使我親炙他們後判若兩人的，卻是兩個無論在思想上或藝術上都幾乎等於兩極的作家：一個是保爾‧瓦雷里，一個是羅曼‧羅蘭。」先生在歐洲遊學的七年，無疑是他一生最為自由得意也悟性最為蓬勃、才思最為敏捷的時期。

梁先生在詩歌的創作、翻譯，特別是研究上的確卓有成績。現存主要作品有：詩集《晚禱》，詞集《蘆笛風》，詩評集《詩與真》、《詩與真二集》；譯著有《浮士德》上卷、《水仙辭》、《莎士比亞十四行詩》、《羅丹》、《一切的頂峰》等。他的翻譯在當時就很有影響。朱自清在一九四四年寫的〈譯詩〉一文中，在舉例說明譯詩的歷史時說，「最努力於譯詩的，還得推梁宗岱先生」。戴望舒在

一九四七年出版的《惡之花掇英》中說到波德賴爾的詩在中國的翻譯時，第一個提到的就是梁宗岱。

然而，這樣一個學者、才子和詩人，後來幾乎半個世紀早就人為地被中國大陸的詩壇和翻譯界遺忘了。而此人的後半生，也的確「無所作為」，或者是難有作為！梁先生此時彌留之際，微弱的神思可能下意識地最後一次在殘損的一生中游走？他悶雷般的吼叫亦下意識地伴隨著而一陣陣發出？

那麼，梁先生其中一個很大的遺憾，一定是一直未能寫出《獄中記》了？

那是二十世紀五十年代初共產黨剛剛接管大陸的年頭。那時，生活在廣西百色專區的梁先生，仍然口無遮攔，多嘴多舌地向地區新政權的「權力代表」提意見。這個土皇帝當然不可能知道什麼文學，什麼詩的價值，什麼羅曼·羅蘭、瓦雷里。一九五一年九月，他以「通匪濟匪」等四百八十多個罪名將梁先生送進大獄，進而準備進行「公審」判決。後來經過諸多周折，驚動了最高大人物，梁先生才保住了性命，得以出獄。這近三年並一度走近閻羅王的冤獄，真可算是梁宗岱一進入新社會就首先迎來的當頭一棒。而這一棒竟準確地預示了他整個後半生的厄運！先生彌留時悶雷般的吼叫，也許也是發洩他心頭未能忘卻難以釋解的冤屈啊！

……

三

　　我早在天津南開大學外文系英語專業當學生的時候，從師長的談論中已得知「梁宗岱」的大名了，得知從一九三六至一九三七這一年間，先生曾在這裏任教。有時從圖書館借書，偶然看到借閱登記卡上留有先生的簽名，想著幾乎三十年前先生也曾經閱讀過這同一本書，還會竊竊自喜。但初見初識梁先生是在一九六四年秋天，在他當時任教的廣州中山大學。那年我剛畢業，分配到廣州外國語學院任教，而此時學院尚未成立，廣東省高教局讓我們一起分來的十幾個未來的年輕教師先到中山大學外語系進修。一到中大，我便像個崇拜者一樣尋找機會和梁先生接近。每個星期六下午，按照黨的改造「資產階級知識份子」的政策，整個系的教師不分專業都法定要在一起做體力勞動，這個思想改造的莊嚴的時刻也成了我們交談的好機會。梁先生喜歡年輕人，喜歡崇拜者，總是很高興向我「吹牛」，還給我看他不久前在海南島參觀時寫的詩，使我深深覺得他寶刀未老。直到現在，我還記得「江山如此美，驚鹿也回頭」……他這些描寫海南島鹿回頭的優雅詩句。

　　梁先生是系裏甚至整個中山大學康樂園裏最引人注目的人物。幾乎一年四季，除非是寒潮到來，他的「標準」裝著是運動背心、西裝短褲，赤腳涼鞋。好像老見他搖著大葵扇，精神抖擻，急促促地、甚至是雄糾糾地行走，臉龐滿溢紅光，總是開朗明快，笑起來像頑童，坦坦蕩蕩。

　　但梁先生在康樂園裏出名，最主要還是因為他愛爭好勝，萬事「第一」，真可謂文人的風度，武士的氣質。多年

前有一位溫源甯先生，一九二五年的北京大學英文系主任，他在一九三五年出了一本名為 "Imperfect Understanding"（《不夠知已》）的英文書，其中一篇就已經這樣描寫梁先生早在那時的狀態：對於他，辯論簡直是練武術，手、腿、頭、眼、身一起參加。辯論的題目呢，恐怕最難對付的就是朗弗羅和丁尼孫這兩位詩人的功過如何。未跟宗岱談，你便猜不著一個話題的爆炸性有多大。多麼簡單的題目，也會把火車燒起來。因此，跟他談話，能叫你真正精疲力盡。說是談話，時間長了就不是談話了，老是打一場架才算完……

我在康樂園裏看到梁先生似乎還頗受「歡迎」，常常路上就被人截下談笑一番。談到哪個話題他都能夠信心十足且極其雄辯地自稱在哪個方面「第一」。諸如「學問第一」、「教書第一」、「喝酒第一」、「種菜第一」、「養雞第一」或「力氣第一」……並惠及夫人——夫人也有不少「第一」。據說好事者曾算出諸如此類的「第一」竟有四五十個。他萬事「第一」自然引起不論熟人或生客的興趣。我發現，一些人，特別是那些「根正苗紅」因而自以為高人一等的所謂無產階級革命事業接班人，是逗他開心，覺得好玩，絕非真心尊敬他。事實上，早在一九五八年「拔白旗」「插紅旗」「興無滅資」運動中，梁先生作為中大外語系的「大白旗」曾經被劈頭蓋臉地痛批過（主要罪名是「天才教育主義」——他偏愛學生中的聰慧者，如又是漂亮女學生更甚；「老子天下第一」也是罪名）。六十年代初「困難時期」政策寬鬆時，領導向梁先生作過賠禮道歉因而現在不算「反動

分子」了，但其「野人」之稱是相當公開的（這稱號奇怪地被「統一」在一個所謂「資產階級知識份子」身上），背地裏甚至有人稱他為「性細胞」「草包教授」……

我隨著這組進修教師於一九六五年開春之後離開中大，因為這年廣州外語學院正式開辦，我們也成了創辦人，移居到當時廣外校址廣州東郊瘦狗嶺編寫教材，迎接新生。不料，一年後，「偉大領袖」卻點燃史無前例的「無產階級文化大革命」，全國捲進翻江倒海、暗無天日的紅色恐怖中。傳來的消息是，梁先生已經立時被誣陷為「牛鬼蛇神」。攻擊先生的大字報貼滿校園，更有寫成文采斐然的章回小說的，吸引川流不息的觀眾。一些幸災樂禍、居心巨測者像過盛大節日似地興高采烈，上竄下跳。先生多次被抄家——據說「正式」被抄七次，被乘亂抄家十三次。梁先生珍藏了數十年的保羅・瓦雷里與羅曼・羅蘭寫給他的十九封親筆信，以及他辛辛苦苦譯出的莎士比亞十四行詩與《浮士德》第一部文稿，均被當作「四舊」付諸一炬。先生好幾次更慘遭毒打，有人專踢他要害部位，非常陰毒。我心裏擔心地想著：先生言多必失，又一股倔強脾氣，剛直不阿，不知能否渡過這個兇險的鬼門關？

四

過了幾年，廣州外語學院率先恢復辦學（最初是辦社會各界的短訓班，接著招「工農兵學員」，還招過學制長達

五年的小學畢業生，最後於一九七七年才和全國所有高校一樣通過正式入學考試招生）。我是一九六九年國慶前從廣東三水南邊幹校被召回學院的，先是參與編寫詞典，後到設在廣東花縣的郵電英語培訓班教學。不久，一九七零年，據說是遵照廣州軍區和廣東省革命委員會的什麼戰略意圖，中山大學的外語系和暨南大學的外語、外貿系以及廣東外語學校一概併入，廣外一下子大大膨脹起來。大概是在一九七一年吧，擴大了的廣外從瘦狗嶺搬到廣州北郊黃婆洞。不久之後，花縣郵電英語培訓班結束，我在那裏的教學任務算已完成，也回到黃婆洞校本部。

　　又看到梁先生了，而且現在是同事了。他的標準裝著沒有改變，性格亦依然故我，還是愛勝好強，口上還是掛著他的多少個多少個「天下第一」，甚至自豪地宣稱自己在文革中「處之泰然」，「有驚無險」，如此這般亦算是一種「第一」。他似乎在法語專業一些教師中並不自在，所以常常到我們系（當時稱為「一系」，即英語系）串門，喜歡找李筱菊、黃偉文等我們幾個編教材的高談闊論（我們教材組的老師沒有上課下課的時間限制）。但梁先生現在更不愛談什麼文學什麼英語法語什麼學術了。他最熱衷的話題是他幾十年來不斷研究不斷改良煉製出來的、號稱能治婦科病、不育症、各種炎症包括癌症的山草成藥「草精油」和「綠素町」！

　　梁先生此時的狀態，從他在一九七八年十一月全國外國文學工作會議上的表現也可見一斑。那次在廣州召開的盛會，全國從事外國文學這一行的大人物、知名人物都來了，

一些剛剛被解放出籠的「牛鬼蛇神」也從各地趕來了。我們廣州當地的後輩也興致勃勃地走來聽講。可是梁先生在大會小會上幾乎不發一言，絕不對文學問題、文化問題發表意見。當時在大會上用了上午下午一整天作關於西方「資產階級文學」的評價問題的長篇主題報告的後起之秀、現為法國文學研究會名譽會長的柳鳴九回憶起來，也是會議中梁先生只津津樂道、甚至可謂起勁地「推銷」他的藥酒。梁先生于一九七七年在給卞之琳的信中也是這麼說的：「我的工作當然還是完成學院的任務，但主要似乎已轉制藥、施醫……」傳說胡喬木在一九七九年也向他要過一些「綠素町」。真是一個另類的教授！在全國中可能再無二人可比了。

那幾年，廣外小圈子內還流傳一個說法：梁先生珍藏了數十年的瓦萊裏與羅曼·羅蘭寫給他的信件，一般人以為在文革中被抄去付諸一炬，其實是當時被系裏一個「革命」而又「識貨」者偷偷挑出並私藏起來，而事後時間越久越不敢坦白交出。但由於沒有證據，誰也說不清楚。這些寶貴文物大有可能永遠不見天日了。梁先生心裏也許一直窩著悶氣，但嘴上不說。比起幾十年來受輕視受折磨，受苦受罪，這些信件的失蹤又算得了什麼？！那些年月，並非「四人幫」一倒臺就萬事大吉。我感覺到，梁先生是乾脆決心把超脫出世、看破紅塵的作風保持到底。

我還有一個感覺，經過這麼多政治運動特別是經過文革之後，別看梁先生大大咧咧，喜歡爭論，喜歡「自吹自播」，但他的「警惕性」是有所提高的。例如，他從不爭論

敏感的政治問題,所謂學術問題也不爭了,他「自吹自擂」的都是他的能醫百病的藥酒,他下鄉勞動如何挑重擔,他夫人的粵劇唱腔如何美妙,以及他們養的雞所生的蛋營養最高之類……他很少請人到他家裏做客,幾乎不和任何人做推心置腹的深談。他的警惕性甚至影響了他的夫人。我記得先生第一次請我到他家裏時(我當時多年住在「乙棟樓」,最後搬到「講師樓」,都和梁先生住的小洋房相隔不遠),他夫人在初見的一霎那間也向我投來打量、懷疑的眼神,為此先生對她訓斥了一聲,當時很使我過意不去。

五

我於一九八二年十一月離開廣外到紐西蘭留學,後來在奧克蘭大學一邊教書一邊讀博士,畢業後曾在新加坡工作了兩年,再後來又轉到了澳洲,並在雪梨安頓下來。流水行雲,竟有十幾年時間,我沒有回到我參與創辦的廣外,當然也再沒有見到我離開後第二年就去世的梁宗岱先生。

離開廣外前,我把教授英美文學時為學生編寫的部分輔導材料交給系裏教材科列印出來,稱為《英美名詩欣賞》(第一集)。集中有一篇文章題為〈一個挑戰——從莎士比亞第十八首十四行詩的中譯談起〉,主要是比較屠岸、楊熙齡、戴鎦齡、梁宗岱四位先生的譯作。梁先生是這樣譯的:

我怎麼能夠把你來比作夏天?
你不獨比他可愛也比他溫婉:

狂風把五月寵愛的嫩蕊作踐，
夏天出賃的期限又未免太短；
驕陽的眼睛有時照得太酷烈，
他那炳耀的金顏又常遭黯晦；
給機緣或無償的天道所摧折，
沒有芳艷不終於凋殘或銷毀。
但你的長夏將永遠不會凋落，
或者會損失你這皎潔的紅芳，
或死神誇口你在他影裏飄泊，
當你在不朽的詩裏與時同長。
　　只要一天有人類，或人有眼睛，
　　這詩將長在，並且賜給你生命。

　　我當時很幼稚，而正因為幼稚又很大膽，竟敢對當時中國大陸四位名家進行妄評。當然，我也並非心裏完全無底。梁先生的翻譯，其成就之高，是半個世紀前就為翻譯界普遍公認的。現在他翻譯的《莎士比亞十四行詩》，被悉數收入由眾多譯家注入心血的《莎士比亞全集》。梁譯單行本在臺灣出版時，余光中作了長序，譽為莎士比亞十四行詩的最佳翻譯。我在拙文中稱梁譯的特色是典雅流暢，又求形式對應，可謂有情有形。原詩、譯詩均為十四行，這是一定的了，難得的是，譯詩和原詩一樣，也是押同樣的韻腳，而且整整齊齊，每行十二個字，也可分為五個「音步」。梁先生看過這篇拙文。我的妄評當然很膚淺。我記得他閱後露出友愛的笑容，鼓勵地拍拍我的肩膀。我絕對料想不到先生竟然第二年就與世長辭！而這就成了我對先生的最後的記憶！

六

……我一直恨恨地覺得，當時的廣外、當時的中大、當時中國的翻譯界、學術界、以及整個文壇，是有負於梁宗岱先生的。但理智地再想，有負於梁先生的是那個時代那個社會那個政治制度啊。而且，曾經遭遇類似悲劇的又何止梁先生一人！

二零零三年，偶然一次在網上瀏覽，得知由大陸中央編譯出版社、中國翻譯家協會和法國文學研究會聯合發起的「梁宗岱先生百年誕辰暨《梁宗岱文集》首發式」，於是年九月五日至七日在北京市政府（懷柔）外聯辦接待處舉行。中央編譯局副局長俞可平，中央編譯出版社副社長王吉勝，中國翻譯家協會副會長尹承東，外文所副所長陳眾議，法國文學研究會名譽會長柳鳴九、會長吳嶽添、副會長羅芃，以及其他專家學者約三十人出席了會議。會上首發四卷本《梁宗岱文集》，分為《詩文卷-法譯卷》、《評論卷》、《譯詩卷》和《譯文卷》。

我又得知，二零零三年九月二十一日，「紀念梁宗岱百年誕辰學術研討會」在廣東外語外貿大學（即過去的廣外，和廣州外貿學院合併而成）召開。消息說，廣外是梁宗岱生前長期執教的最後一所高校。這次研討會紀念與研討相結合，目的是緬懷和總結梁宗岱先生在創作、翻譯、教學與科學研究等領域的傑出成果，繼承和發揚梁宗岱先生融通中外古今的治學理念和剛正博愛的為人風範。

　　後來，我又在廣外網上看到《廣東外語外貿大學學報》二零零三年第四期目錄。在「文學與文化」欄目下設「紀念梁宗岱百年誕辰論壇」，發表黃建華寫的〈梁宗岱治學路子引發的思考〉以及陳希寫的〈好詩良藥，長留德澤天地間——梁宗岱研究回顧與展望〉兩篇文章。至於在其他網上看到的紀念和研究梁宗岱教授的文章，更是多得出乎意外。二零零四年七月，一部書名就叫《梁宗岱》的精裝書籍也由廣東人民出版社隆重推出，作者是黃建華和趙守仁。

　　二零零七年八月，我又一次回到廣外，得知學校圖書館特別設有一間「梁宗岱教授紀念室」。館長給我方便，讓我在室內瞻仰先生遺照、瀏覽先生書稿手跡並作了拍攝。紀念室雖然規模不大，但算讓人感到慰安了。

　　我從中國回來後，曾和以前在廣州外語學院的同事、現任《香港商報》總編輯的陳錫添先生在雪梨歡聚。他送給我他於一九九一年七月出版的報告文學集《風採集》，書中第一篇就是寫梁宗岱先生，標題是〈歷盡坎坷志未磨〉。我很高興地發現，這篇報告文學寫於一九八五年，這應該是最早最有分量的對梁先生的肯定和歌頌。

　　看來，梁宗岱先生去世之後，特別在他百年冥壽之後，國人重新而且日益記得他了，其成就以及為人風範都為國人贊許了。現在，人們讚譽他的著述作品「有長久的生命力」，「能抵抗得住時間塵埃的侵蝕」，「為文藝園地增添了一縷碧綠的光澤」……等等。看來，對梁先生的評價還會增高。

這又是一個遲來的公正！當然，遲來的公正也是值得慶賀的。

但慶賀之餘，不免有很多感觸。

梁先生早年有一首詩曰：「人生豈局促？與子且浩歌。浩然一曲衝破，地網與天羅。」他曾經多麼春風得意！地網與天羅也不放在眼裏。

梁先生說過：「我最大的野心就是要在極端的謹嚴中創造極端的自然。」這位曾經心比天高的才子、詩人、學者顯然曾經立下偉大的志向。

他本來還可以為這個世界創造多少精神財富啊！

然而，一切嘎然而止。「奇功遂不成。」新出版的四卷《梁宗岱文集》裏收錄的，絕大部分都是一九四九年前的作品。

先生去世時，朱光潛送來的輓聯寫道：「畢生至親，既喪逝者行自念；好詩良藥，長流德澤在人間。」羅大岡的挽聯說：「早歲蜚聲文苑，水仙詞譯筆不遜創作；晚年潛心藥圃，綠素酊土方勝洋劑。」這些雖說也是讚頌之詞，但我讀來卻只感到陣陣心痛。梁先生生前很喜歡羅曼·羅蘭這句名言：「我活著是為了完成我的律法，受苦，死，然而做我要做的── 一個人。」現在，人們問：梁先生的「律法」究竟是吟詠的詩人還是行善的醫者？後人只能茫茫然不得而知。一個享有盛名的詩人並在文學上有獨特見解的學者，竟轉而耗費了無數心血去從事身後很難證明其價值的製藥「事業」，並以此終其一生！真是千古詩人未盡才！如何不教人仰天長噓，無限惆悵？！

　　不過，轉念一想，梁先生畢竟發揮了那個時代他所能擁有的小小的個人選擇權——做了他要做的。甚至，他把「老子天下第一」掛在嘴邊直到老死，雖然往往成為眾矢之的而毫無改悔，也許正是以一種極端的方式（以現在流行的術語來說——一種行為藝術）來堅持自己的自由思想，獨立精神！比起同時代中國大陸許多詩人，遠離詩壇、言行奇特的梁先生或者可以說更像一個詩人——更像「一個人」。

　　我們甚至可以為梁先生慶倖：他此生畢竟沒有成為墮落文人，沒有寫出不堪再閱的垃圾，靈魂沒有被扭曲，依然我行我素，彌留前還能發出悶雷般的吼叫，盡情發洩心中的積憤！

＊2005年6月19日初稿於澳洲雪梨；發表於中國重慶《中外詩歌研究》季刊2007年第2期；以及《天益》等各地網站；收進崔衛平主編、廣東人民出版社2008年出版的《2007人文中國》一書。2007年11月6日梁宗岱先生忌日略作增修。

天妒英才

——悼念楊小凱教授

已經身患重病的楊小凱攝於墨爾本家中

楊小凱著作《發展經濟學》封面

楊小凱靈柩

天妒英才
──悼念楊小凱教授

　　二零零四年七月七日清晨七時四十九分，有一位華人在墨爾本家中平靜地離開了這個世界。

　　澳洲華人社區，大概沒有很多人知道這位離世的華人曾經名叫楊曦光，他們大概不清楚曾經生活在身邊的這位華人是世界著名的大師級的經濟學家，不明白這位華人短暫的一生就是世間一個罕見的傳奇──他不到二十歲時就以一篇文章震驚中國大陸的權力中心；他坐過十年冤獄卻自學成才；他沒有上過大學卻創立了國際性學派；在當今中國大陸的政治語境中，他大概也要歸為「持不同政見者」，但他的經濟學、政治學，甚至神學的觀點可能不容正在處於社會轉型期的中國精英所忽視……

　　這位華人可惜英年早逝，只活了五十五歲，留下一大堆未竟事業。天妒英才！這一句被濫用了的悼詞，用在這位現名叫楊小凱的教授身上卻真是極其準確。

一

　　小凱原來是他的乳名，他的學名是楊曦光。一九六八年初，在那個荒唐混亂險惡的年月，這個名字曾經流傳一時，

為中國大陸許多人——從最高層到最底層——所知道，雖然
於不同的人揭示的是不同的意義。

當時，隨著「文革」洶湧而詭譎的鋪開，楊曦光，一個
十幾歲的湖南長沙一中的學生，竟然過於早熟地嚴肅認真思
考中國深層的政治與社會問題，包括「文革」的實質、對毛
澤東思想的新理解、對中共組織本身的結構、對中國的前途
與發展方向，等等。在他寫出的那批在當時左得出奇卻又大
逆不道的論文中，最具震撼力的是那篇近一萬八千字的〈中
國向何處去？〉。文章寫於一九六八年元月六日。元月十二
日，文章以「省無聯一中紅造會鋼三一九兵團『奪軍權』一
兵」的名義油印刊出。

這篇文章刊出時加有一注：「這是一份徵求意見稿，
現在公開發表是否適宜？是否能代表〈「極左派」公社成立
宣言〉？怎樣進一步修改？請閱後把意見詳細寫在每頁右邊
空白處，請於廿日前將本稿退還發行者。」然而，這份印了
八十份、只發出去二十份的不定稿不脛而走，數天之內便以
各種方式傳到全國各地。楊曦光立時在湖南以及其他省份成
為如雷貫耳的風雲人物。

在當時神州大地濃重彌漫的「巴黎公社熱」中，楊曦光
也從「巴黎公社」經驗裏找到了靈感。他在文章中指出：

> 引起無產階級文化大革命的基本社會矛盾是新的官僚
> 資產階級的統治和人民大眾的矛盾，這個矛盾的發展
> 和尖銳化就決定了社會需要一個較徹底的變動，這就

是推翻新的官僚資產階級的統治，徹底砸爛舊的國家機器，實現社會革命，實現財產和權力的再分配──建立新的社會──「中華人民公社」，這也就是第一次文化大革命的根本綱領和終極目的。

……

在巴黎公社式的新社會中，這個階級將被推翻，這已被一月革命、八月風暴出乎庸人預料的巨大的變動以鐵的事實證實了，起而代之的是在推翻這個腐朽階級的鬥爭中革命人民自然形成的有真正無產階級權威的幹部，他們是公社的一員，沒有特權，在經濟上與一般群眾一樣的待遇，可以隨時根據群眾的要求撤換。

「巴黎公社熱」的始作俑者正是「偉大領袖」毛澤東──楊曦光當時也是毛澤東個人崇拜的受害者（〈中國向何處去？〉正是以「毛澤東主義萬歲！」的口號結尾的）。但另一方面，楊曦光所運用的「揭露用革命誓言欺騙群眾的行為最好的方法」──「分析在這些革命發生了的和正在發生的階級變動」（這也是按列寧的思路），而且斷然提出「推翻新的官僚資產階級的統治」的戰鬥口號，對當權者顯然是太過危險太過可怕了。這豈僅是一株「大毒草」？！這亦可能變成一場足以衝破神聖廟堂的滔天洪水！

鎮壓發生在一九六八年元月二十四日。當天晚上九點起，江青、陳伯達、周恩來、康生等大批中央領導人，在北京人民大會堂湖南廳內接見包括華國鋒在內的湖南省革命委員會籌備小組成員與湖南省一些造反派組織代表，就宣佈鎮

壓湖南「省無聯」問題，作了一些很嚴肅、語氣很重的講話與指示。

有著「黨內頭號理論家」桂冠的康生，在其講話中，幾次點到了楊曦光與〈中國向何處去？〉一文，說那是「反革命的『戰馬悲鳴』」。康生還斷言說：「我有一個感覺，他（指楊曦光）的理論，絕不是中學生、甚至不是大學生寫的，他的背後有反革命黑手！」

一聲令下，全國展開了對〈中國向何處去？〉的大規模批判。

一九六八年二月，楊曦光作為要犯而被抓進監獄，關在長沙市公安局左家塘看守所。母親被懷疑就是康生所謂的「黑手」「陳老師」（她剛好姓陳），受盡批鬥凌辱後懸樑自縊，身為高幹的父親則被關押，一個妹妹下放到山區，另一個妹妹去投靠親戚，哥哥也被開除公職趕到鄉下去了。此外，楊案還連累一大批不相干的人。

一九六九年十月，楊曦光經一年零八個月的拘留後轉為正式逮捕；十一月，被以反革命罪判刑十年，押往嶽陽建新勞改農場「服刑」。

楊曦光當時年僅二十一歲。

二

十年冤獄，自然是楊曦光一生中一段最黑暗、最苦難的歲月。但他沒有被暗無天日的牢獄生活摧毀，沒有放棄對中

國命運的探索以及自覺的責任感。他選擇知識，選擇學習，以極大的毅力完成入獄時作出的人生規劃。十年裏，楊曦光做了五六十本讀書筆記，還寫了一個電影文學劇本。如人們所說，學習知識的途徑與方法，一般人大致差不多。但楊曦光以一個中學生水平的文化起點，又背負異常沉重的人生壓力，並是在一個荒唐險惡的時代與不具任何人權條件的勞改隊裏，卻一步步用自學方式讀完了哲學、英語、數學、機械與經濟學等大學課程，這絕對是寥若晨星，甚至絕無僅有！當然，楊曦光也萬幸地碰到一個難得的機遇——監獄裏充滿了各式各樣學富五車卻因政治問題入獄的知識份子，他們都成了楊曦光的老師。

楊曦光的質疑精神與生俱來，個人又經歷這種不平常的際遇，他自然不相信當時流行的、只能頂禮膜拜的政治經濟學。在沒有西方新古典經濟學的訓練之下，他開始了與世隔絕中的自由思考。他在獄中甚至自己推導出了戈森第二定律、層級理論、納什議價模型以及勞動分工理論。他後來不無自我打趣地說：「我以為這些都是自己的偉大發現，但當我能看到更多書時，才發現這些思想早就被西方經濟學家發展成數學模型。不過，可慶倖的是，這些是自己想出來的東西，『英雄所見略同』，我也是英雄之一了！」

楊曦光讀罷《資本論》之後，心中便期望未來成為一個經濟學家。他當時有三個想法，一是把使用價值在價值論中的重要性搞清，二是把分工問題糅合到價值理論中去，三是把價值理論數學化。

　　牢獄經歷使楊曦光發生巨大轉變。他日後說，「以前我關心的問題是『什麼是好的，什麼是壞的，這個世界應該怎樣』。在監獄裏我問的卻是：『這個世界會怎樣發展？』」楊曦光已完全沒有坐牢前的理想主義了。他轉而相信人判斷自己所追求的價值標準會隨歷史而變化，所以歷史會怎麼發展遠比理想的目標更重要。「最壞的事也許就發生在我們一生的時間內，因此關於好壞是非的主觀判斷沒有任何意義，如何適應環境生存下去才是重要的事情。」──這是他當時在獄中的真實感受。

　　……

　　一九七八年四月，楊曦光刑滿釋放。

　　此時，四人幫倒臺已一年半，但還是沒有一個單位敢錄用這位著名「反動」文章的作者。他在家閒居了一年。

　　也是在這一年，他決定埋葬「楊曦光」，恢復使用乳名「楊小凱」。

　　楊小凱後來找到工作，但只是在湖南新華印刷二廠當一名校對工。

　　一九七九年，楊小凱報考中國社會科學院經濟學實習研究員，但被拒絕參加考試。一九八零年，他再次報考，終於獲得參加數量經濟學考試的機會，後被錄取為實習研究員。

　　所裏安排楊小凱住在一棟宿舍的小房子，除了一張床和一張小桌子之外連個轉身的地方都沒有。可他卻處之泰然。他總說，這裏比監獄條件好多了。楊小凱在社科院數量經濟研究所美其名曰「工作」了兩年，實際上在那個地方沒有人

瞧得起他，也沒有人管他，他被迫獨來獨往。就是在這裏，孤獨的楊小凱開始展示了他過人的才華，他出版了《經濟控制論初步》，並發表了若干關於經濟體制改革和其他經濟問題的文章。

一九八二年，在時任武漢大學校長劉道玉的全力幫助下，楊小凱被武大聘為助教，一年之後，又被提升為講師。這個期間，楊小凱出版了《數理經濟學基礎》和《經濟控制理論》兩本著作。這時，他又碰到人生一個機遇。他估計的一些計量經濟模型未能在國內引起反響，卻獲得了當時來武大訪問的普林斯頓大學鄒至莊教授慧眼賞識。於是開始了他人生另一條新的歷程。

楊小凱生命後二十年的軌跡，記錄了他新的奮鬥新的成就：

一九八三年，考入美國普林斯頓大學經濟學博士研究生；

一九八七年，論文通過答辯，之後在耶魯大學經濟增長中心做了一年的博士後；

一九八九年，任澳洲莫納什大學高級講師；擔任數家美國與澳洲一流經濟學期刊的匿名審稿人；

一九九二年，成為莫納什大學正教授；出版專著《專業化與經濟組織》一書；

一九九三年，被澳洲社會科學院選為院士；

一九九四年，出任美國路易維爾大學經濟系教授、哈佛大學國際發展中心客座研究員；

一九九五年，出任臺灣大學客座教授；

一九九六年，任臺灣「中央研究院」客座研究員；

　　一九九七年，任美國《發展經濟學評論》編輯；在中國
出版《當代經濟學與中國經濟》一書；

　　一九九八年，任哈佛大學客座教授；出版了令國際經濟
學界關注的《經濟學原理》一書；

　　二零零零年，升任莫納什大學講座教授……

　　就這樣，這個當年中學生紅衛兵思想家、一個曾在黑暗
囹圄中艱難地度過了十年光陰的青年人，現在以其成果已成
為國際經濟學界中有開創意義的「第三代」的一位代表。

三

　　按照國際經濟學界內行人的說法，楊小凱如果不是英年
早逝，極有可能成為第一位為澳洲贏得諾貝爾經濟學獎的學
者。他學術上的成就怎麼形容都不過份。他在整個經濟學的
歷史上將具有重要的地位，其影響既深且遠，今日尚無法充
份估計。

　　當年《經濟學原理》出版時，便被國際經濟學界認為是
自馬歇爾、薩謬爾森以來的第三代經濟學教科書的代表作。
該書的匿名審稿人這樣評論：

> 這一研究激動人心，令人屏息以視。楊是世上少有的
> 幾個可以思考這類問題的人之一，他更是世界少有的
> 能解決這類問題的人之一。這一工作具有原創性和新
> 穎性。他正在迅速建立起他作為主要理論經濟學家之
> 一的國際名聲。

　　一九八六年諾貝爾獎得主、公共選擇理論的代表人詹姆斯‧布坎南（James Buchanan）最讚賞楊小凱了，特別是楊和他的同事黃有光教授這幾年所作的叫做「超邊際分析」（infra-marginal analysis）的研究。兩年前布坎南到莫那什大學訪問，當著校長的面就說，這是當今全世界經濟學最重要的、最有意思的研究。他認為楊是目前世界上最好的經濟學家之一。

　　的確，按照國際經濟學界不少人的意見，超邊際分析是楊小凱此生最主要的、可惜也是最後的貢獻。楊小凱自豪地把他的新框架稱之為「超邊際經濟學」（有別於超邊際分析）。如以黃有光的話來形容，這個新框架對他像是親生孩子，是與患難結髮妻子生的唯一孩子。

　　市場和分工互為因果的關係，以及分工的發展對生產效率和經濟增長的至關重要的作用，古典經濟學的代表亞當‧斯密早已指出。可是分工理論難於數學化，因而難以結合到新古典經濟學的一般均衡理論或增長理論中去。因此，到了現代經濟學家手中，除了在國際貿易等有限的領域，一般不再強調分工及其對效率和增長的意義。在討論增長的源泉時，大家注重的是勞動、資本、技術進步，或人力資本等相對來說比較容易數學化的因素。而楊小凱，作為新興古典經濟學派的代表，把經濟學回溯到亞當‧斯密的分工和交易理論並把其發揚光大。他運用新的超邊際分析和最新發展的數學方法，在新框架內，統一地推導和闡釋目前所謂的微觀、宏觀、貿易、發展、產權等各種分支經濟學。

　　內行人評論說，超邊際分析是理解楊小凱學術思想的鑰匙。它高於邊際分析又包含著邊際分析。它首先研究的是分工水平和制度方向的問題，然後再涉及到某一制度框架下的資源配置均衡。反映在數學上，邊際分析只考慮內點解（只涉及數量消長）的最優決策值，而超邊際分析還要比較角點解（涉及到不同制度方向）的最優決策值。也可以說，邊際分析描述的是經濟均衡，而超邊際分析描述的是經濟均衡的跳躍。

　　可見，超邊際分析的解釋能力和應用範圍遠遠優於邊際分析。但因為處理角點解的數學工具直到二十世紀五十年代才發展起來，所以傳統經濟學的局限遲遲沒有突破。也許是出於機遇、勤奮和天才，楊小凱首先找到了尋求最優角點解的方法，因而能夠在一個統一的理論框架下運用超邊際分析闡釋所有的分支經濟學。

　　在楊小凱看來，自由市場的最主要功能，不在於尋找資源的最優配置，而在於尋找最有效率的分工水平，以此決定市場網路大小、人們購買力高低、生產力高低、商業化程度以及貿易依存度。而市場發揮這一功能的兩大條件是擇業自由和價格自由。

　　楊小凱還指出，隨著分工的發展，人們必須交換越來越多的商品，因而交易費用也會增加。所以，他認為，交易效率的提高非常重要，否則會限制分工的深化。進而，在此問題上，楊小凱涉及了產權理論、企業理論、資訊的透明、內生交易費用的減少、道德風險的規避、城市化、技術進步、保險的發展，直至憲政的確立。這裏呈現一條清晰的邏輯

——好的政治-經濟制度能大大提高交易效率，因而大大促進分工的發展和深化，帶來經濟的長期繁榮和社會的長期穩定。

顯然，楊小凱的經濟學思想極其豐富，或者說跨越了一般經濟學範疇。當然，楊小凱有些思想還有待更嚴謹的證明；也並非所有經濟學家都同意他的所有觀點。例如，張五常對楊小凱的超邊際分析就尚未信服。但這位很少欽佩別人的教授也說楊小凱是他遇到過的最有預感天份、能夠知道什麼是重要思想的中國學子。正是聰明易找，有預感而又知道何為重要難求也。他深有感觸地說，只有上帝知道，如果楊小凱沒有坐牢十年，老早就有像他張五常那種求學的際遇，楊在經濟學的成就將會是怎樣？！拿個諾貝爾獎不會困難吧。

四

人們都說，就全球華人經濟學家而言，對中國的政治變遷和經濟改革有切身體驗和真知灼見者，是少數；能對現代經濟學做出理論性突破或挑戰現有理論體系者，是極少數；而同時具備這兩個條件者，更是稀缺得如鳳毛麟角。楊小凱，這位具有傳奇色彩的華裔經濟學家，卻有幸成為其中之一。

正如他們指出，楊小凱的經濟學思想有著強烈的處境意識——中國的歷史和現實是他的理論的真實背景。

在本世紀初這幾年，楊小凱和林毅夫關於「後發優勢」「後發劣勢」之爭在中國大陸興起，並大大開闊全國經濟學家的眼界和思路。這個論爭可謂具有經典意義。

　　林毅夫也是一位了不起的傳奇人物──他從當年一個叛逃過來的臺灣軍隊的連長變成為今天能夠影響北京經濟政策的智囊人物。這位智囊的核心觀點是：作為一個發展中國家，中國具有後發優勢。這一後發優勢來源於中國和發達國家之間的技術差距。中國可以用較低的成本摹仿西方的先進技術，從而避免為技術創新付出昂貴的代價。林毅夫進一步認為，以私人所有權為基礎、以自由民主為本質的憲政民主體制，既不是經濟發展的充分條件，甚至也不是經濟發展的必要條件，同時也不符合中國當前的國情。

　　落後國家的後發優勢正為中國大陸許多經濟學家所津津樂道。正是針對這種情況，楊小凱利用前幾年在上海經濟全球化研討會和在北京天則經濟研究所演講的機會，特意提醒人們同時也要注意後發劣勢，儘管這個觀點不太適合很多人的口味。

　　據瞭解，後發劣勢理論在西方研究的人也不多。這個概念是一位在政治經濟學、在財政聯邦主義等領域很有建樹的、已經過世的馬里蘭大學經濟系沃森（Olson）教授提出來的。

　　沃森使用的英文字眼是"curse to the late comer"，就是「對後來者的詛咒」。他的意思是，落後國家由於發展比較遲，有很多東西可以模仿發達國家，由於模仿的空間很大，所以可以在沒有好的制度的條件下，通過對發達國家技術和管理模式的簡單模仿，而取得發達國家必須在一定的制度下才能取得的成就，甚至可以在一個時期裏實現快速發展。為什麼說「詛咒」呢？楊小凱指出：「落後國家模仿技術比較容易，模仿制度比較困難，因為改革制度會觸犯一些既得利

益，因此落後國家會傾向於技術模仿。落後國家這樣做雖然可以在短期內取得非常好的發展，但是會給長期的發展留下許多隱患，甚至長期發展可能失敗。」

此時，楊小凱不但是一位經濟學家，還儼然是一位歷史學家、一位社會政治學家、一位宗教文化學家。

他讓我們看到蘇聯的教訓。蘇聯二十世紀三十年代用專制制度、國有企業和中央計畫，通過模仿資本主義成功的工業化模式和技術實現了工業化。今天可以看到，這種短期的成功，同時也使俄國的憲政和法治制度基礎設施至今沒有穩固建立起來。大半個世紀以來，俄國人民為此付出極高代價。

還有南北美洲發展的對比。南美洲資源很豐富，但一直處於發展中國家的地位，北美洲資源貧乏，卻是世界上最發達的地區。原因何在？北美國家實行的是聯邦制；而南美國家實行單一制。北美國家地方權力都很大；而南美各國只是把地方看作一個個稅源，地方自治性很弱，所以就很難發展起來。另外，北美是新教文化，南美是天主教文化，文化的差異也導致了經濟發展的不同。這也涉及到「好的資本主義」和「壞的資本主義」的區分。壞的資本主義除了官商勾結、政治壟斷等之外，一個最明顯的特點就是收入分配不公。而後發劣勢跟壞的資本主義有很大關係。

中國也有許多例子。清朝持續三十來年的洋務運動，想在不改變政治制度的條件下，用國有制（官辦）、合資企業（官商合辦）、承包制（官督商辦），通過模仿技術來實現工業化。八十年代和九十年代的中國，很多鄉鎮企業也是

相當於洋務運動中的官商合辦和官督商辦。楊小凱感慨地說，這種極落後的制度，在今天卻被很多人說成是「制度創新」。從蘇聯的教訓可以看出，這種短期的成功，可能最後又變成「對後來者的詛咒」。

中國後發劣勢的具體例子還包括家電行業、電子商務、股市和期貨市場，等等。楊小凱回憶，中國五十年代也自認在電子工業中有後發優勢，結果超英趕美的豪言壯語成了歷史笑話。當年在電子工業方面與中國差不多的日本，反而靠老老實實的學習成了工業大國。日本和中國的比較說明，要獲得後發優勢，一定要先做個學習成功制度的好學生。

中國到處都有「科教興國」、「教育興國」的口號，並為許多國人所稱讚所認同。可是，楊小凱從中看到的是後發劣勢的表現。他認為，真正要利用後發優勢便應該提倡「制度興國」、「民主憲政興國」。

顯然，在楊小凱看來，「後發」當然可以有優勢的，問題是你是否清楚優勢在哪里；如果你捨棄最根本的優勢，便不可避免地受到「詛咒」，變成後發劣勢。

制度！此時此地，這是一個敏感的字眼。什麼叫制度？制度是一個國家、一個社會、一個群體的遊戲規則，但往往反映了既得利益者的習慣行為方式。制度裏面有非理性主義。這是「詛咒」得以發生的原因！

楊小凱知難而進，儘管費力不討好。

五

　　林楊之爭看似經濟問題實質是政治問題，其背後有著一個宏大歷史敘事，並關係到未來中國發展走向。

　　有學者認為，中國大陸九十年代至今的種種論爭，種種問題，如國學和新國學、亞洲現代化（或「亞洲價值」或「新儒學」）、人文精神、現代性、全球化、後現代和後殖民、自由主義和新左派等等，都同知識份子所感知或追求的某種層面上的「國族認同」（national identification）有關。林楊之爭也是如此。林毅夫算是洋務派精神的傳人。楊小凱的後發劣勢觀也是危機感的體現，近於康梁，要求進行變法。

　　學者還認為，林楊之爭，不管結論是後發優勢還是後發劣勢，最後的落腳點都在於中國大陸如何憲政轉軌。

　　當今，憲政理念已經成為海內外華人的一個熱門話題。楊小凱是倡導憲政最早也是最力者之一。早在八十年代，他就對英國光榮革命稱讚不已，強調權力的分立與制衡，強調私有財產制度的巨大政治功能。他提出修改憲法，設立人身保護法案，取消反革命罪，禁止政治迫害，等等。

　　楊小凱成名之後，利用接受採訪、回大陸講學的機會，不斷表達他嚴肅的政見。例如，中共十六大允許老闆加入中共，一些自由派知識份子也認為這是好事情。但楊小凱指出這恰恰是糟糕的轉捩點：官商勾結制度化，利用權來賺錢，再用錢來操縱政治——「這是典型的壞資本主義」。

　　中國人大代表幾乎全在兼職（或者說參政只是副職），而在美國甚至在臺灣，類似職位卻是嚴禁兼職的。楊小凱建

議人大和政協代表「要有足夠的在職收入，不准兼職，才可能使參政議政專業化，水平才能提高」。他表示，中國的制度改革可能要從此做起。楊小凱還指出，中共現在當務之急是必須學會搞選舉，從基層開始，再逐級往上發展，這樣的直選越早越好。他說，東歐和蘇聯的共產黨之所以丟失政權，是因為他們沒有學會選舉。直選在中國是遲早要發生的事，學會選舉是一切執政黨在憲政民主新時代保持繼續執政機會必須走的一條路。

關於「依法治國」，楊小凱指出，這和「法治」是有區別的。所謂「法治」是指有一個獨立的司法系統，它對違背憲法的立法是可以否定的。「依法治國」的弊端是，政府制訂法律可以不受制約。回顧五四運動，中國人要有反省精神。五四講民主和科學，而在楊小凱看來，最應該講自由和憲政。

關於憲政，楊小凱指出，其實這也是中國當權者真正的自保之路。楊小凱回顧國共之爭。他認為：共產黨犯的最大的錯誤就是當年把國民黨給消滅了。要是國民黨不被消滅，跟共產黨平等競爭，是對劉少奇、彭德懷他們的最大保護。有國民黨，毛澤東怎麼會這樣無法無天，他的行為就比較規矩，彭德懷、劉少奇，包括林彪，都不會死得這麼慘。

「兩個魔鬼勝過一個聖人。」楊小凱的靈感來自這句英國格言。他分析道，民主政體中控制「控制者」的結構基於：既然人都有天生的弱點，找不到十全十美的控制者，那就讓幾個「一半是天使，一半是野獸」的人平等競爭吧。不

過，這實行起來卻不易，因為人都有征服的本能，都想打倒對方。怎樣才能保證他們和平共處、平等競爭？唯一的辦法是依賴歷史提供各派平衡、誰也吃不掉誰的局面。他殷切希望中國跳出「革命產生暴君，暴君產生革命」的改朝換代邏輯。

不過，「革命」這個東西很複雜。楊小凱後來亦覺得革命理論也有其合理性。革命對統治者總是一種威脅，沒有這種威脅，政府為人民服務的承諾就不可信；有威脅，其行為就不會太離譜。美國憲法明確指出：人民的權利是天賦的，而政府的權利是人民給的。所以美國人普遍認為：你要統治我們，就必須得到我們的同意。要是你搞得不好，人民就可以革你的命。如美國的彈劾制度，就是人民表達革命權利的一種方法。

回顧楊小凱在文革時寫的〈中國向何處去？〉，回顧他當年那麼簡單地、激進地鼓吹革命手段，而現在倡導自由，倡導憲政，對許多複雜的問題給以反覆、認真、深刻的思考──這是多麼巨大的思想飛躍！

到了生命最後歲月，楊小凱的憲政理想更已發展成為基督教憲政。他信仰基督教的心理歷程有三個階段。首先，從經濟學、社會科學的角度看，他覺得基督教在經濟史上起的作用不可等閒視之；然後，他開始克服對社會科學理性的迷信，但尚未能相信永生和神；最後，由社會科學追究到基督教成功的根本，那就是信。

楊小凱指出，實現憲政最困難的不單是有權影響政治遊戲規則的人能替政治競爭中的失敗者著想，而且是競選失敗

者能夠自願認輸。政治競爭往往是零和對策。競選失敗者自願認輸，從理性而言並非其最優決策。一九一七年俄國和其他很多國家憲政失敗都是因為競選失敗者輸了不認輸，發生革命。而基督教信仰，對競選失敗者放棄個人最優決策，為社會犧牲個人利益，輸了認輸，能起關鍵的作用。

他啟發性地問道：

> 為什麼信基督教的國家都這樣長治久安？為什麼會有這樣的差別？如果你不在靈的基礎上想問題，一定要在唯物論的基礎上想問題，你永遠無法解釋這個東西。因為這個差別是跟信仰有關的。

檢閱世界發展史，憲政最初無疑是植根於西方基督教的信仰體系之中。但自由立憲政體的生成是否以基督教的廣泛傳播作為先決條件？這個問題似乎不好武斷下結論。楊小凱去世前兩年，即二零零二年七月，在上海作題為〈資本主義不等於經濟成功〉的演講時，也是在闡述他「凡是成功的資本主義地區莫不以基督教為精神支柱」的觀點。贊同的人說，這次演講在一定意義上可以和布希總統在清華大學的演講相媲美。不過，需要指出的是，不論是楊小凱的演講或是布希的演講，他們闡述的這個西方思想在漢語文化的神州大地似乎是反應不大，起碼眼下的情形是這樣，儘管據說現在中國基督徒已有數千萬，而且內中有眾多的知識份子（德國之聲引述梵蒂岡廣播電臺《IDEA》稱，在世界上人口最多的國家中國，基督徒的數量已經超過了龐大的中國共產黨黨員

人數。中國問題專家說，中國共產黨黨員的數量為七千萬左右，而基督徒的數量估計已達八千萬至一億之間。這個數字包括中國一般所說的基督教新教徒和天主教徒，大部分是沒有在官方登記的地下教會的成員）。

中國憲政建設的歷史已有一百多年。為什麼尚未成功？答案何在？？？

不管怎樣，楊小凱是以他生命的極終體驗，得出他這個答案的。

六

無論從哪種意義來說，楊小凱逝世太早了，太令人惋惜了。

楊小凱在生命的最後日子裏還向友人詳細描繪他今後的各種雄心勃勃的打算，包括要繼續寫書，要去世界各地開會，要講學，要帶學生，要將自己的經濟學發現向中國向世界廣為宣講……。他旺盛的生命力、對生活的無限熱愛，以及對自己的經濟學成果的充分信心，使他的友人深深感動。聽著這樣一個才華橫溢、思維活躍、卻已患上絕症的人如此滔滔不絕，友人暗暗心酸，只能一再要他量力而行。

真是天妒英才！楊小凱就這樣留下一大堆未竟事業去了。

不過，楊小凱天上有靈，一定也感到相當寬慰。

楊小凱謝世的當天，噩耗便馬上傳到他夢魂縈繞的祖國，而第二天，也就是七月八日，上午九時三十分，北京大學中國經濟研究中心就第一時間舉行了悼念活動。「艱辛求

索宏圖初展曦光何以頓逝？！心繫神州壯志未酬鶴駕幾時歸
來？！」——各位教授、學者懷著深深崇敬而又惋惜的心情
緬懷了這位傳奇人物一生的事蹟。

　　「紀念首位衝擊西方主流經濟學的中國大陸經濟學家楊小
凱」，北京大學中國經濟研究中心副主任陳平的悼詞這樣定位。

　　而中國經濟體制改革基金會秘書長、國民經濟研究所所
長樊綱則說：「楊小凱……一生坎坷，卻奮鬥不息，多年潛
心治學，博大精深，是少數幾位對經濟學基礎理論做出貢獻
的中國出生的當代經濟學家，也是一位一生關注中國命運、
為了中國人的福祉而無所畏懼的愛國者。他是我們這一代中
國經濟學者的驕傲與楷模。」

　　北京大學中國經濟研究中心副主任海聞悼詩云：「平生
風雲惜師友，歲月蹉跎志彌堅。魂如有靈勵相知，智遺千秋
鑒世人。」

　　清華大學李稻葵教授這樣表達他對楊小凱的悼念之情：
「不屈之魂，求索之靈，一代楷模，永存吾心。」

　　……

　　悼念座談會由楊小凱學術對手、北京大學中國經濟研
究中心主任林毅夫教授主持。林毅夫的悼詞說：楊小凱以
五十五年的歲月走過充滿傳奇的一生，就時間來講他的人生
不長，就成就來說，他的人生非常豐富。他一生以真摯的
心，執著追求自己的學術和理想。道路坎坷，卻從來不妥
協，不放棄。他的成就已經在國際經濟學界閃閃發光，是華
人經濟學家的驕傲。

　　林楊認識是在創辦留美經濟學會之時，前後算來已經將近二十年。他們最近這幾年在學術觀點上，特別如前面所述在所謂後發優勢還是後發劣勢問題上，時有衝突。但是，「眾士之諾諾，不如一士之諤諤」，林毅夫充分認識到不同觀點的不斷砥礪和切磋的價值。

　　楊小凱的價值似乎由於不幸逝世一下子突然呈現在中國大眾面前，而尤其顯得珍貴。這些天來，中國大陸的重要報刊對楊小凱的去世和生平成就進行了突出的報導。許多人，特別是年輕一代人，第一次知道了他的名字，並對他傳奇的身世和思想發生了濃厚的興趣。他們感覺到了，在楊小凱學術成就背後，是他對人格獨立和思想自由的執著追求。這和中國大陸某些知名學者形成了強烈對照。

　　的確，應該讓中國大眾充分明瞭楊小凱的價值。

　　應該在中國二百年來的大變局中去感悟楊小凱的命運和思想，並從中看到一個大變革、大轉型的時代裏中國知識份子的人格歷程，和一個古老民族精神信仰的命運。

　　楊小凱九十年代中出版了一本記錄他的難友的非同凡響的書，書名叫《牛鬼蛇神錄》。書的最後一頁回憶他一九七八年四月刑滿釋放走出牢房的心情。他告訴自己：

> 不管將來發生什麼事情，我一定不能讓在這片土地上發生的種種動人心魄的故事消失在黑暗中，我要把我親眼見到的一段黑暗歷史告訴世人，因為我的靈魂永遠與這些被囚禁的精靈在一起。

　　二十六年來，楊小凱從中國漂泊到美國，又從美國漂泊到澳洲，但他一直心繫神州，心繫那些被囚禁的精靈。

他以先知般的睿智，始終在探討他的祖國如何立足于世界之林，始終在探討中華文化再度復興的可能性。

當年那個驚天動地的設問——「中國向何處去？」幾十年來，仍一直縈繞於他靈魂的每一個角落。

有人把楊小凱和鄧小平、胡耀邦、趙紫陽聯想起來，畢竟這三位具指標意義的改革派領袖也在楊小凱的人生道路上（報考研究生、平反冤獄、出國留學）留下印記。也許楊小凱一生追問「中國向何處去」的問題，也頑強地縈繞於這三位悲劇性領袖人物的心頭？也許他們都有著類似的執著、類似的理想主義情懷？也許楊小凱在這個社會的底層有更持久的歷煉，又有不可比擬的學養優勢，因而這「一介平民」對中國命運的思考更無束縛，更有突破？也許楊小凱與他們在立場、觀點、思想方法以至背景、地位差別太大，彼此並無多少可比性？

中國向何處去？答案自然需要千千萬萬仁人志士不懈的探索和親身的實踐。但就楊小凱個人來說，可以預料，這位經濟學大師和中國赤子，一旦進入歷史，便會形成他不朽的聖徒地位；他生前種種，他的苦難，他的追尋，他的成就，將會昇華為豐富的思想資源和強大的實踐動力，將會有助於他的祖國的和平發展。

但願楊小凱教授在天之靈，可以得到慰薦。

＊本文最初發表於2004年7月31日／8月1日、7／8日、14／15日《澳洲新報‧澳華新文苑》。作者自注：本人對於經濟學是外行，文中有關討論多取自國際經濟學界的意見。

中國的馬丁・路德・金

遇羅克遺照

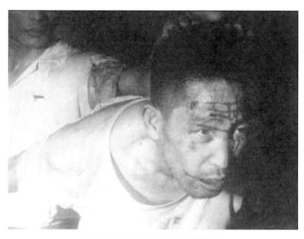

遇羅克被處決前慘遭批鬥

中國的馬丁‧路德‧金

　　1980年7月21日和22日連續兩天，《光明日報》發表了王晨、張天來寫的長達兩萬字的文章：〈劃破夜幕的隕星——記思想解放的先驅遇羅克〉。該文以這樣詩情澎湃的議論來展開震撼心靈的敘述：

> 幾千年來，我們中華民族的英雄豪傑，似群星燦爛，彪炳於歷史的太空。
> 那些扭轉乾坤、功昭日月的巨星，那些有創造發明、能利國福民的名星，將永遠被人們稱頌。然而，人們也不會忘記，當銀漢低垂、寒凝大地，我們民族蒙受巨大苦難的時候，那拼將自己全部的熱，全部的力，全部的能，劃破夜幕、放出流光的隕星。雖然看來它轉瞬即逝了，卻在千萬人的心頭留下了不熄的火種。恰似長夜的十年動亂中，被殘酷殺害的青年遇羅克，就是這樣一顆過早隕落的智慧之星。

　　流水行雲，真是彈指一揮間！1980年，至今竟已過了二十六年！該文兩位作者，不知近況如何？不知是否還記得他們當年激情？至於一些傳媒近年來的狀況，相信海內外的讀者都心裏有數……且不管這些，且讓我們刻下的心思，只集中在遇羅克一個人身上。1979年，〈劃破夜幕的隕星〉發

表一年之前，遇羅克案件剛透露出來，尚未正式平反，社會上已開始到處傳頌遇羅克的事蹟了。很多人都在讀他的文章，傳抄他的日記和詩作，甚至在一些正式會議上，都有人公開朗誦遇羅克的詩文。當時，面對被慘遭殺害的思想解放的先驅和勇士，全國億萬民眾曾經何等悲憤！曾經何等痛惜！曾經何等深思！如今呢？據說時代不同了，遇羅克這種人物已成為歷史，並大可以在歷史中湮滅……

遇羅克，你難道就這樣命中註定，就這樣無可奈何，只不過是一顆過早隕落、只不過一閃即滅的流星嗎？！

遇羅克遇難，年紀輕輕只有二十七歲，是1970年3月5日，至今更是過了三十六年了！

讓我們打開記憶的閘門，暫且回到那些災難深重黑暗無邊的年月吧。

一

1966年，在所謂「紅八月」中，北京市最早掀起一場慘無人道的「紅色恐怖」的狂風惡浪，幾個星期之內，單單在這麼一個城市，根據不完全統計，就有超過三萬三千戶被抄家，超過一千七百人被活活打死或受到迫害後自殺而死。這就是那幫最早「造反」的「老」紅衛兵的「得意傑作」！他們後來成立了「首都紅衛兵聯合行動委員會」，簡稱「聯動」，以便他們的惡行更為組織化。

而這「英雄業績」得以成就的指導思想就是他們視為通靈寶玉的「血統論」。

　　當時有一個「紅對聯」事件。那年7月29日，北京航空學院附中學生中的幹部子女貼出了一副對聯，上聯是「老子英雄兒好漢」，下聯是「老子反動兒混蛋」，橫批是「基本如此」。這副基於封建「血統論」——即所謂「龍生龍，鳳生鳳，老鼠生兒會打洞」——的「紅對聯」一公佈，立即引起了人們的廣泛議論。8月2日，「中央文革小組」組長陳伯達在接見「紅對聯」辯論雙方代表時說，對聯「不全面」，建議改成：「父母革命兒接班；父母反動兒背叛。——理應如此」。8月6日，江青、康生在參加天橋劇場的辯論大會時，江青一再重複這條新改對聯。聽了陳伯達、江青、康生他們那些貌似公允實質卻是煽動階級對立階級仇恨階級鬥爭的講話，本來就承襲有封建「血統論」思想觀念的學生更自以為在理。更多血統論對聯紛紛出籠，例如：「父母革命兒接班——當然；父母反動兒背叛——很難。橫批：理應如此」；「老子槍桿打天下穩上穩；兒子皮帶保江山牢上牢。橫批：專政到底」；「老子闖江山革命革命再革命；兒子定乾坤造反造反再造反。橫批：代代相傳」；「老子革命打江山；兒子造反為江山。橫批：代代紅」；「老前輩降群魔大殺大砍；後來人伏妖崽猛鎮猛斬。橫批：誰敢翻天？」……這些「自來紅」們，迅速以出身為標準，自為「紅五類」——即出身於工人、貧下中農、革命幹部、革命軍人和革命烈士者，並把其他人視為「黑五類」——即出身於地主、富農、反革命、壞分子、右派者（後來又加上叛徒、特務、走資派、資產階級知識份子，成了「黑九類」）。在清華、北大、北師大等校及其附屬中學以及其他學校，掀起

了成立「貧協」的風潮。8月12日，「紅對聯」的堅決支持者、北京工業大學學生譚力夫與他人聯名貼出〈從對聯談起〉的大字報，向毛主席和中共中央建議，提出把「老子英雄兒好漢，老子反動兒混蛋」「提煉為政策，上升為本本條條」，要寫進中共黨章和法律，當作「全面的」、「策略的」黨的階級路線來推行。以後，他又在一次全校性集會上，發表了一個講話，公開宣揚「血統論」和「紅對聯」。譚的講話被翻印了數百萬份，幾乎傳遍全國，流毒深廣，成為流行的「行話」。自認出身「高貴血統」的青少年爭先恐後地穿起父輩的舊軍裝，紮上武裝帶，更加不可一世地起來「造反」。於是北京掀起「紅色恐怖」，而且很快「紅色恐怖」就在全國風行。淫威之下，以出身定一切的風氣竟然成為全國民眾都得遵守的慣例：升學、招工、提幹、參軍，甚至去醫院、乘車船、進商店、住旅館，都必須報出身，看出身。全國各地成千上萬人在「血統論」指導的「紅色恐怖」中被打被殺被侮辱。

就在「血統論」氣焰囂張的時候，1966年10月，北京城市各大路口、各大機關、劇院及各大院校門口，極其震撼地突然出現了數百份題為〈出身論〉、署名為「家庭問題研究小組」的油印文章。當時才二十三歲的遇羅克就是這篇一萬多字的論文的作者。

「血統論」一向是門閥權貴維護特權的有力工具。「王侯將相，寧有種乎？」兩千多年來，農民起義領袖陳涉面向蒼天的吶喊，感染了一代又一代生活在社會中下層的志士仁

人。現在，遇羅克，作為一個年青的平民思想家，響應了。他認為：「對聯不是真理，是絕對的錯誤。」他用大量的事實說明「出身問題」這一嚴重的社會問題。他描述了一個簡單而殘酷的狀況，那就是，在那個年代裏，家庭出身，個人成份，幾乎成了決定一個人未來的社會政治地位的全部因素。「出身壓死人」——一個人如果出身或成分有「問題」，便每時每刻都生活在迫害的陰影之下。

1967年1月18日，打著「首都紅衛兵革命造反司令部宣傳部」旗號（希望這能對打砸搶的「聯動」分子起一定的震懾作用）的《中學文革報》創刊，引人注目發表了遇羅克這篇〈出身論〉。在以後幾期的《中學文革報》上，遇羅克還發表了〈談純〉、〈聯動的騷亂說明了什麼〉等文章，對「血統論」繼續作出一針見血的系統的批判。由於他筆鋒犀利，有理有據，反對派無可奈何，只能有氣無力地詭辯和謾罵。因發表驚世駭俗的〈出身論〉而「一炮打響」的《中學文革報》一夜之間風靡全國。人們排起長隊購買這份小報，如饑如渴地爭讀〈出身論〉。全國各地的讀者紛紛寫信給遇羅克。他接到的讀者來信之多，高達每天幾千封，甚至令郵遞員不堪重負，只好讓遇羅克派人去郵局取信。《中學文革報》先後印了近十萬份，都被一搶而空。當時，這張小報二分錢一份，但在黑市上賣到兩三元，或者要用好多份其他小報才能換到。為《中學文革報》所設的接待站也異常繁忙，以應對讀者的來訪。遇羅克和《中學文革報》的夥伴們深受鼓舞，他們真誠希望中央領導人能夠讀到這篇文章，並且支持他們。

二

可是，等待他們的是厄運。

1967年4月14日，中央文革小組成員戚本禹公然宣佈：「〈出身論〉是大毒草，它惡意歪曲黨的階級路線，挑動出身不好的青年向黨進攻。」這樣，〈出身論〉立時便被置於死地。面對隨時會來的危險，遇羅克毫無懼色。他坦然地對夥伴們說：「把一切都放在我身上好了，你們不必去承擔什麼，因為那樣也不會減輕我的罪名，反而只能給你們自己找麻煩。」他照常寫作、生活，相信人們終究會對〈出身論〉作出公正的評價。

1968年1月5日，遇羅克被捕。他大聲地質問：「我犯了什麼罪？」回答很乾脆：「出身就是你的罪！我們擁護『老子英雄兒好漢，老子反動兒混蛋』！」在獄中，遇羅克受盡了那個時代所司空見慣的摧殘和虐待。有時他每天都押到各處受批判，每次帶出去就像扔木頭一樣扔上汽車，被士兵踩在腳下，用刺刀紮住後背，脖子上還要戴一個鋼制器械，如果在現場喊叫，只消在後面一勒，即可休克。批鬥時一名員警踩住腳鐐，兩名員警把住胳膊，惟恐掙扎。腳鐐粗糙不平，鐵圈上的毛刺把腳脖子刮得鮮血淋淋。遇羅克回到牢房偷偷用布纏上，而每次看守見到就要扯下！

遇羅克一直堅強不屈。曾經與他關在同一個死囚牢房的張郎郎，在談到遇羅克時仍然滿懷由衷的敬意。他回憶說：

> 遇羅克向管教說話時，有種嘲弄的腔調，冷靜裏的辛辣，柔裏帶剛。在最後關頭，他頭腦還是那麼理智，

> 那麼機智。他是通過這個方式，讓新來的人明白形勢
> 嚴重的程度，讓我們做好犧牲的心理準備。同時，也表
> 現出他對生命的強烈追求，要想一切辦法延緩屠刀下落
> 的速度。（張郎郎，〈我和遇羅克在獄中〉）

在張郎郎的眼中，遇羅克很有智慧，甚至把審訊當作一種訓練，一種遊戲，始終站在主動的地位。他從容瀟灑、軟硬不吃，對預審員那套忽而一驚一乍，忽而和風細雨的把戲早就瞭若指掌。但他從來不為多吃一口窩頭、多喝一口白菜湯而陷害別人，更不會在當局謊言的「感召」之下，見利忘義、落井下石。

「文革」研究者發現，最為難能可貴的是，遇羅克在自己及親人遭受暴虐的對待、甚至家破人亡之時，仍然反對以暴易暴，他的思考仍然充滿清醒的人道理性。在那個瘋狂的血紅時代裏，仇恨是紅色的，暴力是紅色的，而只有遇羅克是罕見的純黑色，他的思考和文字都是黑色的，與那個紅太陽閃爍的時代格格不入。

遇羅克對張郎郎說出他心裏的想法：

> 你不可能理解我們的心情。我們這些出身不好的人，
> 一直沒有和你們一樣擁有同等的政治權利和生活權
> 利。所以，即使在我們有機會說話的時候，我們也往
> 往會出現先天性的自卑感──一種政治上的軟骨病。因
> 此，我們這些人很難勇敢地團結起來奮勇前進，形成
> 一股政治力量，去爭取自身應有的權利。這次，〈出

身論〉的發表，也許是我們這類青年所能發出的最強
音了。它甚至比我想像的還要強些。我很有滿足感，
我願為此付出任何代價。（張郎郎，同上）

遇羅克付出代價的時刻到了。那天，在北京工人體育場
裏，在排山倒海的「打倒」聲中，遇羅克被宣判死刑，並立
即執行。

之前，遇羅克曾經讓家裏人買一件新背心，但等到母親
好不容易把新背心送到監獄給他時，他已知道自己要被判處
死刑了。他想，既然這樣，就沒有必要穿新背心了。新背心
還是留給弟弟們穿吧。那天，他就是穿著一身破舊不堪的衣
裳走上了刑場……

再回溯到六年前，1964年初，遇羅克曾作過兩首詩詞。
題為〈遊仙　詠香山鬼見愁〉的一首云：

巨石抖，欲把乾坤搜，千古奇峰人共有，豪傑甚或阿
斗。山上綠紫橙黃，山下渺渺茫茫，來路崎嶇征路
長，那堪回首眺望。

另一首為〈無題〉：

千里雪原泛夜光，詩情人意兩茫茫。
前村無路憑君踏，路亦迢迢夜亦長。

這是他那時的心境和抱負。他準確地預測出「來路崎嶇」
而且「路亦迢迢夜亦長」；但這是一條「征路」，他「欲把乾坤
搜」。而現在，一切都作了一個了結——他已經走完他的路了。

逮捕遇羅克的主要原因就是〈出身論〉，但一篇文章畢竟只是個觀點問題，難以重判，於是遇羅克就被一而再、再而三地「上綱」，直至成為「現行反革命」。在審判中，沒有事實依據，全都是各種抽象的罪名，如「大造反革命輿論」、「思想反動透頂」、「揚言要暗殺」、「組織反革命小集團」等等。就是這些莫須有的罪名結束了一個優秀青年的生命。在北京台基廠附近的市中級人民法院的一個被塵封的牆角邊，一大摞半人多高的材料，一共二十四卷，這就是遇羅克的全部「罪證」。

<h1 style="text-align:center">三</h1>

這位在中國最黑暗的年代裏寫出〈出身論〉的人就這樣離開了世界。「文章憎命達，魑魅喜人過。」但遇羅克無法見容於這個社會，當然還不單單是因為才華橫溢，特立獨行。

人們把遇羅克的〈出身論〉稱作在中國最黑暗的年代裏發出的中國第一部〈人權宣言〉，同時又是在毛澤東的絕對神權威懾著幾億中國生靈之時，中國人發出的第一篇革命檄文。遇羅克不同凡響之處是看到了「血統論」背後的「階級論」。毛澤東的所謂「階級路線」，如果說在戰爭年代是團結隊伍、奪取政權的有力保證；在掌握了政權的和平年代裏，就成了統治集團用來為他們自己、也為他們的後代去「名正言順」地壟斷政治、經濟、文化等各種社會資源的「封建」手段了。（據說，遇羅克被槍斃的最後決定，就是

公安部長謝富治上報中央，毛親自批准槍決令的。當遇羅克
被槍殺後，那些「聯動」分子曾經大為歡欣鼓舞。他們感動
地說：「主席還是維護本階級的利益的。」）在〈出身論〉
中，遇羅克以種種論據一層層剝開「血統論」的反動和荒謬
的實質。當然，如論者所說，在當時政治環境裏，他只能把
話說到「不好」的出身並不比「好」的出身更能使人變壞，
卻不能說這種出身帶來的壓迫和侮辱反而使人更可能作為叛
逆。他甚至還必須用毛澤東本人的論點去批判毛澤東的階級
鬥爭路線造成的「血統論」。但是他實際上卻又比單單批判
毛澤東走得更遠。他向全國受壓迫者發出了革命的號召。在
〈出身論〉的結尾處，他寫道：

> 「有理由這樣講，如果不把以前受壓迫最深的這一大
> 部分革命青年徹底解放出來，那麼，這次運動就決不
> 會取得徹底勝利！」
> 「由誰來解放呢？被壓迫者必須自己團結起來，組織
> 起來」，「掌握自己的命運」；「只有膽小鬼才等待
> 別人的恩賜，而革命從來依靠的就是鬥爭！」

人們覺得，中國的遇羅克，就是美國的馬丁·路德·金。

1963年8月28日，三十四歲的美國黑人民權運動領袖馬
丁·路德·金牧師在美國首都華盛頓市林肯紀念堂前，面對
二十五萬聽眾，發表了一個震撼美國、震撼世界的演說。他
滿懷激情地說：

> 我夢想有一天，這個國家將會奮起，實現其立國信條的真
> 諦：「我們認為這些真理不言而喻：人人生而平等。」

馬丁・路德・金反對種族歧視，要求種族平等。他一貫
主張非暴力主義，但仍多次被捕入獄。1964年，他榮獲諾貝
爾和平獎。1968年3月，他組織「貧民進軍」；4月4日，在
田納西州孟斐斯市領導罷工時，遭白人種族主義分子槍擊而
逝世。金的遇刺觸發了美國黑人抗暴鬥爭的巨大風暴，在全
美及全世界引起了極大反響。從1986年起，美國政府法定每
年1月的第三個星期一為「全國紀念日」。美國人，包括全
體白人，至今都以擁有為人權而奮鬥、犧牲的馬丁・路德・
金為光榮為驕傲，年年紀念他，把他的夢想願景，作為美國
精神的象徵，融化到美國社會理念中。馬丁・路德・金這篇
題為〈我有一個夢〉的演說，更成為驚天地泣鬼神、氣貫長
虹的千古美文，響徹寰宇，永垂不朽。

中國人民，當然也不能忘記中國的馬丁・路德・金——
遇羅克！

當年也為「老紅衛兵」一員的張承志（「紅衛兵」是
他起的名字，最早用作他及同夥寫大字報的筆名），在他的
〈高貴的精神〉一文中萬分感概地說：

> 遇羅克啟發的，是平民的尊嚴，是可能潛伏底層的高
> 貴。同樣，對遇羅克的懺悔，也決非乾淨的回想錄，
> 而是接續他與特權主義的對峙。我們對過去（文化大

革命只是其一環而已）的最徹底反省，就是對歧視人權的血統論的永不媾和的宣戰。

當年，北島寫了一首題為〈結局或開始〉的詩，獻給遇羅克：

……
以太陽的名義
黑暗公開地掠奪
沉默依然是東方的故事
人民在古老的壁畫上
默默地永生
默默地死去
…………

我，站在這裏
代替另一個被殺害的人
沒有別的選擇
在我倒下的地方
將會有另一個人站起
我的肩上是風
風上是閃爍的星群

也許有一天
太陽變成了萎縮的花環
垂放在

每一個不朽的戰士
森林般生長的墓碑前
烏鴉，這夜的碎片
紛紛揚揚

＊後記：本文為筆者長文〈他們讓所有的苟活者，都失去了重
　量……──祭「文革」中慘遭殺害的思想者〉的一部分，初
　稿於2006年5月文革發動四十周年之際。有一段前言：

　　　四十年前，毛澤東及其同夥在神州大地上掀起了一場所
　謂「無產階級文化大革命」。在這場史無前例、慘絕人寰的
　大浩劫中，兩千萬無辜的生命被奪走，一億人遭受政治迫
　害，整個國家的經濟損失高達八千億人民幣。中華民族幾千
　年的文化遺產，就連人類公認的準則、道德、文明、人性，
　也被摧毀被扭曲了──這又是無法計算的、長遠的、深層的
　對中華民族的創傷。這十年所發生的種種，還歷歷在目，如
　同昨夜的惡夢一般，無不在一個個如我一樣的「文革」經歷
　者的心中留下難以磨滅的顫慄與傷痛。

　　　此時此刻，我特別敬祭那些在文革中（也有在文革之
　後）慘遭殺害的思想者。有名的，無名的，他們不可計數，
　此文只能參考各種資料，略微描述幾位。他們珍貴的思想猶
　如沉沉黑夜裏一星半點火種，來不及發光發亮，卻被兇惡的
　政治勢力以極端殘酷的方式撲滅了。他們以寶貴的生命作為
　代價，見證了文革的罪惡，專制制度的罪惡……

她讓所有苟活者都失去重量

「誰之罪?」:張志新母親和三個妹妹攝於紀念展廳

張志新生前最喜歡的是波隆貝斯庫的
小提琴曲《敘事曲》

張志新曾經的笑容

她讓所有苟活者都失去重量

一

她把帶血的頭顱，
放在生命的天平上，
讓所有的苟活者，
都失去了——
重量。

這首詩是韓瀚所寫，題為〈重量〉。還有另一首同樣著名的詩，題為〈哭〉，流沙河所寫：

不裝啞就必須學會說謊，
想起來總不免暗哭一場，
哭自己腦子裏缺少信念，
哭自己骨子裏缺少真鋼。

今夜晚讀報紙失聲痛哭，
愧對著女英烈一張遺像，
要誠實要堅強重新做人，
這一回乾脆把眼淚流光。

當年，「四人幫」倒臺後的那些日子，哪些詩最直截了當讓中國大陸民眾整個心靈受到震撼，最能使人悲憤、自責、反思、醒悟？我想，這兩首短詩必在其中。

「她把帶血的頭顱，放在生命的天平上，讓所有的苟活者，都失去了——重量。」這是何等的震撼力！短短幾行詩，傳達給人們的是永難磨滅的氣貫長虹的形象和信念。正所謂「刑天舞干戚，猛志固常在」。的確，每個讀到此詩的人，如論者所言，熱血者當無不為之動容，而苟活者則必然無地自容。而流沙河的「哭」，可謂切膚之痛的真情實感。假如沒有親身經歷那場大劫難，沒有感受過那種排山倒海般而又無處不在的紅色恐怖，沒有遭受過心靈或肉體的殘酷迫害，便寫不出這樣的詩，也無法深刻理解這樣的詩。真是字字皆是淚句句皆是血啊！「不裝啞就必需學會說謊」，這不就是那些年月中，在專制暴政下，整個民族的寫照嗎？！「要誠實要堅強重新做人」，詩人痛心疾首，激勵自己，亦是向整個民族發出的誠摯而又淒厲的呼喚！

這兩首詩是獻給張志新烈士的。張志新以自己的生命為代價，告訴人們那曾經是一個多麼荒謬、扭曲而瘋狂的時代。

二

張志新案件是一個什麼樣的案件呢？她究竟犯了什麼滔天死罪？以下是知情人的揭發、記者有關調查和檔案紀錄。

1968年前後，正當「文革」如火如荼的年月，在一個普通的星期天，張志新，遼寧省委機關一個普通幹部，到一個同事家裏借江青講話資料，順口說她覺得「文革」好多問題不能理解。此事立即被彙報並寫成文字裝進檔案裏。不久，在幹校裏，張志新被揪出來。

1969年9月18日，以「反革命」的罪名，張志新被捕入獄。

張志新第一次被判是1970年5月14日。遼寧省盤錦地區革命委員會人民保衛組判處張志新死刑，立即執行。案件呈送到了瀋陽市中級人民法院。

本來，張志新被逮捕後，原打算只要她認罪，判幾年刑就行了。可就是因為她不認罪，便被判死刑，立即執行。案件呈至已實行軍管的遼寧省高級人民法院。

當年省高院軍管會把張志新案首先給一處副處長高振忠審。高振忠看了市中院的報告，私下說：張志新是動口不動手，不搞破壞。在組織會議上，黨員在黨的會議上發表自己的看法，構成犯罪嗎？但高振忠雖然對張志新案有自己的看法，卻不敢向軍管會講，更不敢在會上講。

軍管會認為高振忠執行不力，決定換人，換上了周某某。周感到壓力很大，決心這次不能再「右傾」了，要判刑，判勞改。他考慮判兩年以上有期徒刑，並徵求他的上級主管單位負責人意見，得到認可。但他在謄抄審判意見稿時，覺得自己還可能被軍管會認為「右傾」，於是把刑期大大加重，改為十五年。他認為，這已超過了極限，他們不會再說他「右」了。

但審判意見稿送到軍代表那裏，被全改了，軍代表連寫了六個「惡毒攻擊」（即「惡攻」偉大領袖、無產階級專政之類），結論是判處死刑，立即執行。

被修改過的審判意見，呈報到遼寧省革命委員會審批。

1970年5月14日，張志新被判死刑，立即執行。審批會上，與會者對盤錦地區法院、瀋陽市法院和遼寧省高級人民

法院一致對張志新判處死刑，均表無異議。最後，遼寧省最高負責人、瀋陽軍區司令員陳錫聯發話：留個活口，當反面教員，不殺為好。於是，改判張志新無期徒刑，投入瀋陽監獄強迫勞動改造。

　　1973年11月16日，犯人參加一次「批林批孔」大會（「林」指林彪，「孔」指孔子，當時毛澤東認為林彪是「尊儒反法」的，江青一夥便發起一個聲勢巨大的運動，並發展成「批林批孔批周公」，企圖把周恩來也打倒）。當報告人批判林彪推行「極右路線」時，此時精神已失常的張志新站起來喊：「中共極右路線的總根子是毛澤東。」張志新因此被認定「仍頑固堅持反動立場，在勞改當中又構成重新犯罪」，被提請加刑，判處死刑，立即執行。

　　1975年2月26日，中共遼寧省委常委召開擴大會議，審批張志新案件。出席這次會議的有省委書記毛遠新、魏秉奎、蘇羽等十七人。會上，蔡文林作了〈關於現行反革命犯張志新的案情報告〉。

　　聽完〈報告〉後，這些大人物有如下一段對話：

> 魏秉奎說：「真是反動透頂。」
> 毛遠新說：「判無期以後，一直相當反動，看來是死心塌地。」
> 魏秉奎說：「乾脆吧。」
> 毛遠新最後說：「在服刑期間，這麼囂張，繼續進行反革命活動。多活一天多搞一天反革命，殺了算了。」
> 蘇羽、魏秉奎表態：「乾脆。」

1975年2月27日。遼寧省高級人民法院遵照省委常委擴大會議決定，給瀋陽市中級人民法院下發文件。內中只有六十多個字：

> 你院報省審批的張志新現行反革命一案，於1975年2月26日經省委批准處張犯死刑，立即執行。希遵照執行，並將執行情況報給我們。

3月6日，監獄有人提出張志新「是否精神失常」的問題，並向上級報告。

3月19日，上級批示：「她的假像，本質不變，仍按省委批示執行。」

1975年4月4日，四十五歲的張志新在瀋陽大窪刑場慘遭槍決，就這樣「乾脆」地被「殺了算了」。

三

從當時的監獄檔案中可以明白無誤地看到，張志新的確「惡攻」毛澤東。她說：

> 毛主席在大躍進以來，熱多了，科學態度相對地弱了；謙虛少了，民主作風弱了；加了外在的「左」傾錯誤者的嚴重促進作用。具體地說，我認為林副主席是這段歷史時期中促進毛主席「左」傾路線發展的主要成員，是影響「左」傾錯誤不能及時糾正的主要阻力。導致的結果從國內看，是使我國社會主義建設、社會主義革命受到挫折和損失。這種局面確實令人擔憂和不安。

關於「文革」，張志新說：

> 這次文化大革命的路線鬥爭是建國後，1958年以來，
> 黨內「左」傾路線錯誤的繼續和發展。並由黨內擴大
> 到黨外，波及到社會主義的經濟基礎和上層建築的各
> 個領域、多個環節……

　　張志新在會上或強迫交待時還說了對個人迷信、個人
崇拜，對搞「三忠於」、跳「忠字舞」的看法。她說：「過
去封建社會講忠，現在搞這個幹什麼！搞這玩意幹什麼！再
過幾十年的人看我們現在和黨的領袖的關係，就像我們現在
看從前的人信神信鬼一樣可笑，像神話一樣不可理解。」她
還說：「無論誰都不能例外，不能把個人凌駕於黨之上」；
「對誰也不能搞個人崇拜」。張志新表示這些意見和看法，
正是「文革」風暴席捲神州大地、個人迷信個人崇拜瘋行的
時候。張志新卻始終堅持自己的觀點，絕不屈服，在監獄裏
甚至喊出過「打倒毛澤東」的口號。她真是一位思想解放的
先驅！她這些言論體現出的政治洞察力和預見力可謂驚人！
　　張志新在牢獄中、法庭上、刑場上，堅持真理，大義凜
然，堅貞不屈。1969年在一次批鬥會上，她就公開聲明：

> 強迫自己把真理說成錯誤是不行的，讓我投降辦不到。
> 人活著，就要光明正大，理直氣壯，不能奴顏婢膝，低
> 三下四。我不想奴役別人，也不許別人奴役自己。不要
> 忘記自己是一個共產黨員，不管出現什麼情況，都要堅
> 持正義，堅持真理，大公無私，光明磊落……

因為涉及最高神物毛澤東，張志新兩次被判死刑，平反也經歷兩次曲折。

「四人幫」倒臺後，中共中央下發的文件規定：反對林彪、「四人幫」的要平反，但反對毛主席的，仍定為反革命。因此，開始時張志新案不予徹底平反。1979年3月9日，遼寧省委召開常委會議聽取對張案復審的彙報。此時的省委第一書記是任仲夷（任後來任職廣東，2005年11月15日逝世，享年九十一歲。他被認為是中國上世紀七十年代末以降的改革年代中，最重要同時也是最出色的改革者和政治家之一）。他繞過了「禁區」，對張志新被害的主因避而不談，巧妙地為張志新平反昭雪。這在當時還需要很大的勇氣。

張志新平反昭雪之後，施加在她身上的駭人聽聞的暴行一點一點地被揭發出來。

她因為至死不認錯，最後被關押在只能容納一人、而且只能坐不能躺不能站的「小號」裏。事實上，在六年鐵牢生活，張志新受盡了肉體的、精神上的種種摧殘迫害，以致最後神經已經完全失常。

她的刑場執行記錄只有寥寥八個字：「彈中頭部一槍擊斃。」彈中頭部等於是面目全非，慘不忍睹，以致這張照片後來不能示人。

張志新被殺害後，有說是暴屍荒野，有說是屍體被瀋陽醫學院附屬醫院運走，作病理解剖實用，又說被剖腹挖心，取了內臟後才火化，也有說是骨架子被製成標本了。張志新遺體下落至今成謎，她那骨灰盒一直空著。

最令人髮指的是：張志新上刑場前，公安恐防她呼喊「反動」口號，在她頸背墊上一塊磚頭，就用普通刀子割斷她的喉管。張志新劇疼難忍，淒厲呼喊，咬斷了自己的舌頭，其狀極其恐怖，以致旁邊一個女管教員看了昏厥過去（這個最血淋淋的罪行，是遼寧公安局的「創舉」，毛遠新等當權人物贊同這個「捍衛毛澤東思想」的創造性的「新生事物」，已經執行了三十多例）。

這裏，還有一個萬分可悲可恨的插曲。張志新受害時，當局要她的孩子林林、彤彤參加一個什麼「學習班」。後來在張志新的案卷中找到一份簽字並按手印的所謂「筆錄」，摘抄如下：

> ……
> 林林：剛聽說張志新犯了反革命的罪行，我當時感覺會影響我進步的。這下可完了。但經過學習提高了認識，母女關係是有階級性的。她雖然生了我，是我的母親，可她是反革命，就不是母親了，已是我的敵人了。她反黨反毛主席，我們就和她鬥爭到底。我後來經過學校老師和家長的教育，我已認識到她反革命，我和她劃清界限，並不會影響我的進步。
> 問：張志新實屬死心塌地，罪大惡極，你們有什麼想法、看法？
> 林林、彤彤：堅決鎮壓，把她處死刑，為人民除害。我們連屍體也不要，政府願意怎麼處理就怎麼處理。我們都擁護。
> ……

那一年，彤彤不滿十歲，而林林也未滿十八歲。當局竟要他們說出這樣的話！

四

1979年8月12日，另一位著名詩人公劉，特地來到瀋陽市郊外那個「大窪」刑場，來這裏憑弔烈士張志新。詩人盤桓良久，思緒萬千，感慨不已，寫下兩首詩。其中一首是《刑場》：

我們喊不出這些花的名字，白的，黃的，藍的，密密麻麻，
大家都低下頭去採摘，唯獨紫的誰也不碰，那是血痂；
血痂下面便是大地的傷口，
哦，可—怕！

我們把鮮花捧在胸口，依舊是默然相對，一言不發；
曠野靜悄悄，靜悄悄，四周的楊樹也禁絕了喧嘩；
難道萬物都一齊啞了？
哦，可—怕！

原來楊樹被割斷了喉管，只能直挺挺地站著，象她；
那麼，你們就這樣地站著吧，直等有了滿意的回答！
中國！你果真是無聲的嗎？
哦，可—怕！

　　張志新平反後，一篇題為〈一份血寫的報告〉的長篇通訊於1979年6月5日在《光明日報》第一版發表。寫報導的記者陳禹山回憶說，報社領導們對張志新上刑場前被慘無人道割斷喉管的罪行是否見諸文字不敢作主，報到中宣部審批。當時的中宣部部長胡耀邦雖然非常開明，但也希望把割喉管的細節刪掉。最後見報的文字是：「慘無人道地剝奪了她用語言表達真理的權利」。這篇通訊發表的當天就有一個讀者打來電話追問這句話究竟是什麼意思。對方一聽到實情就哭了，哽咽地說：「魯迅先生在〈紀念劉和珍君〉裏提到一個遇難的學生時寫道：『這不但是殺害，簡直是虐殺，因為身體上還有棍棒傷痕。』當年有棍棒傷痕被叫虐殺，而今我們割斷氣管再去處決，這叫什麼殺？假如魯迅活著，他會含蓄掉嗎？他會怎麼寫？」

　　一聲聲義正辭嚴的追問，終於使陳禹山在以後的文章裏明確說明是幾個大漢，把張志新按倒在地，在頸背墊上一塊磚頭，不麻醉不消毒，就用普通刀子割斷喉管的細節。由此引起了讀者怒不可遏的「娘殺孩子」討論，引出了「誰之罪」的全民「天問」：

　　　　割喉管人是無罪的，押打張志新的人是無罪的，公安局、法院、省委宣傳部那些揭發張志新的人都是無罪的……因為在當時那種專政政治下，誰都是在執行上級指示、「中央精神」，執行「毛主席革命路線」……那麼到底誰有罪呢？

　　張志新案件報導討論在三個月後突然停止。人們相信，這無疑與這個全民「天問」有關。當然，這又是一例「奉命行事」。

　　現在，近三十年過去了，情形又怎樣呢？一份資料上說：

> 　　張志新與秋瑾同為反抗專制的傑出女性。可是與年輕的朋友說起來，許多人知道就義已一個世紀的秋瑾，而對殉難不過二三十年的張志新卻茫然無知。

　　張志新的被忽略，或許可視為「正史」的尷尬。

　　同樣會感到尷尬的，還應有我們的「思想界」。毋庸諱言，張志新並非嚴格意義的「思想家」。認識她的人都說，她身上散發著一種文藝青年的浪漫氣質。她的父母親都是教育工作者，張家三姐妹很小就學會彈奏樂器，在天津頗有名氣。張志新生前最喜歡的是波隆貝斯庫的小提琴曲《敘事曲》……可是，在那個年代裏，迫於種種壓力或誘惑，幾乎全部的職業「思想家」紛紛放棄了「思想」，臨陣脫逃，而讓張志新這樣一些人去孤立無援地支撐這個民族的頭顱並因此拋卻了自己的頭顱。而即使現在，不少「思想家」由於各種原因也不準備對文革以及其他各種政治運動的死難者、受害者進行深入的研究——或者有研究也難以公開發表。

　　中國！你果真是無聲的嗎？

　　當然，還是有許多人記得張志新這位烈士的。筆者在網上就閱讀到一篇〈張志新網墓誌銘〉，撰者自稱為「祭園守園人」，時間為「張志新第三十二個祭日前夕重刻於網

墓」，標題為〈擦亮您割不斷的琴聲〉。這裏，且擇錄這篇〈墓誌銘〉的一些片斷，人們對張志新的無限敬仰之情洋溢其中：

潘陽的空塚中除了您的絲巾、髮夾，有否一段琴弦？早春的音符，是否正在料峭的松花江中解凍？今夜，林林和彤彤又輾轉在怎樣的歷史悲音中？明天，遼淼的白山黑水五嶽湖海之間，會有鍵弦之鳴、心弦之顫，協奏起您最喜歡聽、最喜歡拉的包隆貝斯庫的《敘事曲》中最憂傷淒美的那一段嗎？

三十二年——整整三十二年了啊！最憂傷淒美的那一段！我們民族宏大苦難《敘事曲》最撼天動地的那一節！面對靜雅柔弱的您，面對著七年來在此面對過您的278000顆心，面對只有用心、只有在虛擬中才能點燃的潔白的思念、殷紅的祈祝和搖曳著藍色旋律的燭光，最是我知道：

每一次點擊，

都是心的觸摸，

——觸摸您悲愴的音符。

每一份祭奠

都在擦亮您割不斷的琴聲，

——擦亮我們民族宏大苦難《敘事曲》的最強音！

是的，法西斯割斷了您的喉，怎能割斷您的琴聲？！鳴心錚骨，激越高亢，四弦裂帛，撼過行雲：這是民族低谷期思想的最強音，這是所有浩劫中喑啞的政治家思想家為之凸現道義缺失靈魂蒼白的正氣之歌！正是您的膽見悲歌，正是您思想和生命的震顫，搖撼

也見證著一個盲從時代麻木民族的漸次蘇醒，又讓一段歷史伴隨一種舒緩、一種溫馨、一種期待，在千百萬走出夢魘的心靈中凝結成永恆的記憶，也由此凝入歷史的永恆──不是正史，卻因此更屬於歷史的永恆！

白花與燭光，祭酒與獻歌，心語與祈祝：這些，都是也僅僅只是記住的證明。而幾乎所有的祭奠者都深深知道：觸摸您悲愴的音符的不是這些──是一顆顆心；而比觸摸更能擦亮您割不斷的琴聲的──是心靈，從您悲愴的音符的千百萬次出發──向體制文明挺進！

是千百萬心弦的錚鳴與協奏，和著您愛的旋律！

＊後記：本文為筆者長文〈他們讓所有的茍活者，都失去了重量……──祭「文革」中慘遭殺害的思想者〉的一部分，初稿於2006年5月文革發動四十周年之際。有一段前言，見前文〈中國的馬丁・路德・金〉。

一個極權主義的自覺批判者

王申酉遺照

一個極權主義的自覺批判者

一

1977年4月27日，上海郊區的刑場上，一名年輕的文弱書生被執行了槍決。

他名叫王申酉，當時默默無名；而今天，在十四億中國人當中，知道這個名字的人，也太少太少了。

王申酉生於一個工人家庭。1963年，十七歲的他就以優異的成績考入華東師範大學物理系。他學習勤奮，關心時事，立志當科學家報效國家。當時，「左」的思潮已很盛行，王申酉把他的不滿和思考，在日記中寫了出來（他有寫日記的習慣，從上初中到大學一直寫了許多年），結果給他帶來了悲慘的命運。

「文革」開始，他被抄了家，日記被拿來公開展覽批判，紅衛兵用皮鞭抽打他，隨後送他進監獄。他被關了兩年釋放出來，學校不給分配工作，留校（包括一段時間在「五七」幹校）監督勞動，當了十年「待分配學生」。他邊勞動邊讀書邊思考當代中國種種社會問題。1976年，他經人介紹認識了一位女朋友。他給女友寫了幾十封情書，文辭優美，思想深刻，有的縱談人生理想，有的抒發對音樂藝術感受，洋洋萬言。學校保衛科對他的戀愛卻橫加干涉，竟要姑

娘與他斷交。王申酉悲憤極了，動手寫一封長信，全面介紹
他自己的世界觀和政治觀點。後來，在監獄裏，審判員要他
將被撕毀的這封信重寫出來。王申酉在六天內寫出，洋洋灑
灑六萬字，內容包括：他的馬克思主義世界觀，關於蘇聯歷
史，關於中國歷史，關於「文革」，關於毛主席。審判員從
他的〈供詞〉得出結論：他惡毒攻擊「大躍進」、「人民
公社」、「反右傾」運動，「惡毒攻擊文化大革命和毛主
席」，為彭德懷、鄧小平翻案。

　　1976年10月6日，「四人幫」被粉碎了。王申酉獲悉這
個大喜訊後，以為他的苦難生涯該中止了。他夢想出獄後從
事社會科學或自然科學研究工作。然而，他萬萬沒想到，在
「兩個凡是」（即指當時中共中央主席華國鋒提出和推行的
錯誤方針：「凡是毛主席作出的決策，我們都堅決維護；凡
是毛主席的指示，我們都始終不渝地遵循。」）指揮下的專
政機器，還是在無情地運轉著。真是晴天霹靂！1977年春
天，上海市革委會根據黨中央指示，決定在「五一」前公審
並鎮壓一批反革命分子。這些領導在一天內聽取並同意了
五十六個死刑判決案，平均每六分鐘通過一個。王申酉不幸
名在其中。而當晚，他還在獄中苦讀恩格斯的《論費爾巴哈
和德國古典哲學的終結》，思考哲學問題並在書的扉頁上寫
了一個摘要。

　　而第二天，1977年4月27日，在大雨如注中，王申酉被
押赴上海盧灣區體育館。在參加公審大會的三萬人面前，他
第一次聽到判決書，猛然聽到「判處死刑，立即執行」的無

情判決！他絕對想不到如此致命的判決，但來不及申辯一個字——根本不容他張口說話，便被立即押上囚車，押赴刑場槍決。

是年王申酉僅三十一歲！

二

王申酉後來獲得平反。之後，1980年秋天，《人民日報》記者金鳳一行，曾到上海參加王申酉案件的採訪。

金鳳他們來到「公審」王申酉的普陀區體育場，又從會場趕到刑場。路上只花了三十分鐘時間。這也就是王生前走過的最後一段路程的時間。陪同有當時執刑的刑警。他木然地指了王最後站立的地方，又取出行刑時用的手槍，還給金鳳他們看了王中彈後的照片。這是一幅慘不忍睹的景象。

金鳳他們訪問了法院和公安局的人。此時他們目光呆滯，面部毫無表情。他們對所有的問題都是一種回答——都聲稱是：「奉命拘捕」、「奉命審訊」、「奉命判決」、「奉命行刑」！金鳳說，確也如此，專政機器，向來是奉命行事，哪有甚麼司法獨立？原上海市法院院長也訪問到了。原本區法院對王申酉的判決是「死緩」，上海市法院亦已同意，但這個法院院長又改為「死刑，立即執行」。當然，這並非表現他的「司法獨立」性。他承認，由於他的私心雜念，害怕被看作「右傾」，便把對王申酉的判決「升級」了！金鳳他們看了法院卷宗，又看了當時的上海市革委會常

委討論五十多個判決死刑案件的記錄。真是殺氣騰騰，平均六分鐘討論和決定一個案子，不住的「殺」、「殺」、「殺」！金鳳說，粉碎「四人幫」時，全國一片歡騰。可是人們高興得真是太早了。他們怎能想到，半年之後，中國還會發生這樣的悲劇！

金鳳他們來到當年關押過王申酉的牢房，這是一間關押十幾名犯人的不到十平方米的囚室。「四人幫」倒臺後，王曾不止一次遙望鐵窗外的天空，以為苦難終於到了盡頭。他們來到王書寫〈供詞〉的地方。一張三屜桌靠窗放著，窗外是兩株榆樹和一叢月季。如今榆樹蒼翠欲滴，月季也嬌豔地盛開。金鳳感歎地說，它們都是王申酉書寫〈供詞〉的見證！可惜它們現在生機勃勃，而這個人卻永遠離開人間！

金鳳以一個記者所應有的良心和正義感，作了以上周詳的採訪，並懷著激動的心情寫了初稿，發排成小樣，送中宣部審查。中宣部領導在中南海接見了金鳳。可是，令金鳳大大出乎意外的是，這個領導很客氣地說了文章寫得很好，有時代氣氛，有感情，有思想深度，文筆也很流暢諸如此類的客套話之後，卻口氣一轉：但是，因牽涉到中央領導同志（指華國鋒，是他當時主持中央，下令嚴厲處置所謂「惡毒攻擊罪」的），上海市革委會主任蘇振華同志雖然已去世，還有一些同志仍在，也不好辦。總之，文章雖好，卻不能發表。他對金鳳客客氣氣地說：「不要公開發表了吧，藏之名山，傳之後世吧。哈哈！」（見金鳳，〈十年生死祭〉，香港《二十一世紀》擴增版第二期，2002年5月31日）一

聲「哈哈」，金鳳寫的文章和王申酉一樣，也被判了「死
刑」！

金鳳當然感到很遺憾。王申酉這個冤案雖平反，但是
不能詳盡地公開見報。而王申酉生前在寫給女友的信中和在
監獄裏寫的〈供詞〉中，很希望將他的悲慘經歷、心路歷程
寫出來，傳給後人特別是青年朋友。金鳳說她手捧王申酉的
〈供詞〉、日記、書信，仿佛捧著一顆滾燙的心。

又過了二十二年（好漫長的歲月啊），2002年，歷經
周折，金鳳和學者丁東編的《王申酉文集》在香港出版了。
但是，此書始終未能在大陸公開出版，令人不勝感慨！也許
內中有一條似隱似現的邏輯。人們不禁回憶起：當年，「四
人幫」以及其他一些文革新貴們倒臺後，社會出現一股批判
的洪流，而這股洪流首先就是挑戰已經去世的毛澤東。正是
為了鎮壓這類挑戰，上海的執政者選擇了王申酉作為「活
祭」！而後來，就是因為「活祭」這一點，上海市委常委們
對王申酉的平反問題感到難辦。為研究這個平反問題，他們
先後竟開了十九次會。有人算過，如果每次會算三小時，
十九次會五十七小時，三千四百二十分鐘，是判王申酉死刑
立即執行所用的六分鐘的五百七十倍!

三

人們會說，在王申酉這件事上，人間的荒唐莫過於此!但
是，在當時一些當權者看來，他們絕非荒唐。雖然王申酉的

觀點，不過是寫在日記中，寫在給女友的書信裏，他沒有結社，更沒有把他的主張付諸政治活動，但是，王申酉追求思想自由，便是「罪大惡極」，必須處決。的確，在王申酉的自白〈供詞〉中，處處可以看到這樣的「罪行」：

> 我這一充滿活動力的年青軀體⋯⋯我渴望自由，特別是思想的自由。
>
> 世界上有甚麼比壓制思想還要痛苦的事呢？
>
> 人總是要認識的，無論外界採取甚麼最卑鄙無恥的壓制也好，用虛偽的事產堵塞真產事物也好，絕對也阻擋不住人的認識，真理總會被認識的！
>
> 唉，困難啊，我們被剝奪了甚至獲得充分知識的自由。
>
> 我自信自己是追求超越個人範圍的人世間中像知識、真理、正義等一切美好事物自願作出犧牲的。
>
> 為甚麼青年時代的毛澤東曾那麼大力與禁錮著他精神發展的種種社會桎梏作鬥爭，但他走上統治舞臺後，卻使我們這一代青年帶上更嚴厲的精神桎梏。

王申酉在其自由思想指導下，充滿著強烈的批判意識。對某些人來說，單單這些批判意識，就絕對是「可怕」的——

1963年，王申酉指出，「在我們國家裏，還存在著『革命』功臣與廣大平民的不平等」。

他批判思想獨裁是1964年。在1964年9月19日的日記中，他寫道：「完全以毛澤東的理論獨裁一切。置一人之思想於億萬人的腦袋。這恐怕是空前絕後的。在六萬萬人的、

占地球六分之一土地的陸地上以一個同類生物的思想作為神聖的意志來主宰一切。這一成功實在是難以想像的。」

1965年，他指出，「三面紅旗一出，三年困苦降臨到六億人頭上」。

1966年，他批評「在六萬萬人民中空前地培植起同封建時代類似的個人迷信、個人崇拜」。

在同年7月12日的日記中，他寫道：「我就是敢於追求真理！！！我只服從於真理！我甯死，寧放逐到最危險最邊遠的地方去做奴隸，也不願放棄真理。我敢於對現實懷疑。任何暴虐暴政我都不怕。」

同年8月9日，他在日記中寫道：「依我看，只有回復到沒有奴隸主的奴隸社會，大批的人們去做最簡單而繁重、單調、效率極低的勞動，才是最符合他們的想像。他們的政策決定了將走向這個極端。」

再過十日，他寫道：「古今中外從來也沒有出現過如此瘋狂的大獨裁者，但越獨裁，越搞個人迷信，個人崇拜，最聽不見別人的話，也越受孤立，現在真是「眾叛親離」的時候。」

1967年，他指出，「毛在十年前劃了30萬右派分子，他們絕大多數是無權無勢的耿直志士。」

在寫於1976年11月18日到23日的〈供詞〉裏，王申西全面地反思了中華人民共和國成立以來一系列極左思想的惡果，提出了尊重價值規律，打破閉關鎖國，實行對外開放等系統的改革主張……。

在專制極權者看來，王申酉這些觀點都是「十惡不赦」的。

「對於人類社會中最強暴野蠻的精神統制，我是一頭堅強為銅的雄獅」——王申酉曾極其堅強而自信地宣佈。他對毛澤東極權主義體制進行質疑和批判真可謂出於一種思想的自覺。

王申酉終於死於專制極權。他是當代中國思想解放運動的一位先驅者，是一位從二十世紀六十年代起就對毛澤東有深刻認識的先知先覺者。在那個全民族集體被催眠、集體陷入瘋狂的年代裏，他竟能夠一眼看穿毛澤東的專制本性和禍害，真可謂鳳毛麟角！如許多論者所指出，王申酉一些想法後來部分見諸於鄧小平的施政思路，有一些直到今天還是言論禁區。雖然四十年過去了，對毛澤東及其思想體系的反思和批判，仍然是今天中國現實社會中一個越來越難於繞開但官方卻遲遲不敢觸動的嚴重問題。

馬克斯·韋伯在他的《中國的宗教》一書中，認為中國儒家教育的文化使命有二，其一是喚起「卡里斯瑪」（charisma）。所謂「卡里斯瑪」，是象徵的秩序中心，是信仰和價值的中心，它統治著社會，使它保持尊嚴和威望。美國著名學者余英時曾經分析說，毛澤東相信自己在思想上與馬克思主義合而為一，是後者的最新化身，因此他自己即是上帝。在現實世界中，他則與人民群眾合而為一。這兩重的「合一」使他成了「信仰的卡里斯瑪」。這種「信仰的卡里斯瑪」最能感召虔誠的信徒，但是最終卻最容易引起知識份子的懷疑。余教授認為，毛一貫反知識份子，其根源即在

此。因為智性的懷疑足以動搖他的卡里斯瑪的信仰基礎。因此，像王申酉這樣敢於懷疑毛的知識份子，是不會被毛政權所容納的。他不得不死。

上海著名學者朱學勤說，王申酉被人們遺忘了二十多年，也是一位「思想史上的失蹤者」。如今，收錄了王申酉一些論文、交待材料和日記等文字的文集終於整理出版了。但是，這本文集依然只能在作為「海外」的香港出版，大部分中國大陸讀者依然沒有辦法接觸到這位先知灼熱的思想和高尚的人格。朱學勤感到非常遺憾和無奈。

原中共中央宣傳部新聞局局長鍾沛璋先生在他的2002年文章〈我的期待〉（香港《二十一世紀》擴增版第一期，2002年4月30日）中說，雖然二十年前，他已早就聽說王申酉這個名字，但是在1999年春他第一次談到這份被稱為〈供詞〉的自白時，還是感到強烈的震撼和沉痛。王申酉是一位多麼優秀的青年！鍾沛璋先生感歎道：

> 展望未來，面對全球化的知識經濟新世紀的到來，中國要想「為人類做出較大的貢獻」（毛澤東語），就需要千千萬萬像王申酉這樣有獨立思想、獨立人格，不為個人，而「為窮人翻身」，甘願為追求知識、追求真理而獻身的人才。社會主義的現代化中國，知識份子要成為獨立的力量，「為天地立心，為生民立命；為往聖繼絕學，為萬世開太平」。王申酉的熱血〈供詞〉，是為了喚起現代的青年。這也是我的期待。

但願鍾沛璋先生的期待不至於付諸東流。

在上海法院卷宗中，還保存著王申酉考入大學時的准考證，上面有他一張小小的照片。這是一個五官端正的年輕人，清秀的充滿稚氣的眼睛天真地看著看他的人。而那張行刑的照片，據金鳳看過後所寫，只見王申酉血肉模糊，圓睜著一雙憤怒的眼睛。他是在向天空、向大地、向生他養他的祖國和人間慘痛地不停地質問：

為甚麼要殺我？為甚麼？為甚麼？為甚麼？……

今天，這麼多年過去了，這個慘烈的天問還在神州大地回蕩著。

1977年4月27日——讓我們再一次記住王申酉被槍殺的日子吧，或者這有助於思考。這個日子居然是在據說文革所有罪惡幾乎都可歸罪的而且也是王申酉嚴辭批判視為死敵的「四人幫」倒臺半年之後！

＊後記：本文為筆者長文〈他們讓所有的苟活者，都失去了重量……——祭「文革」中慘遭殺害的思想者〉的一部分，初稿於2006年5月文革發動四十周年之際。有一段前言，見前文〈中國的馬丁‧路德‧金〉。

中國聖女

林昭遺照（1958年）

林昭之墓

中國聖女

一

……那時，她多麼意氣風發！她簡直心比天高啊。

這位原名彭令昭的蘇州姑娘林昭，才華出眾。早在1954年，她以江蘇省最高考分考進北京大學中文系新聞專業。在北大，她成為校園內公認的才女。她受到游國恩教授的賞識，參加北大詩社，任《北大詩刊》編輯，後又擔任北大《紅樓》詩刊編委。她滿懷信心地希望成為新中國第一代女記者。她的寫作計畫滿滿一大堆：要為寫《二泉映月》的瞎子阿炳寫傳記，要把魯迅的小說〈傷逝〉改編成電影……

可是，正當她要像鮮花般迎春開放之時，厄運之神降臨了。那是1957年。她一個熱烈擁抱社會主義事業和理想的充滿活力的青年，被5月19日北大出現第一批大字報而引發的「五一九民主運動」所激動，天真地投身大鳴大放，以為「忽如一夜春風來，千樹萬樹梨花開」。結果，一頭栽進了羅網，戴上了沉重的右派帽子。剛烈的林昭像牛虻一樣無法接受這個猝然打擊，她瘋狂地吞服大量安眠藥，以自殺對抗。被搶救後，她大聲說：「我決不低頭認罪！」這些絕望中的表白，在當時自然只能得到「罪加一等」的回答。作為唯一一個拒絕檢討的北大右派學生，她最後落得在系資料室「勞教」（「勞動教養」）三年。

　　1958年6月21日，北大新聞專業與中國人民大學新聞系合併，林昭亦隨至人大新聞係數據室。她因心情鬱悒，咯血病重。到1960年春天，經校長吳玉章親自批示准假，由她母親許憲民到北京接她回上海治病。

　　林昭是一個不耐寂寞的人，在上海也常去圖書館、公園走走，結識了蘭州大學歷史系右派學生張春元和物理系研究生顧雁、徐誠等人。他們懷著赤子之心編輯一本名為《星火》的油印刊物，陳述他們的針砭時弊的文章，林昭在刊物上發表了長詩〈海鷗之歌〉和〈普魯米修斯受難之日〉。他們甚至將一起議論的問題綜合起來寫成一篇報告，準備寄給領導機關參閱，希望對某些錯誤的政策有所改正。不消說，這是一種極危險的探索方式。1960年10月，林昭等人以「反革命小集團」的罪名被捕了。林昭父親對女兒的冤情痛苦萬分，於她被捕後不到一月便仰藥自殺身亡。

　　1962年，林昭被准許保外就醫。家人相見時問她為什麼坐牢時要這麼多的白被單，她支吾其辭。當看到她手腕部血跡斑駁的傷痕時，母親立即把她衣袖拉起來，手臂上也全是小切口疤痕。母親當時放聲大哭：「你為什麼要這樣作賤自己？這也是我的血肉呀！」

　　原來，送去的白被單她都撕成條條用來寫血書。在獄中，林昭以絕食、寫血書、寫詩歌、記日記、呼喊口號、蔑視法庭等方式，表示抗爭與不服。為此，她遭到獄方最重的懲罰，曾被反銬達一百八十天，並經常組織女犯人對她毒打，進行兇狠殘忍的鬥爭。她滿身傷痕，長髮被一絡絡地拔掉。她曾經對同監的女難友說：「他們能夠消滅我的肉體，

絕不能消除我的意志。我的路似乎走到了盡頭。但是，歷史最終會給我公正的審判。」

在保外期的1962年7月，林昭致信北大校長陸平，呼籲效仿蔡元培校長，主持公義，營救被迫害的學生。在信中她自稱是右派群體的一份子，對反右運動宣稱「要以最後一息獻給戰鬥」，並譴責政府鎮壓「反革命」。她說：「極權政治本身的殘暴骯髒和不義使一切反抗它的人成為正義而光榮的戰士。」

1962年9月，林昭在蘇州與右派分子黃政、朱泓等人商量並起草了「中國自由青年戰鬥同盟」的綱領和章程。是月，在上海與無國籍僑民阿諾聯繫，要求阿諾將〈我們是無罪的〉、〈給北大校長陸平的信〉等文件帶到海外發表。

無疑地，林昭是步步走向「深淵」。

二

1962年12月，林昭再次被捕。

林昭一如既往，在獄中抗爭。她多次絕食，自殺，申訴，寫血書，不屈不撓，異常剛烈。以下是其中一些記錄：

1964年12月，林昭第一次給《人民日報》寫血書，反映案情並表達政治見解。

1965年1月底，林昭遭到獄卒施暴。她所遭受的各種非人待遇罄竹難書，令人髮指。

1965年2月，第二次給《人民日報》寫血書，反映案情並表達政治見解。此信附有一封要求外轉的呼籲書，希望引起國際力量對自己的事業和案情的關注。

1965年3月6日，林昭向獄方交上血寫的絕食書，獄方鼻飼流質，直到5月31日，絕食共80天，此間她天天寫血書。

1965年3月23日，林昭開始寫血書〈告人類〉。

1965年3月至5月，足足一個半月，林昭沒有張口說話。

1965年5月31日，再次開庭審判，林昭被判有期徒刑二十年。

次日，林昭刺破手指，用鮮血寫下一份〈判決後的聲明〉：「……這是一個可恥的判決，但我驕傲地聽取了它！這是敵人對於我個人戰鬥行為的一種估價，我為之由衷地感到戰鬥者的自豪！……我應該作得更多，以符合你們的估價！除此以外，這所謂的判決與我可謂毫無意義！我蔑視它！看著吧！歷史法庭的正式判決很快即將昭告於後世！你們這些極權統治者和詐偽的奸佞——歹徒、惡賴、竊國盜和殃民賊將不僅是真正的被告更是公訴的罪人！公義必勝！自由萬歲！林昭主曆一九六五年六月一日」。

對所謂「一九五七年因反黨反社會主義而淪為右派」的罪名，林昭特別嚴詞駁斥，批註道：「這是極權統治者所慣用的偽善語言，其顛倒黑白而混淆視聽可謂至矣！這句話正確地說，應該是：一九五七年在青春熱血與未死之良知的激勵和驅使之下，成為北大『五一九』民主抗暴運動的積極分子！」

她昂然宣稱：「『五一九』的旗幟絕不容其顛倒！『五一九』的傳統絕不容其中傷！『五一九』的火種絕不容其熄滅！只要有一個人，戰鬥就將繼續下去，而且繼續到他最後一息！」

　　1965年7月至12月，第三次給《人民日報》寫信申訴案情並陳述政治思想，重點批判「階級鬥爭」學說（戲稱為「樓梯上打架」的理論）和極權統治，呼籲人權、民主、和平、正義，長達十萬字。

　　1966年5月6日，北大同學張元勳來到上海，同林昭母親許憲民到上海提籃橋監獄看望她。林昭衣衫破舊，長髮披肩，一半已是白髮，頭上頂著一方白布，上面用鮮血塗抹成一個手掌大的「冤」字！林昭對張元勳說：「我隨時都會被殺，相信歷史總會有一天人們會說到今天的苦難！希望你把今天的苦難告訴未來的人們！並希望你把我的文稿、信件搜集整理成三個專集：詩歌集題名《自由頌》、散文集題名《過去的生活》、書信集題名《情書一束》。」（見張元勳，〈北大往事與林昭之死——最知情者的回憶〉，《林昭，不再被遺忘》，長江文藝出版社，2000年）

　　1968年4月29日，林昭接到由二十年有期徒刑改判為死刑的判決書，當即血書「歷史將宣告我無罪！」

　　當天林昭慘遭處決。公審大會上，林昭口中塞了橡皮塞子，這種塞子能隨著張口的程度大小而伸縮，專防囚犯喊口號用的。另外還可依稀看到她頸部的塑膠繩子，這是用來扣緊喉管，防止發聲的。林昭的臉發紅發青，眼中燃燒著怒火。（見彭令範，〈我的姊姊林昭〉，收《走近林昭》）根據目擊者的描述，林昭這樣被處決了：

　　　　……小吉普飛快開來，停在機場的第三跑道。兩個武裝人員架出一反手綁架的女子，女子口中似乎塞著東西。

他們向她腰後踢了一腳，她就跪倒了。那時走出另外兩
個武裝人員，對準她開了一槍。她倒下後又慢慢地強行
爬起來，於是他們又向她開了兩槍，看她躺下不再動彈
時，將她拖入另一輛吉普車飛快疾馳而去……

林昭是年還不滿三十六歲。

1968年4月30日下午，一個公安人員來到林昭母親家的
樓房下面。來人一共說了三句話：「我是上海市公安局的。
林昭已在4月29日槍決。家屬要交五分錢子彈費。」他拿了
錢後一言不答，揚長而去。

林昭母親許憲民一下昏厥過去……此後，她逐漸神經失
常。年逾七旬的她，在上海長街上，在茫茫人海中，到處遊
蕩，嘴裏喃喃著，仍在呼喚尋覓女兒。半年之後，她被人發
現死在街頭，有說是自殺，有說被「紅衛兵」打傷致死。

三

1980年8月22日，事過十二年後，上海高級法院〈滬高
刑複字435號判決書〉宣告林昭無罪，但竟以林昭為「精神
病人」為由承認是一次「冤殺」而已。林昭的校友和老師於
同年12月11日在北京大學禮堂為她舉行了平反追悼會。靈堂
中有一幅挽聯，沒有字，只見上聯一個怵目驚心的大問號
「？」；下聯一個震撼靈魂的驚嘆號「！」。

又過了二十四年，2004年4月22日，一座小小的林昭墳
墓在蘇州靈岩山立了起來。墓中安置終於找到的林昭骨灰
盒，盒中有母親為他保留的一縷頭髮和曾經隨身用過的絲
巾。碑文為：

一九三二・十二・十六——一九六八・四・二十九
林昭之墓
蘇南新專、北京大學部分老師同學、妹彭令范敬立
背面紅字所書：
自由無價
生命有涯
寧為玉碎
以殉中華
林昭一九六四年二月

　　林昭思想卓犖，才氣橫溢，性格剛烈，拼死寫了數不清的文稿，包括入獄前的書信和寫作，特別是在獄中墨寫和血寫（不少是用鮮血和髮卡書寫在撕開的白被單條上）的數十萬字的上書、進言、聲明、論述、詩歌、散文等文稿，包括一百多篇的《牢獄之花》、《提籃橋的黎明》、《思想日記》……等等。林昭在獄中如此以自己的鮮血書寫，這在人類思想史上，乃至人類歷史上都是絕無僅有的。至今她絕大部分文稿尚未見天日。有關她的專項的材料當局封存了整整一房間。她的檔案包括她的作品至少有四大箱，據說要封存五十年。

　　但林昭是無法抹殺的。林昭思想永遠為中國人民所銘記。林昭精神不會灰飛煙滅。正如她一首血詩所說：

　　將這一滴血注入祖國的血液裏；
　　將這一滴向摯愛的自由獻祭。
　　揩吧，擦吧，抹吧，這是血呢！
　　殉難者的血跡，誰能抹得去？

林昭針對毛澤東那首七律〈佔領南京〉，在獄中寫下
〈血詩題衣中〉，充滿大勇無畏而且深刻獨到的批判意識：

> 雙龍鏖戰玄間黃，冤恨兆元付大江。
> 蹈海魯連今仍昔，橫槊阿瞞慨當慷。
> 只應社稷公黎庶，那許山河私帝王。
> 汗慚神州赤子血，枉言正道是滄桑。

林昭在監獄裏投給《人民日報》的血書中，居然能夠這
樣一針見血地指出：

> 長期以來，當然是為了更有利於維護你們的極權統治
> 與愚民政策，也是出於嚴重的封建唯心思想和盲目的
> 偶像崇拜雙重影響下的深刻奴性，你們把毛澤東當作
> 披著洋袍的「真命天子」竭盡一切努力在黨內外將他
> 加以神化，運用了一切美好辭藻的總匯和正確概念的
> 集合，把他裝扮成獨一無二的偶像，扶植人們對他的
> 個人迷信。

她對極權統治作出了感天動地的淒烈的控訴：

> 怎麼不是血呢？我們的青春、愛情、友誼、學業、事
> 業、抱負、理想、幸福、自由，我們之生活的一切，
> 這人的一切，幾乎被摧殘殆盡地葬送在這汙穢、罪惡
> 的極權制度的恐怖統治之下。這怎麼不是血呢？

林昭早就有言：「在歷史的法庭上，我們將是原告」。
反右運動結束以後，林昭就曾對「五一九運動」的骨幹之一

的譚天榮說：「當我加冕成為『右派』以後，我媽媽用驚奇和欣賞的眼睛端詳我，好象說，『什麼時候你變得這樣成熟了』。我現在才真正知道，『右派』這桂冠的分量。無論如何，這一回合我是輸了，但這不算完。『他日若遂淩雲志，敢笑黃巢不丈夫！』」（譚天榮：〈一個沒有情節的故事──回憶林昭〉，收《走近林昭》）。

林昭在寫於1960年的長達三百七十行的詩篇〈普洛米修士受難的一日〉中，發出這樣的呼喚：

> ……
> 燃燒，火啊，燃燒在這
> 漫漫的長夜，
> 衝破這黑暗的如死的寧靜，
> 向人們預告那燦爛的黎明，
> 而當真正的黎明終於來到，
> 人類在自由的晨光中歡騰。
> ……
> 還能忍受嗎？這些黑暗的
> 可恥的年代，結束它們，
> 不懼怕雅典娜的戰甲
> 不迷信阿波羅的威靈，
> 更不聽宙斯的教訓或恫嚇，
> 他們一個都不會留存。
> ……

這些激情滾燙的詩句，像一把卓然豔麗的自由之火，閃爍著神性的光輝，將永遠激勵著人們前進。

　　林昭身上極其珍貴地充滿著批判、控訴、呼喚，但還遠不止這些。錢理群教授在〈面對血寫的文字〉一文裏，曾經指出：如果說「五一九」運動中的主要口號是「民主」和「法制」，林昭則在堅持「民主化」，特別是「政治民主化」的同時，更進一步提出了「人權」和「自由」的概念。這一點，錢教授強調說，「在一九四九年以後的中國歷史上自然是有著重要意義的」。錢教授後來在他的〈「殉道者」林昭〉一文中補充說，在1964年、1965年，毛澤東正在準備發動文化大革命，實際上就是試圖將他的階級鬥爭的治國邏輯和路線推行到領袖獨裁與群眾專政相結合的「無產階級全面專政」的極端，來解決中國黨內與社會的矛盾；林昭對「人權」與「自由」的呼籲，就是在這樣的背景下提出的。而早在此之前的1962年，林昭和她的「中國自由青年戰鬥同盟」的戰友，就已經竟然能夠提出了另一種與毛澤東完全相反的治國路線與目標。在他們的綱領上，赫然列出「八項政治主張」，即「一，國家應實行地方自治聯邦制；二，國家應實行總統負責制；三，國家應實行軍隊國家化；四，國家政治生活實行民主化；五，國家實行耕者有其田制度；六，國家允許私人開業，個體經營工商業；七，國家應對負有民憤者實行懲治；八，應當爭取和接受一切友好國家援助」（引自黃政：〈林昭被捕前後的一段往事〉，收入《走近林昭》）。

　　令人格外悲憤和痛惜的是，慘遭極刑的林昭還是一位充滿愛心的基督徒與和平主義者，信仰的力量使她始終保持著人性的高貴和不屈的意志。即使在慘受非人迫害的血雨腥風中，她還在思考著：

政治鬥爭是不是也有可能以較為文明的形式進行而不必要訴諸流血？自由，誠如一位偉大的美國人所說，它是一個完整而不可分割的整體，只要還有人被奴役，生活中就不可能有真實而完滿的自由！……然則深受著暴政奴役切膚之痛再也不願意作奴隸了的我們，是不是還要無視如此悲慘的教訓而把自己鬥爭的目的貶低到只是期望去做另一種形式的奴隸主呢？奴役，這是有時可以甚至還必須以暴力去摧毀的，但自由的性質決定了它不能夠以暴力去建立甚至都不能夠以權力去建立。

這些話語，具有何等崇高的人格力量和偉大的思想價值啊！或者用林昭自己的說法，「這是有一點宗教氣質——懷抱一點基督精神」的。她事實上把自己稱作「奉著十字架作戰的自由戰士」。她的精神歷程，昭示了中國自由精神的復興。

錢理群教授在評論他的充滿理想主義、浪漫主義與英雄主義氣質的學姊林昭時，稱頌她是受難的殉道的聖女。這位「中國的聖女」，唱出了一首最悲壯、最堅韌、最決絕、最動人的「天鵝之歌」。

一位無名氏，寫了一首〈十字架下的聖女〉（《文革九歌》之七），以祭林昭：

是自由的化身
是不化的貞烈

是紅樓碧血詩魂
是太湖劍膽孤月

苦難雕刻的靈魂
靈魂站立的聖潔

讓時代蒼白地拒絕
讓人性巍峨地選擇

哦，你就是你
一襲白衣的殉道者
一尊無需基座也
不屑以浮雲和桂冠
來烘托淒美、博愛和執著的
聖女

在中國的十字架下
無聲呼喚著「人」的世界

＊後記：本文為筆者長文〈他們讓所有的苟活者，都失去了重
　　量………——祭「文革」中慘遭殺害的思想者〉的一部分，初
　　稿於2006年5月文革發動四十周年之際。有一段前言，見前文
　　〈中國的馬丁・路德・金〉。

一個天才青年的悲劇

一個天才青年的悲劇

一

　　沈元，也許和人們所說的文革中被害的烈士如林昭、遇羅克、張志新、王申酉等人有所不同，但是他悲慘無助的命運使我心情異樣沉痛。

　　1970年4月18日，沈元在北京被槍決。在前一天，據當時在場者回憶說，北京工人體育場召開「公審大會」。一聲吆喝，押上二十多人，在台前站了一排。雖然名曰「公審大會」，可是沒有公訴，當然更不准辯護，只有判決，而且幾乎都是「從嚴」判決死刑。二十來個，一個個一聽到宣判都癱倒在地。只有一個，被判了死刑依然站立。大會結束時，也只有這個人是自己走出會場的，其他所有被判了死刑的人都是被架著拖出去。到了刑場上，這個人竟然又大喊一聲：「我還有重大問題要交待！」行刑人把他押了回去。但實際上這個人並沒有交待出什麼「重大問題」，第二天又被押赴刑場……。

　　在這同時，北京市「公檢法」（公安、檢察院、法院簡稱，「文革」時合併為一，由軍隊管制）軍事管制委員會簽發了一份佈告，行文如下：

現行反革命叛國犯沈元，男，三十二歲，浙江省人，
偽官吏出身，系右派分子，中國科學院近代史研究所
實習研究員。其母系右派分子，其兄因反革命罪被判
過刑。沈犯頑固堅持反動立場，書寫大量反動文章，
大造反革命輿論，並企圖叛國投敵，於一九六八年九
月一日，化妝成黑人，闖入了外國駐華使館，散佈大
量反動言論，惡毒攻擊我黨和社會主義制度，誣衊攻
擊無產階級文化大革命。

　　化妝成黑人？闖入外國駐華使館？這種做法在那樣的
年代裏實在太愚蠢，太戲劇化，太無成功可能，太讓人匪夷
所思了。但這的確是真的，雖然傳出來的具體情節有出入。
據當年一份發給群眾「討論」的材料說，那一天，沈元買了
盒黑色鞋油，塗抹在臉上身上假扮成黑人，並夾帶機密檔，
闖進蘇聯駐中國大使館，企圖申請政治避難，請求幫助離開
中國。門口的警衛將沈元一把拉住，他手上的鞋油被抹去，
發現是個假黑人，於是當場逮捕。另一說法是：沈元裝扮成
黑人闖進蘇聯駐中國大使館，但蘇聯人並不重視他，轉手就
把他交給了中國政府。又說沈元闖使館闖了兩次。關鍵是，
沈元身處社會最低層，沒有任何情報可出賣（所謂「夾帶機
密材料」，不過是些紅衛兵小報），兩手空空，一無所有，
只是為保命逃來，有何價值？豈能被收留？對方又何必為他
承擔外交風波？而在沈元方面，要重判，至少要有出賣情報
之類的證據，這是司法常識，可是這絲毫也沒有減輕他的罪
過。這是「叛國投敵」，當然是「罪該萬死」。

沈元註定要命喪黃泉更因為他又踫到1970年1月31日毛澤東批示「照辦」中共中央發出的〈關於打擊反革命活動的指示〉——碰到「嚴打」，即根據政治的需要不時以政治運動的方式特別「從快從嚴」懲辦某些特定的「罪犯」。這份編號為〈中發〔1970〕4號〉檔指示說：

> 蘇修正在加緊勾結美帝，陰謀對我發動侵略戰爭；國內的反革命分子也乘機蠢動，遙相呼應，這是當前階級鬥爭中值得注意的新動向。這一小撮反革命分子妄圖仰賴帝、修、反的武力，復辟他們失去的天堂，加緊進行破壞活動。有的散佈戰爭恐怖，造謠惑眾；有的盜竊國家機密，為敵效勞；有的趁機翻案，不服管制；有的秘密串聯，陰謀暴亂；有的貪汙盜竊，投機倒把，破壞社會主義經濟；有的破壞插隊、下放，這些人雖然是一小撮，但無惡不做，危害很大。

於是，羸弱書生沈元也被列入「無惡不做，危害很大」之徒，以「反革命罪」被判處死刑，一個月之後，死在「無產階級專政」的槍口下。

為什麼沈元這樣顯露十足書呆氣的一介書生，竟然會破釜沉舟地選擇裝扮成黑人、逃入外國使館的這條不歸路呢？這應該是一個很淺白的問題，但我們還是要追問，而且要不斷追問！余傑評論這個幾乎四十年前的事件時，想到今天中國大陸許多人也饒有興趣的「行為藝術」，說，如果說這是一種「行為藝術」的話，它足以讓今天中國所有的行為藝術

家們都瞠目結舌，甘拜下風。當然，這種性命攸關的事，絕不是藝術靈感衝動的結果！誰都可以想像得出，沈元在作出這一決定之前，其靈魂深處一定經歷了痛苦的掙紮！況且沈元是這麼一個人——從他一向的言行可知，他對中國的同胞、中國的土地、中國的文明和中國的歷史充滿深沉的愛，充滿單純的愛。

當時，沈元實在是被迫害得受不了，實在是走逃無路了。他剛結婚不久，小倆口日子剛剛開始。夫人是他的表妹，生得美麗，既純潔又賢慧，與他青梅竹馬兩小無猜。他們寄居在親戚家，紅衛兵運動一來，他倆被掃地出門，逼得到處躲藏，工作單位也不接納，小倆口連棲身之地也找不到。沈元曾向住在杭州的姐姐求救，但姐姐早已自顧不暇，又哪能再接受一個「反革命」呢？那種被親朋故舊拋棄的痛苦，那呼天天不靈、呼地地不應的絕望，是沒有經歷過「文革」恐怖的人所難以體會的。螻蟻尚且要惜生，又何況是一個有靈性的年青生命！只要有一點點出路，只要有一星星希望，沈元又何嘗愚蠢到要走上這一條幾乎註定的死路？！

他多麼不甘心就此了結一生啊。即使已被押到刑場，要是別人早已絕望了，他還在運用不可思議的機智尋求死裏逃生的機會——他腦海裏一定閃過歷史上各朝各代各種「刀下留人！」的故事，爭取多活一天、一小時，哪怕一分鐘，等待有人喊出這麼一句。非常不幸，沈元現在是異想天開。但他最後的求生努力，簡直驚天地，泣鬼神！

二

讓我們從沈元曾經有過的興奮的時刻說起。

1955年，年方十七的沈元以當年高考文史類全國總分第一名的成績考入了北京大學歷史系。在全國這麼多的考生中脫穎而出，獨佔鰲頭，這可是了不起的事情。沈元當時在北大歷史系的同班同學郭羅基回憶說，沈元是一個才華出眾的學生。或者說，他是天才加上勤奮。在北大學習期間，如他在給老師的信中所言：他幾無片刻休息。大批的參考書要看，要做摘錄。每次課一完就跑到圖書館去，每餐之後也盡速趕去等館門之開，否則搶不到座位。「一進圖書館，好像老牛到了水草地」，他這個比喻形象生動地再現了他當年學習生活的情景。沈元對同學們說：「我們就是未來的范文瀾、郭沫若、翦伯贊。」他以馬克思主義史學家自許，真可謂意氣風發，志趣高遠。（見郭羅基，〈一個人才，生逢毀滅人才的時代──哀沈元〉，網上文章）

就在北京大學歷史系勤勤奮奮當一名自許甚高的學子時，書生氣的沈元竟因一個不幸的舉動，觸犯天條，遭受滅頂之災──他出於好奇心，也因為並具的聰慧和幼稚所累，竟翻譯並議論了赫魯雪夫反史達林的秘密報告。於是，在1957年的反右運動中，他被定為極右分子，翌年被開除學籍，遣送農村勞動改造三年。

1961年，「摘帽」（摘去右派分子的政治「帽子」）之後，沈元回到北京。幸好當時沈元有高級知識份子的姑母姑

父特別疼他，允許他住到他們在北京東城的家裏。也是沈元特別與眾不同之處——他閉門讀書，兩耳不聞窗外事，潛心研究歷史，居然做出人們意想不到的成績。

1962年，沈元經姑父母推薦給他們的熟人中國科學院社會科學部副主任劉導生。劉主管近代史所，他知道當時歷史學家黎澍意欲物色一位助手，便把沈元推薦到黎澍的門下。據說，劉導生問黎澍：「你不是要人嗎？右派要不要？」劉把沈元寫的九篇文章交給他。黎澍看罷，大喜過望，自言自語：「這就是我要找的助手。」那時沈元是沒有單位的社會青年。黎澍向公安局要來了他的檔案。他說：「不就是右派嗎？已經摘了帽子，有什麼了不得的？」便決定錄用沈元為實習研究員。（見郭羅基，〈哀沈元〉）

劉導生和黎澍都是愛惜人才的有膽識的領導。但沈元被破格調入社科部近代史研究所，最主要的還因為那時正值三年困難的調整時期，毛澤東的極左做法多少受到非議，一時比較收斂，對知識份子的政策相對寬鬆了一些。不然，按共產黨的人事常規，一個被開除的右派學生，即使摘了帽子，也不可能調進最高的研究機構的。

黎澍當時兼北京學術刊物《歷史研究》雜誌主編，他在沈元的九篇文章中挑出〈論漢史遊的《急就篇》〉，發表在《歷史研究》1962年第3期上。這是一篇對漢代兒童啟蒙讀物《急就篇》進行社會文化研究的學術論文。內行人評說，這篇文章展現了作者對史學、文字學和音韻學的深厚功底和新穎的視角，這在當時全國言必稱階級鬥爭的普遍論調中是

一縷春風，使人耳目一新；該文從經濟生活來分析社會思想，也頗具歷史唯物主義的特色。總之，無論從國學或馬克思主義史學來考察都是一篇佳作。中國大陸史學界一時引起了轟動。郭沫若讚歎說：「這篇文章寫得好。」甚至說：「這樣的文章我也寫不出。」范文瀾說：「至少比我寫得好。」復旦大學的周予同一說起沈元就眉飛色舞，興奮不已。

沈元來所不久，1963年第1期《歷史研究》又發表他的〈洪秀全與太平天國革命〉全文五萬多字的長篇文章。同年2月12日，《人民日報》用一整版刊載他的〈論洪秀全〉一文（即是前文的一萬字的壓縮版）。中華人民共和國成立之後，《人民日報》從未以這樣大的版面刊載學術文章，沈元得此優遇，博得滿堂喝彩。沈元的文章還不單受到學術界重視，也得到了北京市委書記鄧拓的賞識。於是在學術界又一次引起了轟動。一時間從北到南的學者，人人爭說沈元，由此而派生出「沈元道路」一說。一時間，走沈元的路似乎得到了上面的肯定，沈元的命運似乎有了轉機。

可是，當時知情人知道，所謂「轉機」背後有殺機。沈元顯示了才華，實現了自己的抱負，初試鋒芒，即令中國史學界的權威人物刮目相看。但他也招來了忌恨。

這個「沈元道路」的說法來自北京大學。很快，研究機關和高等院校都在談論「右派明星」，一時之間成了「沈元事件」。北大歷史系有人進而向中宣部控告：沈元是右派，報刊這樣發表他的文章，是公然宣揚「白專」道路（即不是毛澤東提倡的「又紅又專」），是對抗黨的教育方針。在歷

史研究所內，反對之聲更不絕於耳。和沈元同一輩的人，到所裏來了幾年不出一篇文章，沈元一年出幾篇文章，而且屢有轟動效應，一些不學無術但卻「根正苗紅」之輩於是心生妒忌，群起而攻之——不是針對學術研究，而是從政治上提出問題，而這是最要命的。不過，這「沈元道路」的說法一傳開，反響強烈。周予同在課堂上聲稱他「舉雙手贊成沈元道路」。黎澍說：「近代史研究要有十個沈元，面貌就能根本改觀。」但是由於有濁流翻滾，有關領導不得不建議沈元不用本名而用筆名發表文章。後來沈元發表文章就不能用真名了，用了「張玉樓」（取自黎澍室中的對聯）、「高自強」、「曾武秀」等等的化名。

沈元用化名有這麼一個故事。他以「張玉樓」化名寫了一篇〈馬克思主義階級分析方法和歷史研究〉，先在《歷史研究》上發表了。《歷史研究》副主編丁守和把它和近代史所所長劉大年寫的〈關於近代史研究的幾個問題〉一起送《人民日報》。《人民日報》不知「張玉樓」是何許人，採用了沈元的文章而沒有採用劉大年的文章。沈元把所長比下去了，很讓丁守和等一些愛才的人暗自高興。可是，有些人得知沈元還用筆名發文後，仍然不依不饒，又再次告狀，甚至聯名告到毛澤東那裏，指責黎澍等人「吹捧右派」，「重用右派」（脫帽右派還是右派）。有一天，毛澤東的秘書田家英打電話給黎澍，說：「有人給毛主席寄來了油印材料，揭發『沈元事件』。好在落在我手裏，毛見了不知會怎麼批。你趕快來一趟！」（見郭羅基，〈哀沈元〉）中宣部還派人來調查，併發下指示「要注意影響」，再也不讓沈元發表文章。

1966年「文革」爆發，沈元當即被列入要打倒的「歷史學界十大權威」之一。他這個「權威」是其中最為年輕的了，當時才二十八歲，同一名單中的歷史學家們都是他的老師輩。此後兩年時間裏，沈元被連續批鬥陪鬥，慘遭各種侮辱，喪失了全部人格尊嚴，在走投無路之下，發生了前文所說的事件。

三

沈元根本不是犯了什麼滔天大罪。被捕之後，夫人仍抱著企望。她對一起挖防空洞（當時全民挖洞，落實毛澤東關於「深挖洞」的最高指示）勞動的老大媽說：「我決心再等他個七年八年，總會出來團聚的。」沒想到有一天，她被叫去開群眾宣判大會，在大會上沈元和其他「反革命分子」一起被押上臺，並被宣佈以叛國罪判處死刑立即執行。在萬眾口號齊呼之下，沈元這位夫人也是表妹當場暈了過去。

文革結束以後，到了1981年，終於有了一張帶有尾巴的平反通知書。此時此刻，沈元堅強的母親在兒子死後第一次放聲大哭：「我要人，我不要紙，不要紙啊！我送走的是一個活生生的人，一個聰明絕頂、才華橫溢的兒子，為什麼現在還給我一張紙？我要人啊！我要人啊！……」撕心裂肺，聞者無不動容。可是，母親再也要不來兒子了──兒子被另一位抽象的「母親」殺死了。這就是專政獨裁制度的罪過！

中國之大，何以容不得一個沈元？！關於沈元之死，可說的還可以很多很多。沈元這個上海人，一個戴著一副近視眼鏡、瘦弱高挑、面皮白淨的書生，出身書香門第，舉止斯

文，靦腆少語，循規蹈矩，從來沒有得罪任何人，也沒有傷害過任何人，一直只默默地做一份應職的工作。他即使在獄中，據昔日獄友們回憶，人緣也非常好。「自己病成那樣，還把有限的口糧分給別人吃。」「他很安詳，有修養有學問，很受尊敬。」但是這麼一個沈元，早在「文革」之前，已為許多人所嫉妒所追堵所不容。他與那些人無冤無仇，他們何以這樣咄咄逼人？

正如郭羅基〈哀沈元〉一文的標題所示，沈元是「一個人才，生逢毀滅人才的時代」。許多年之後，郭羅基拜訪過黎澍和丁守和。談起沈元之死，黎澍概括出兩個原因：「第一，死於眾人的共妒。第二，死於本人的無知和大家的無知。」丁守和則深為內疚地感到是他們「害死」了沈元！他說：「黎澍和我愛才，千方百計發表他的文章，結果幫了倒忙。」「一次一次地發表他的文章，引起群妒，把他逼上死路。早知道這樣，當年不發表他的文章就好了。」郭羅基認為，「共妒」或「群妒」這一概念非常深刻。妒忌本是個體人的劣點，但眾人對有才華的人產生共妒，則是社會的病態，病態社會的病因是不合理的制度（見郭羅基，〈一個人才，生逢毀滅人才的時代——哀沈元〉）。

在狼煙四起、遍地烽火的「文化大革命」年代，沈元更是可憐巴巴地孤立無助，一步步被逼上絕路。沈元被捕後，他的案例交給科學院各研究所的同事討論。所有經歷「文革」的人都知道，叫群眾討論案件，討論如何判處「反革命分子」，其目的本來就不是要大家發表意見，正是為了嚇得大家不敢發表意見，起震懾作用。如果有人發表意見，那一

定是昧著良心說對某人判得太輕，決不會說判得太重。當時認識或不認識沈元的人，沒有一個敢於站出來幫他說一句話，哪怕說一句死刑緩辦的也沒有。也許有人還覺得沈元就是可笑之至，甚至是「罪有應得」。

這是一代知識份子的傷痛、悲哀和恥辱。

劉再複在〈面對高潔的亡靈〉一文中，痛切地解剖自己的靈魂：

> 三十多年過去了，我仍然清清楚楚地記得沈元的名字，記得這一個年青傑出學者被活埋、被毀滅的悲劇故事。……在想起他的悲劇時，我首先想到在過去那些荒誕歲月裏，自己也曾發過瘋，也振振有詞地批判過「右派分子」、「反革命修正主義分子」，也唯恐落後地和「沈元之流」劃清界線甚至加入聲討他們的行列。我真的感到自己參與創造一個錯誤的時代，真的感到自己也是謀殺沈元的共謀。

人們明白了，暴政可以是雙重的，不僅有獨裁政權的暴力專政，為獨裁政權所愚昧的民眾也可推波助瀾施加多數暴政。人性的卑鄙，制度的罪惡，沈元案件提供了一個令人萬分悲憤的標本。

＊後記：本文為筆者長文〈他們讓所有的苟活者，都失去了重量……──祭「文革」中慘遭殺害的思想者〉的一部分，初稿於2006年5月文革發動四十周年之際，收進本書時有所修改。有一段前言，見前文〈中國的馬丁‧路德‧金〉。

不讓歷史的悲劇重演

——悼念中國一代文學巨匠巴金

本書作者2003年攝於北京中國
現代文學館巴金字碑前

巴金1995年攝於西湖　　　　　巴金手跡

巴金追悼會大廳

不讓歷史的悲劇重演
──悼念中國一代文學巨匠巴金

西元二零零五年十月十七日十九時零六分，巴金先生在上海市華山醫院逝世，中國一代文學巨匠永遠地離去了。

從廣義來說，巴金是最後一位離世的「五四時期」作家，「五四」的血在他身上奔流了八十多年。他洞察了一個世紀的世相人心。他是二十世紀中國苦難的文化命運和苦難的社會命運的見證人。

他是一個尋夢者、覺醒者、反思者、批判者。

一、《隨想錄》與重返巴黎：
晚年巴金與青年巴金之間精神行程的連接

一九二七年一月，巴金從黑漆大門的公館裏跑出來，到了法國。出生於成都一個官僚地主大家庭的他，自小目睹耳聞「上等人」的壓榨，「下等人」的呻吟，以及年輕生命的痛苦甚至絕望的抗爭，終於，在巴黎聖母院的孤寂鐘聲裏，那心頭的火從筆端源源噴發出來。當年二月，他開始寫第一個中篇《滅亡》。他「從探索人生出發走上文學道路」；他的「靈魂為世間的不平而哭泣」。

　　過了半個世紀，巴金再次走進巴黎。這是一九七九年四月，巴金以中國作家代表團團長的身份，訪問法國。

　　陪同巴金一行並擔任翻譯的高行健，在〈巴金在巴黎〉一文中，這樣寫道：

> 巴金的話不多，卻總是樸實誠摯而謙遜，他談到他來到法國尋找他舊日的足跡，談到他是在法國學會寫小說的，談到痛苦而悲哀的時候，法國作家盧梭、伏爾泰、雨果和左拉曾給予他精神上的支援，他是來向法國老師們致謝來的。

　　巴金研究專家李輝指出，重返巴黎，這是晚年巴金與青年巴金之間精神行程的一次連接。年輕時候的巴金曾在巴黎盧梭的雕像前沉思。盧梭的《懺悔錄》對他影響巨大。他說過：「我勉勵自己講真話，盧梭是我的第一個老師。」現在，剛剛經歷過「文革」浩劫的巴金，思想正處在一個關鍵的轉捩點上。舊地重遊，為重新開始獨立思考、呼籲說真話的巴金，提供了一次直接感受歷史的機會。他不只是興奮、親切，更是對歷史進行了深深的反思。他在現實生活中產生的一些疑惑、思慮，因而得到廓清，認識更加深切，表述也更加明確。「愛真理，愛正義，愛祖國，愛人民，愛生活，愛人間美好的事物，這就是我從法國老師那裏受到的教育。」巴金談到重返巴黎時說的這番話，絕非一般地泛泛而談，而是有著非常具體的歷史內容。

　　於是，便有了紀念碑式的皇皇巨著《隨想錄》—— 一部當代中國的《懺悔錄》，像遺囑般地沉重、深刻。

　　是在一九七八年十二月，巴金開始動筆。當時，巴金已是高齡七十五歲，思想卻異常活躍。他覺得自己的時間並不多了，應該先將憋在心裏的話說出來，也許對社會更有用。結果一寫八年，思考越來越深邃，感情越來越深厚，批判越來越深刻。從第一篇〈談《望鄉》〉，到最後一篇〈懷念胡風〉，《隨想錄》共五卷，一百五十篇，計有四十二萬字。寫〈懷念胡風〉是在一九八六年，當時巴金已經得了帕金森病，每一個字都是用左手推扶著右胳膊，顫顫巍巍畫出來的。每天寫一百多個字，七、八千字的文章前前後後竟寫了一年時間。

　　巴金這部晚年最為重要的作品，再現了中華民族曾經噩夢的場景，更直面自己靈魂曾經出現的扭曲：

　　　　今天我回頭看自己在十年中間所作所為和別人的所作所為，實在不能理解。我自己仿佛受了催眠一樣變得多麼幼稚，多麼愚蠢，甚至把殘酷、荒唐當做嚴肅、正確。我這樣想：要是我不把這十年的苦難生活作一個總結，從徹底解剖自己開始弄清楚當時發生的事情，那麼有一天說不定情況一變，我又會中了催眠術無緣無故地變成另外一個人，這太可怕了！這是一筆心靈上的欠債，我必須早日還清。它像一根皮鞭在抽打我的心，仿佛我又遇到五十年前的事情。「寫吧，寫吧。」好像有一個聲音經常在我耳邊叫。

一次又一次的精神自責，不住地折磨著巴金。他痛苦地喊出：

> 我怎麼忘記了當年的承諾？我怎麼遠離了自己曾經讚
> 美的人格？我怎麼失去了自己的頭腦，失去了自己的
> 思維，甚至自己的語言？

一個在「五四」時代狂熱信仰無政府主義的人，一個曾把真誠、勇敢作為做人的道德標準的人，怎能不對自己靈魂因屈服於強權政治的威逼利誘而被扭曲而感到痛苦呢？正是這種精神的痛苦，成了巴金晚年寫作的動力，這與當年在巴黎寫作《滅亡》時的精神狀態頗為相似。用他自己的話說，「彷彿我又遇到五十年前的事情。」

二、催生革命卻為革命所不容：
中國一代文學巨匠的命運

《滅亡》於一九二九年一月開始連載發表，立刻轟動文壇。之後，長篇小說《家》於一九三三年出版，巴金時年二十九。《家》和後來陸續出版的《春》、《秋》一起，合稱「激流三部曲」，奠定了巴金在中國文壇的地位。這期間巴金還寫了「愛情三部曲」（《霧》、《雨》、《電》）；一九四零年至一九四五年寫了「抗戰三部曲」（《火》）；抗戰後期創作了中篇小說《憩園》和《第四病

室》；一九四六年完成長篇小說《寒夜》；短篇小說則以《神》、《鬼》為著名。巴金一生發表了二十多部中長篇小說，七十多篇短篇小說，二十多部譯作及眾多散文隨筆，共計一千三百萬字，可謂著作等身，成就斐然。

「向一個垂死的制度叫出我底『我控訴』。」──這是巴金第一部長篇《家》扉頁上的題字。「激流三部曲」最集中地凸現巴金博大的愛心與青春的力量，充滿著對人的命運的深切關懷，對弱者的悲憫同情，對腐朽醜惡的憤怒。論者說，當時的巴金，也許沒有魯迅的憂憤深廣，沒有茅盾的鞭辟入裏，但他強烈的激情，對於青春衝力的強烈的渴望，讓他成為「五四」青春精神的最好象徵。他的作品激勵了無數青年走向反封建、反壓迫，追求自由與個性解放，甚至參加共產黨革命的道路。一九四五年九月二十二日，當巴金到桂園拜訪來渝進行「重慶談判」的毛澤東時，毛就曾與巴金親切握手，感謝地說：「我在延安聽很多年輕人說，由於讀了你的《家》才走上革命道路……」當時毛的感謝應該是由衷的。巴金的作用為許多人所證實。如老一輩評論家、文化官員陳荒煤回憶說，他在「魯藝」當教員時發現，許多青年投奔延安並非因為看了馬列主義書籍，而是讀了巴金的作品。

反對任何形式的強權、追求個性自由解放，是巴金那個時期作品的核心價值；強烈叩擊讀者心扉的，也正是巴金作品中那種人道主義的永恆魅力。可是，不幸的歷史的荒謬發生了：巴金以他的作品催生革命卻為革命所不容。巴金所追尋的人類平等、博愛與自由，在本質上或者在理論上也許

與馬克思關於「人的自由發展」學說相一致（馬克思認為共產主義社會「將是這樣一個聯合體，在那裏，每個人的自由發展是一切人的自由發展的條件」），卻與中國革命的現實需要相衝突。毛澤東在取得革命成功之後，進一步搞個人崇拜、個人獨裁，擴大階級鬥爭，要在無產階級專政下繼續革命，越來越遠離他曾經大肆鼓吹的民主、自由的革命目標。這註定了巴金的不幸的命運（也註定了所有正直的中國大陸知識份子包括文學家的不幸的命運）。

現在首先要消除巴金作品的影響力了。甚至當了中宣部文藝處處長但本身也是個作家的丁玲居然也對廣大青年說：「你們現在不要老讀巴金的作品了，要讀解放區的新文藝作品。」在一九五八年「興無滅資」（「興無產階級思想，滅資產階級思想」）的口號指導下，更出現了一場「拔白旗」運動，許多青年學生特別北師大、武大、北大的學生社團和《中國青年》、《讀書》、《文學知識》等刊物，被發動對巴金群起而攻之，長達半年多之久。巴金的作品被指責為無政府主義和個人主義，說覺慧（「激流三部曲」中的主要人物）出走以後肯定是無政府主義者，不可能是革命者。「愛情三部曲」曾經是巴金最喜歡的作品，它描繪了三十年代一群知識份子在信仰與理想的指導下與黑暗勢力搏鬥的故事，也遭到了粗暴的批判，巴金被指責歪曲地描寫革命。

在強權政治高壓下，巴金屈服了。他不得不承認過去自己是編造故事。和大部分二、三十年代中國作家一樣，現在他都不知道如何進行文學創作了。一九七六年「文革」結束後，他曾感歎道：「十七年中沒有寫出一篇讓自己滿意的作

品。」中國社科院文學所前所長劉再複回憶他一九八八年五月到上海參加「文化戰略」會議時，一天，在巴金家裏，當劉告訴他，《文學評論》準備發一篇〈評巴金近三十年來的創作〉的稿子，他立刻嚴肅地說：「千萬不要發表，近三十年來我寫的都是遵命文學，沒有甚麼值得評論的。」巴金拉住劉的手說：「我是愈緊跟愈寫得不好啊。」

　　整個悲劇還不單是「愈緊跟愈寫得不好」。從一九四九年共和國成立開始，巴金參加「思想改造運動」，參加揭發「胡風反革命集團」，參加對「資產階級右派」的鬥爭，參加「三面紅旗」運動，拔「白旗」，插「紅旗」，反「右傾」……在連綿不斷的各種政治運動中，巴金曾經熱情地、誠心誠意地跟黨走，向黨交心，向毛表忠，寫出符合政治要求的違心之論，編造大話空話假話，甚至在政治運動中發表批判性言論。可是，沒完沒了的困擾，沒完沒了的揭發批判自己，揭發批判別人，把真說成假，把黑說成白，使他越來越痛苦，越來越不知所措。最後發生了「文革」，巴金自己成了牛鬼蛇神，相依為命的夫人蕭珊也在迫害中病死了……

　　而且，這並不僅僅是巴金個人的悲劇。

三、求真精神和懺悔意識：
晚年巴金達到新的思想高峰

　　不過，巴金比大多數二、三十年代的作家幸運，他活過「文革」，尤其是他活過來後能夠寫出《隨想錄》，以其求真精神和懺悔意識，達到新的思想高峰。

　　我注意到，對《隨想錄》，對巴金整個人，是有各種不同意見的。當年就有人認為《隨想錄》是「右」的代表，這種非議不但來自下面還來自上面。另一方面，有些人認為這部《隨想錄》沒有多少藝術性，所講的「真話」亦不過是人類最基本的生活和生存的常理，並沒有上升到哲理高度。後來夏衍寫了《懶尋舊夢錄》，韋君宜寫了《思痛錄》，有人覺得都超過《隨想錄》。文革史專家、自由主義學者徐友漁最近在《世紀中國》等網站上說：「巴金是一個善良、真誠的普通人，而不是思想巨匠。他在晚年提倡說真話，除了對自己的一些經歷表示懺悔，並沒有為揭示歷史真相作出多大貢獻。要做到這一點，除了道德勇氣，還需要思想的勇氣和能力。」魯迅研究專家林賢治委婉地說：「回顧巴金一生，總體上是一個巨大的悲劇性的存在，從一個無政府主義的年輕的思想戰士、真理的追求者、為人類幸福而寫作者，成為一個純作家、一個一度跟風的作家、一個理應保持沈默未能保持沈默的作家，或者說成為一個無法保持沈默的人，這一點我深表遺憾。」（《新京報》）文學評論家朱大可也以他慣常的口吻表達他的看法。在接受記者採訪時，他說他覺得用「生得短暫，死得漫長；生得痛苦，死得幸福」這句話很能概括他對巴老的評價。（《財經時報》）

　　這些觀點、感覺，以及取捨角度也許自有道理。我也同意徐友漁另一段話：「我們確實應該超越巴金，如果巴金晚年的認識和境界已經是我們只能景仰而無法逾越的高度，那只說明我們的精神狀態和精神水準是可悲的、令人遺憾

的。」我只是想說，我們對巴金也應該給予寬容、理解。而
且，對前人的批評要有歷史感，討論任何事情都不能脫離
當時的歷史狀況和時代背景。《隨想錄》開始寫於上個世紀
七十年代末，當時才開始開放改革，許多觀念特別是政治觀
念尚在更新的掙扎中。例如，在第一集巴金為《望鄉》寫了
兩篇文章，幾年後《望鄉》還有什麼問題嗎？巴金至少有四
篇以「小騙子」為名，反反覆覆地說，甚至慷慨陳詞，為沙
葉新的話劇《假如我是真的》辯護，如果對照今天社會腐敗
的情況，人們更不知說什麼好？！事實上，經過八年的跨
度，《隨想錄》第五集的文章比第一集深刻得多。

　　而且，當年出版的《隨想錄》只是刪節本。根據由復
旦大學教授陳思和等人主持編印的《隨想錄》的手稿本，巴
金當年所講的有些真話，在今天看來也是驚世駭俗的。在
《病中集》手稿本的第一百九十二頁，有這樣一段話：「我
們應當維護憲法，我們也有根據憲法保衛自己應有的權利。
投票通過憲法之前全國人民多次討論它，多次修改它，憲
法公佈之後又普遍地宣傳它。平時大吹大擂，說是『根本大
法』，可是到了它應當發揮作用的時候，我們卻又找不到它
了……」在〈長官意志〉中，巴金說：「為什麼國民黨反
動統治時期，三十年代的上海，出現了文學相當繁榮的局
面……」諸如此類的文字都刪除或部分刪改了。

　　「我明明記得我曾經由人變獸，有人告訴我這不過是十
年一夢。」巴金在《隨想錄》中無情剖析自己「由人變獸」
的歷史，揭露自己「怎樣扮演自己憎恨的角色，一步一步走

向深淵，這一切就像是昨天的事」。這是何等的自責精神！正如陳思和說，巴金是當代中國活得最痛苦的老人！當世人奔赴物欲的盛宴如過江之鯽時，他卻把自己作為箭垛，一鞭一條血痕地解剖自己、指責自己，提醒人們不要忘記不久前的民族劫難。這種對世人的愛心與對自己的苛刻情緒近似宗教信仰，不能不令人為之動容。

離寫完《隨想錄》又過了幾乎十年。一九九五年六月二十三日，巴金在杭州的療養住所為《十年一夢》增訂本新寫了一篇簡短的序：

> 十年一夢！我給趕入了夢鄉，我給騙入了夢鄉。
> 我受盡了折磨，滴著血挨著不眠的長夜。多麼沉的夢，多麼難挨的日子，我不斷地看見帶著血的手掌，我想念我失去的蕭珊。夢露出吃人的白牙向我撲來。
> 在痛苦難熬的時候，我接連聽到一些友人的噩耗，他們都是用自己的手結束生命的。夢的代價實在太大了。
> 我不是戰士！我能夠活到今天，並非由於我的勇敢，只是我相信一個真理：
> 任何夢都是會醒的。

這是年過九旬的老人再次發出的聲音。這一年，「文革」爆發即將三十周年，多少人沈默著，而「新左派」開始成了氣候，他們在用所謂新的時髦的理論來尋找、論證「文革」的「史無前例」的「貢獻」，甚至美化「文革」發起者

的歷史錯誤與罪責。但巴金依舊在痛苦地反思，在懇切地呼籲，在提醒人們切勿忘記歷史血的教訓！

也許人們不必一定要把巴金稱之為「時代的良心」，也許巴金因為未能直接指出「由人變獸」的更重要的原因是在制度方面而讓人感到遺憾，但晚年的巴金，以其求真精神和懺悔意識，的確感動了整個社會，具有不可磨滅的永恆的意義。

四、對巴金最好的紀念：
建立「文革」博物館

而今又是另一個十年。巴金這盞微弱的、然而頑強的燈終於熄滅了。

這位深深自責幾十年懺悔幾十年的世紀老人，終得大解脫。

凡以著述中人自許，自覺是以文學為使命者，應該如何面對逝去的中國一代文學巨匠？十月二十日，北京的《中國青年報》嚴肅地探涉這個問題。

正如巴金的活著，已經是超出個體生命意義的符號象徵；他的逝去，也同樣超越一般的生死，成為一場蘊涵豐富的公共事件。巴金得到了無上的讚譽。但是，該報文章指出，讚頌別人的懺悔，決不能等同於自身的懺悔。文學的良心和勇氣，決定著一個時代的歷史標高。沒有自嘲勇氣的文學，不僅無法拯救更多的心靈，甚至有可能將一些心靈引向膚淺和墮落。真正的文學家，第一流的知識份子，最應該的姿態只能是批判、揭示和自省。他們都應該以巴老為鑒，對

自己的作品和良心進行一番回視內省。比如，在當前這個商業文化氾濫的時代，自己是否堅守住了文學的貞操？是否如巴金一樣務求「蘸著心血寫作」？對世人世事，是否抱著一種大悲憫的態度觀察，像巴金一樣「以人類之悲為自己之悲」，勇作「人類苦難的歌人」？

這樣的充滿理性色彩的反躬自省，才是對巴金老人最好的緬懷。

那麼，對於整個中華民族而言，什麼是對巴金最好的紀念？是建立文革博物館！這是許多國人共同的希望。

晚年巴金有兩大心願。一個是建立中國現代文學館。他多次給不同時期的中央領導寫信，終於促成了中國現代文學館——世界上最現代化、最宏麗的文學紀念館——於一九八五年在北京建成。巴金還有另一個心願。他曾經多次呼籲建立一個「文革」博物館，讓中國人永遠記住「文革」的瘋狂與荒謬，不再重演類似的歷史悲劇。

巴金是以他深刻的世界意識，站在整個人類的角度看待中國的「文革」的。一九八○年四月，在重返法國一年之後，巴金又到日本訪問，出席世界筆會大會。在向大會所做的演講〈文學生活五十年〉裏，他這樣明確地指出：

> 我認為那十年浩劫在人類歷史上是一件大事。不僅和我們有關，我看和全體人類都有關。要是它當時不在中國發生，它以後也會在別處發生。

後來，在一九八六年〈「文革」博物館〉一文中，巴金第一個提出建立「文革博物館」的構想。他說：

建立「文革博物館」，這不是某一個人的事情，我們誰都有責任讓子子孫孫，世時代代牢記十年慘痛的教訓。「不讓歷史重演」，不應當只是一句空話，要使大家看得明明白白，記得清清楚楚，最好是建一座「文革博物館」，用具體的、實在的東西，用驚心動魄的真實情景，說明二十年前在中國這塊土地上，究竟發生了什麼事情？！讓大家看看它的全部過程，想想個人在十年間的所作所為，脫下面具，掏出良心，弄清自己的本來面目，償還過去的大小欠債。沒有私心才不怕受騙上當，敢說真話就不會輕信謊言。只有牢記「文革」的人才能制止歷史的重演，阻止「文革」的再來。

　　文學評論家陳丹晨回憶巴金曾對他說：不懺悔，這是我們民族的弱點。這一點我們確實應該向德國人學習。他們不認為法西斯是希特勒一個人的責任，而是全德國民族的恥辱，而我們卻把一場民族的悲劇推到林彪、四人幫幾個人身上。對「文革」沒有得到徹底清算，對民族信仰喪失的情形，巴金內心很痛苦，說「文革」以後怎麼還是這個樣子。他覺得他「走的還是一條荊棘叢生的羊腸小徑」。

　　一九九五年，編寫大型圖錄《「文革」博物館》的楊克林隨翻譯家草嬰來看望巴金。巴金坐在輪椅上認真地瀏覽楊克林帶來他收集的一部分「文革」資料圖片。楊克林後來在這本圖錄的後記裏寫到，巴金對他說：「這件事應該做，『文革』博物館每一個地區都應該建立。」巴金不僅答應將

自己寫於一九八六年的〈「文革」博物館〉一文放在書首，還用顫抖的手為畫冊題詞：「不讓歷史的悲劇重演。」楊克林感慨地說：「這是一位偉大的哲人發自心底的聲音，是我們民族自信的表現。」

然而，過了這麼多年，巴金這個心願還沒有實現。現在在中國，各種博物館拔地而起，惟獨「文革博物館」遲遲不見蹤影。「文革博物館是爸爸唯一未了的心願。」巴金的女兒李小林說。

十月二十日，廣州《南方都市報》的一篇文章說，十年「文化大革命」給中華民族帶來的災難罄竹難書，可現在對於這段歷史卻是能掩則掩，大事化小，小事化無，好像根本就沒有發生過這回事。人們擔心，按照目前經濟建設的速度和破壞古跡文物的速度，要是再拖上個三、四十年，隨著這一代最後的「文革」經歷者的去世，尋找「文革」的物證和史料將更加困難，到時即使建起「文革」博物館，由於史料不足，以史為鑒的作用也將大大降低。

巴金晚年的夢想未能實現，這不僅是巴金個人的遺憾，也是整個中華民族的遺憾。前者已經永遠無法消除，後者尚可補救。忘記過去就等於背叛，不讓後人知道過去則是雙重背叛，如果還是把巴金生前的警告視為不過一種杞人之憂，不啻是對這位逝去的世紀老人的褻瀆！

作為中國一代文學巨匠，巴金早年是一個勇敢的尋夢者，晚年是一個痛苦的覺醒者。由於個人的、時代的局限，

他的反思、批判也許沒有達到時下世人所希望的更高更深的程度。他的善良，也伴隨軟弱。但這位世紀老人畢竟已經走完他所能走的艱難的道路，後人就不必對前人太過苛求，後人還是應該儘量讚揚前人值得讚揚的地方吧。

筆者僅以此文奇托對這位逝去者的悼念之情。

＊2005年10月24日於雪梨。發表於《澳洲新報・澳華新文苑》第191期「沉痛悼念中國一代文學巨匠巴金」專輯。

夾邊溝，我聽見亡靈的悲訴……

《告別夾邊溝》作者楊顯惠

在夾邊溝勞改的右派分子

夾邊溝，我聽見亡靈的悲訴……

一

　　說來萬分慚愧，我聽到「夾邊溝」這個名字，竟然遲至
2005年，還多虧天津作家楊顯惠的來訪。

　　那年，楊顯惠夫婦應墨爾本華文作協的邀請訪問了澳
洲。4月26日，在墨爾本作家王曉雨的陪同下，他們到達雪
梨。是晚，雪梨作家在Ashfield的京華酒樓舉行了一個歡迎宴
會。

　　在這之前幾天，雪梨女作家劉海鷗按照王曉雨的吩咐，
給我寄來一本《告別夾邊溝》，看時非常震撼。現在見到作
者，自然敬佩之至。楊顯惠雖然也近六十歲了，但還是過分
顯得蒼老，額上刻著深深的紋路，似乎無時無刻在訴述著未
完末了的悲憤與憂傷，以致在座的一位年輕女作家以為他也
是右派，憐愛地勸他寬心些，要從「夾邊溝」走出來。

　　1946年出生的楊顯惠以他的年齡幸好趕不上反右的年
代。他只能當個上山下鄉的知青。1965年，只有十九歲的
他，剛剛高中畢業，離開蘭州，奔赴千里之外的甘肅省生產
建設兵團，到一個小宛農場全天候地開荒修渠、引水灌溉。
農場除了很多和他一樣的青年學生之外，還有一些從別處轉
移過來的右派。他們在解除勞動教養之後，不准回家，安置

在農場裏繼續勞動。就是在這裏，和他們的閒談中，楊顯惠第一次聽到了「夾邊溝」這三個字。

此後多少年來，夾邊溝對於楊顯惠，如同一場夢魘，揮之不去。

從1997年開始，年過半百的楊顯惠重返河西走廊，尋訪四十年前落難於夾邊溝的右派群體。他嘗試過從查閱官方檔案入手，但是沒有人理睬他。他只能「貼著地面行走」，在隴東的黃土高原中穿行，在河西的戈壁荒灘中尋找，整整三年，他竟然尋訪到了一百多位當事人。在哭泣和淚水中，昔日的右派如今的老人們沉浸在那段不堪的年月之中，向他追述一個個受盡折磨死裏逃生的故事。每當此時，楊顯惠也屢屢無法自持，只能請求老人暫時停下來，讓他走到院子裏，擦一擦眼淚。

1999年，楊顯惠開始寫作「告別夾邊溝」系列。2000年開始，系列在《上海文學》和《小說界》上連載，引起全國轟動，〈上海女人〉和〈逃亡〉獲中國小說學會2003年首屆學會獎短篇小說獎（全國讀者投票評選）。系列結集時，全國多家出版社競相爭奪出版。後來，天津古籍出版社2002年5月出版的名為《夾邊溝紀事》，上海文藝出版社2003年8月出版的名為《告別夾邊溝》（兩者稍為有些不同）。

結果成就一部空前震撼的作品！

一位死難者的兒子，偶然讀到了以自己的父親為原型的篇章，他一下子哭倒在地，把《上海文學》供在桌上，長跪著，一頁一頁地讀，一次次地哭。他對朋友說，父親去世時他還小，只知道父親死在夾邊溝，但不知道父親是死得這樣慘。

　　在甘肅臨洮，有一位八十二歲的夾邊溝倖存者裴天宇老人。老人說，他在甘肅師大當教授的學生寄來了四冊《上海文學》，他用了半個月時間才讀完那四篇文章。他說，每一次拿起來讀不上十分鐘，就老淚縱橫，無法繼續⋯⋯

　　上海學者朱學勤把《夾邊溝紀事》看為他「精神年輪」裏的三本書中的一本。他說，有朋友稱此書是中國的《古拉格群島》，他以為還不夠。《古拉格群島》僅僅描述知識份子在集中營裏被虐待，卻還沒有觸及饑荒中知識份子相互蠶食之慘烈。那是真正的吃人！中國知識份子所經歷的苦難，遠遠超過蘇俄。

　　中國小說學會常務副會長、文學批評家雷達為《告別夾邊溝》作序，標題是〈陰霾裏的一道閃電〉。他高度讚揚楊顯惠的貢獻，認為書中表現的歷史悲劇的精神本質和沉重教訓發人深省。

二

　　夾邊溝在甘肅河西走廊重鎮酒泉三十里外，地處祁連山下，荒漠戈壁之中。1957年4月，成立於1954年3月的夾邊溝農場改變為勞教農場（行政名稱是「甘肅省第八勞改管教支隊」），開始收容甘肅省的機關、企業和學校揪出來的「極右分子」、出身剝削階級家庭或者曾有過其他錯誤的「右派分子」，還有一部分大鳴大放期間有右派言論的「歷史反革命」，以及工人民眾中因右派言論而獲罪的「壞分子」。

　　夾邊溝風大沙多，有限的農田「嚴重鹽鹼化」，「主要植物為蘆草」，「幾乎無降水」，這些長年的生態記錄一目了然。事實上，這個小型農場自開辦時起就只能接收四五百名勞改人員，因為它只能養活這麼多人。但1957年甘肅當局卻將兩三千名右派源源不斷地押送至此，沒有人想及以後將會出現什麼樣的結局。

　　只是三年半的時間！前一年半是右派們的勞累史，後兩年，也就是1959年初到1960年底，則完全是三千右派的饑餓史。在饑荒中，吃盡了荒漠上能吃的和不能吃的所有東西，最後超過一千五百人成了餓殍！

　　根據倖存右派的回憶和楊顯惠的調查，1960年春播的時候，有一半的人已經累垮了，下不了地，只能在房門口曬太陽，躺著。死亡開始了。每天有一兩個兩三個人從衛生所的病房裏被抬出去。就在這年冬天，被堂哥傅作義寫信從美國勸回國內的水利專家傅作恭，在場部的豬圈邊找豬食吃時，倒下了，大雪蓋住了他的身體，幾天後才被人發現。生前他曾經給哥哥傅作義寫信求救，據說傅作義無法相信弟弟信中的描述而沒有郵寄錢物。

　　在死神面前，右派們開始了本能的掙扎求生。夾邊溝生存條件極為慘烈，右派們的自救更是令人瞠目結舌、驚詫莫名。

　　在每天吃過了食堂供應的樹葉和菜葉子煮成的糊糊湯後，他們蜷縮在沒有一點熱氣的窯洞和地窩子裏，盡可能地減少熱量散失，等待一下頓的糊糊湯。

　　如果有了一點力氣，就到草灘上挖野菜、捋草籽，煮著吃下。體質稍好的，到草灘上挖鼠穴，搶奪地鼠過冬的

口糧；看到晰蜴，抓來燒著吃或者煮了吃，有人因此中毒而亡。

到了寒冬臘月，野菜無跡可尋，右派們只能煮乾樹葉和草籽果腹。草籽吃了脹肚，樹葉吃了也便秘，無奈之下，只好趴在洞外的太陽地上，撅著屁股，相互配合掏糞蛋。

俞兆遠，原是蘭州市西固區工商局的一位科長。在吃遍樹葉野菜草根草籽之後，他開始吃荒漠上的獸骨。楊顯惠在書中寫了這樣一個場景：

> ⋯⋯骨頭經風吹吹雨淋變得光溜溜白花花的，同室的人都說那東西沒法吃也沒營養，但他說，沒啥營養是對的，可它總歸沒有毒性吧，毒不死人吧！這就行！他研究怎麼吃骨頭，總也想不出好辦法，便放在火上烤著看看。誰知這一烤竟然出現了奇跡：白生生的骨頭棒子被烤黃了，表面爆起了一層小泡泡。他用瓦片把泡泡刮下來，拿舌頭舔一舔刮下的粉末，無異味，尚有淡淡的鹹味。於是，他把幾根骨頭棒子都烤了，把泡泡刮在床單上集中起來，居然湊了一捧之多。他像是吃炒麵一樣把它放進嘴裏嚼，咽進肚子。後來，他們全窯洞的人都去山谷和草灘上搜集獸骨⋯⋯

1960年9月，夾邊溝農場除了三四百名老弱病殘之外，悉數遷往高臺縣的明水農場。這裏的條件比夾邊溝更為惡劣。右派們開始大面積出現浮腫。一位存活的右派回憶道：

> 他們在死前要浮腫，浮腫消下去隔上幾天再腫起來，生命就要結束了。這時候的人臉腫得像大南瓜，上眼

泡和下眼泡腫得如同蘭州人冬天吃的軟兒梨，裏邊包著一包水。眼睛睜不大，就像用刀片劃了一道口子那麼細的縫隙。他們走路時仰著臉，因為眼睛的視線窄得看不清路了，把頭抬高一點才能看遠。他們搖晃著身體走路，每邁一步需要停頓幾秒鐘用以積蓄力量保持平衡，再把另一隻腳邁出去。他們的嘴腫得往兩邊咧著，就像是咧著嘴笑。他們的頭髮都豎了起來。嗓音變了，說話時發出尖尖的如同小狗叫的聲音，嗷嗷嗷的。

由於右派死亡太多，而且漸漸地連掩埋死者的右派都很難找到了，他們都再也沒有足夠的力氣了，因此，對死者的掩埋越來越草率，大都是用骯髒的破被子裏一裏，拉到附近的沙包裏，簡單地用沙子蓋一下了事。當時的右派們形象地稱之為「鑽沙包」。1960年的冬天，在明水的夾邊溝右派們進入了生命的絕境，最為駭人聽聞的一幕出現了：活人吃死人。「鑽沙包」的死者都是餓死的，身上皮包骨頭，於是，他們的胸腔經常被劃開，內臟被取出……

這些「鑽沙包」的死者都有親人啊。古時唐詩有此淒美的名句：「可憐無定河邊骨，猶是深閨夢裏人」，其悲情非常動人，但現在這些死去的右派甚至不敢企望得此「享受」！首先，「無定河邊骨」生前不管怎樣說也是為國捐軀的戰士；而自己卻已淪為「不齒於人類的狗屎堆」，是「人民」的敵人（右派分子的全稱是「反黨反人民反社會主義的資產階級右派分子」），完全不可同日而語。還有，自己會

是千里之外的「深閨夢裏人」嗎？真不敢有太多的想像。君不聞，「一張大被不可能蓋上兩個階級」，許多親人在高壓之下大義滅親劃清界限還唯恐來之不及。不過也有例外。楊顯惠書中有一位不懂政治不理會政治的上海女人，從遙遠的上海趕到夾邊溝時，活著的丈夫已經消失了。淚水已乾的這位女人非常堅強，抱著對丈夫的一腔忠貞，終於找到連屁股上一點點肉都已不知被誰吃去、乾巴得如同剝去了樹皮的樹幹似的丈夫的軀體。這位女人還是「幸運」的，她畢竟將她丈夫的遺骨帶回了上海；這位右派丈夫也是「幸運」的，他畢竟圓了生前的唯一的心願……

三

自從楊顯惠的夾邊溝系列問世以來，人們對那個幾被歷史風塵淹沒的慘劇投入了莫大的關注。近年來，有關「夾邊溝事件」又撰寫了或出版了幾部書。如趙旭的《風雪夾邊溝》（作家出版社，2002年12月）、鍾政的《血淚驚魂夾邊溝》（待出版）、邢同義的《恍若隔世・回眸夾邊溝》（蘭州大學出版社，2004年10月）、白天（和鳳鳴）的《經歷：我的一九五七》（敦煌文藝出版社，2006年2月），等等。這些作品，有些更緊貼史實，更具史料價值。如《恍若隔世・回眸夾邊溝》，是作者歷時數載走訪了當時夾邊溝等農場勞教右派中的健在者，查閱了有關的歷史檔案，掌握了大量翔實可靠的第一手資料，又用了一年半寫成的心血之作。

有些就是作者本人的親身經歷。如和鳳鳴的《經歷：我的一九五七》。作者及其丈夫王景超在1957年反右中雙雙被劃為右派分子（王景超並被定為極右分子），一下墜入黑暗的深淵，成為階級敵人，都被發配到農場勞動改造。在緊接著到來的1960年大饑荒中，作者總算死裏逃生，但她的丈夫卻活活餓死在夾邊溝勞教農場裏。又如寫《血淚驚魂夾邊溝》的鍾政，是夾邊溝的倖存者。他原名提中正，因為和蔣中正重名犯忌而改，打成右派前是甘肅人民廣播電臺的播音員、記者，今年年近八十了，但血淚驚魂，尚歷歷在目。

去年6月28日，上海作協為《恍若隔世‧回眸夾邊溝》開了一個研討會，由上海市作協副主席、《上海文學》雜誌社社長趙麗宏主持。趙麗宏指出，《恍若隔世‧回眸夾邊溝》體現了一位有良知的知識份子的歷史責任感和勇氣。《上海文學》之所以從當年發表楊顯惠的夾邊溝系列，到現在為遠在甘肅的作家開這次研討會，一直關注夾邊溝那段慘痛歷史，目的也在於希望後人不要忘記不要忽略我們民族曾經有過的那段傷痛。

五十年過去了。現在的夾邊溝是怎樣的呢？

不久前到過的人說，當年右派們住過的房子，由於年代久遠，已經拆得七七八八。一面將要傾倒的泥磚牆土腥彌漫，向東開的門框猶存，不知何人何年塗在上面的藍色油漆依舊鮮豔。這就是死在這裏的右派後代們所說的「哭牆」。「哭牆」後面，是一些楊樹、沙棗樹和榆樹，這是當年右派們的「勞動成果」，半個世紀過去了，樹木已長大成

林，一派生機，而種植者的身影已經消失，雖然他們大都沒有離開。

翻過土丘，面前是一面斜斜的戈壁，鐵青色的黑色沙石靜默著，幾百年不移動一寸。那面微微突起的沙丘就是「萬人坑」，裏面「扔」了好多人的屍體。土嶺前，一綹一綹的墳墓格外清晰，像是人側睡的模樣，一個挨著一個⋯⋯

還有必要記住這些嗎？

一個強大的聲音說：不必了吧！

不遠處，一岔路口，就有一面牌子，上面大書「夾邊溝渡假村」。真是讓人仰天長籲，無話可說。一邊是饑餓和死亡，一邊是酒足飯飽，歌舞昇平。歷史和人，反復得耐人尋味。目睹的人說，當年右派們住過的房舍現在不可以再拆了，連廢墟都沒有勇氣面對和保留的民族是沒有希望的。為什麼不在這裏建一座紀念館，以警示後來者呢？竟然把夾邊溝開發建成了一個度假村，不能不讓人感到十分驚訝，並且感到無比的荒謬和恥辱！

我知道，夾邊溝這些慘烈的故事，與當下的時尚大相徑庭。這是某種人不願提起，也聽不進去的故事。然而，它們與今天的生活難道真的沒有一點精神聯繫了嗎？社會政治和文學藝術都不能忘記昨天，因為，關注昨天就是關注今天，關注歷史就是關注自己。

夾邊溝事件中有這麼一個「細節」：在死亡邊緣的右派們經常談論的話題是，明天該輪著誰了，張說輪著我了，李說輪著他了，王說一定是我。當死亡成為唯一的話題，當

「脊樑」似的精英一一折斷,這個民族還能期望什麼?!這難道不是一個極其慘痛的教訓嗎?

還有這麼一個令人無限悲憤的「細節」。由於死亡人數實在太大了,1961年元旦開始,倖存者分期分批給予遣返。但是,農場有一名醫生被留了下來,在夾邊溝繼續工作了六個月,任務是給死者「編寫」病例。一直到1961年7月,全部死者病例才「編寫」完成——一千五百多名右派雖然事實上幾乎全是餓死,但病例上全然不見「饑餓」二字。

就全國來說,夾邊溝不過是一個小小點。三年大饑荒或所謂「三年自然災害」中,以現在比較公認的數字計,甘肅餓死了一百萬人,安徽是四百萬,全國餓死的人口大約是三千幾百萬。這不是一堆冷冰冰的統計數位啊,每一個數位都是一條人命!每一個數字都是一個控訴!不管其原因是「七分人禍三分天災」,還是退一萬步來說「七分天災三分人禍」!

1962年7月,劉少奇與毛澤東在中南海游泳池畔發生了那個著名的爭論。一向對毛非常恭順的副主席,這次居然「有些動感情」地頂撞了,憤然作色回應:

餓死這麼多人,歷史要寫上你我的,人相食,要上書的!

中國人敬畏歷史。歷史就在眼前流過,不會無動於衷。夾邊溝事件,以及當時全國大大小小的類似的事件,是中國當代史上一段切膚之痛。不單是個人之痛,家族之痛,人群

之痛，「而是整個中華民族之痛。不僅切膚，而且徹骨，而且剡心。」（《當代》刊登楊顯惠〈告別夾邊溝〉的〈編後〉，2004年1月）

當地傳說，現在的高臺縣明水農場，就在埋葬夾邊溝右派的地方，每到夜深人靜之時，總會有鬼魂說話的聲音。聚集在一起的鬼魂們嘈嘈雜雜說個不停。他們無法在人世間說的話，在另一個世界裏可以自由地隨便地交談。躲在黑暗處偷聽的人聽不真切他們在說些什麼。如果一旦有人咳嗽或說話發出了聲音，倏忽間，聚談的鬼魂們便立即轉移了，在遠處的什麼地方低低的嘈雜聲又重新響起。人們言之確鑿。明水農場一位叫宗華的人就說，他自己就曾偷聽過鬼魂們的談話，雖聽得不真切，但確實聽到了。原來，他們只要躲開活著的人，在另一個世界裏言論完全自由，他們談得興起，無止無休⋯⋯

往事無法埋葬。往事不會灰飛煙滅。或遲或早，往事都會一個個從墳墓裏爬出來。

＊2007年4月4日寫於澳洲雪梨，發表於《澳洲新報・澳華新文苑》2007年4月14／15日總第267期——「反右五十周年專輯」。本文除參考、引用楊顯惠的作品外，還有其他一些資料，如李玉霄的〈楊顯惠揭開夾邊溝事件真相〉和楊獻平的〈夾邊溝：誰踩疼了亡靈的心臟〉，筆者遠在雪梨，深表感謝。

關於中國大陸上世紀六十年代大饑荒到底餓死了多少人？由於主要當事人已離世，原始統計資料已銷毀，難於得出完全準確的數字，中外人口專家們計算出來的數字有所差

別。據新華社高級記者、現任北京《炎黃春秋》雜誌社副社
長楊繼繩於2008年5月由香港天地圖書有限公司出版的《墓
碑》所述，死亡人數應不低於三千六百萬人。這部約一百萬
字的長篇調查報告，參照了各種資料，詳細記述了這個大饑
荒的史實。作者在前言中說，書取名「墓碑」，一是為他那
1959年餓死的父親立墓碑；二是為三千六百萬餓死的中國人
立墓碑；三是為造成大饑荒的制度立下一個墓碑；四是如果
因寫此書而遭至不測，也算是為自己立個墓碑。

　　楊繼繩曾採訪了當年在公安部負責人口統計的王維志及
其時擔任糧食部副部長的周伯萍先生。周伯萍老人對作者
說：1961年，糧食部陳國棟、周伯萍和國家統計局賈啟允三
人受命，讓各省填寫了一個有關糧食和人口變動的統計表。
經匯總後，全國人口減少了幾千萬。這份材料只送毛澤東與
周恩來兩個人。周恩來看到後即通知周伯萍，立即銷毀，不
得外傳！於是周伯萍等三人共同監督銷毀了材料及印刷版。
事後周恩來還打電話追問，周伯萍回答銷毀了，周恩來這才
放心。

一位痛苦的清醒者

——紀念王若水

王若水與妻子馮媛

王若水攝於北京大學校門前

本書作者與王若水攝於香港大學（2000年）

王若水訪美時與友人合照

一位痛苦的清醒者
——紀念王若水

　　一九八三年秋天，很出乎許多人的意外，中國大陸突然來勢洶洶地開展了一場「清污」即清除所謂「精神污染」的政治運動。當時，我正在新西蘭奧克蘭大學英語系英美文學碩士班進修。紐西蘭地靠南極，遠離世界的喧囂，平靜而又美麗，可稱之為世外桃源。可是，我這個來自赤縣神州的海外學人，心頭卻難以平靜。許多夜晚，萬籟俱寂，月白風清，我卻思緒不寧，舉目遙望，好像看到萬里之外的祖國。文革結束不過幾年，十年慘烈的災難，不是還歷歷在目嗎？這還不夠嗎？還一定要搞什麼政治運動不成？！就在那個時候，我決定報讀博士學位，而且，幾經考慮之後，完全改變了研究方向——當代中國文學與政治的關係成了我的博士論文課題。理所當然，人道主義與異化問題，是要涉及的重要方面；而幾年前我已開始關注的王若水等人，便變成我要評論的重要角色。

　　但是我見到王若水本人已經是幾乎二十年之後。只有一次接觸，而且只是短短的兩天開會期間。那是二零零零年十二月中旬在香港大學舉行的一個研討會上。在這之前，一九九六年九月上旬，我在雲南昆明見到當時任中國社會科學院副院長的劉吉先生，在閒談時我問起有關一九八三年

「清汙」運動和王若水的異化觀點，他淡淡地說，王若水沒有什麼錯，只是講得太早了。「講得太早」！這便厄運臨頭？！應該說事情並沒有這麼簡單吧？真是似乎命中註定，王若水又是一個悲劇人物。在那次香港大學的研討會上，有一個幾分鐘的小小的插曲，不知為什麼我總記得清清楚楚。王若水的論文是〈整風壓倒啟蒙：「五四精神」和「黨文化」的碰撞〉。宣講之後，一個來自北京大學、被認為「新左派」的年輕教授立時盛氣凌人地問難，訓斥王的論文缺乏學術規範，不過是些 "sentimental" 而且 "outdated" 的言說（研討會的語言是英語）。王若水沒有怎樣回答。我不安地注視著他。我知道他不久前因為肺癌開過刀，雖然他對我說過手術效果還好，但一看就感到他身體並不好。他面容清癯，經常帶著幾分內向甚至憂鬱的微笑，尊敬他的人如我者，會看到其中有掩隱不住的哲思，但此刻看到的分明更是一股悲戚與苦澀。他臉上明顯地刻畫著悲劇。

事後我隱約感到，這好像是象徵性的一幕：王若水不屬於這個時代；他領導潮流已經是很久很久以前的事了。

只不過一年之後，二〇〇二年一月九日淩晨三點十分，王若水的心臟在睡夢中停止了跳動。這位寧做痛苦的清醒者的智者，一位馬克思主義人道主義理論家、前中共中央《人民日報》副總編輯，終於因肺癌在美國波士頓與世長辭，終年七十五歲。

一、領導潮流：

二十世紀七十年代末八十年代初中國「人道主義熱」和「社會主義異化熱」中的王若水

　　王若水最得心應手也最光輝的歲月可能就是上個世紀七十年代末八十年代初那幾年了。文革結束之後，人們痛定思痛，整個中國大陸掀起了「人道主義熱」，反映在文學上，就是流行一時的「傷痕文學」、「反思文學」；而在思想界，關於人道主義和異化問題，王若水談得最多，名氣也最大。

　　這個熱潮從一開始，人道主義的討論就和異化問題聯繫了起來，甚至當時事實上異化問題還要比人道主義問題提得早一些。雖然異化問題是人道主義討論應有之義，但這多少還是有點令人驚奇——畢竟，對當時中國大陸的公眾包括黨政領導來說，「異化」是個新鮮概念。也許事出偶然。一九七八年，中國社會科學院哲學研究所研究員汝信辦《外國哲學史研究集刊》，向王若水索稿。他記得王若水在一九六三年參加起草周揚牽頭的批判人道主義的小冊子時寫過「異化」這一章，建議王把這篇舊稿拿出來發表。王若水從櫃子裏翻出這篇稿子，看了一遍，覺得還可以，只刪去文末一段，就交給汝信，在一九七九年第一期的集刊登了出來，題目為〈關於「異化」的概念〉。這個雜誌專業性很強，讀者不多，然而這篇文章還是受到了較大的注意。《新華文摘》予以轉載；有的報紙作了報導。

　　王若水在很長時間裏就想向中國公眾介紹「異化」這個概念，希望這個概念普及起來，但又擔心它不夠通俗，不容易被公眾接受。一九八零年六月，王若水又得到一個偶然的逐願機會。他應邀到中國社會科學院研究生院新聞系講演有關馬克思主義哲學的幾個問題，聽眾中有人遞條子說，美國教授給他們講課，講到了異化，他們聽不懂，希望王若水解釋一下。

　　王若水回答時，從現實生活中舉例說明，社會主義社會也有異化：意識形態的，如個人迷信；政治的，如人民的公僕變成了人民的主人；經濟的，如盲目建設、片面追求高速度和發展重工業，結果成了包袱，還有環境污染等等。批判個人迷信有費爾巴哈批判宗教的現成方法。王若水指出，所謂「個人迷信」，就是把人民群眾和領袖的關係顛倒了，人們把領袖神化，到頭來領袖成為一種不能控制的力量，反過來使人民受苦。王若水還警醒地而且相當超前地說：社會主義國家的主要危險並不是什麼「修正主義」，而是黨的異化。

　　王若水曾經這樣解釋異化：「主體在發展的過程中，由於自己的活動而產生出自己的對立面，然後這個對立面又作為一種外在的、異己的力量而轉過來反對主體本身。」周揚在一九六三年那個曾經受到毛澤東欣賞的報告中，就是採用王若水這個學術性的解釋。王若水也把這個解釋寫進一年半前發表的〈關於「異化」的概念〉一文中。這次講話，他換了一個通俗的比喻：母親生下並養育了孩子，這個孩子長大後卻變成了逆子，反過來虐待母親。這就是異化。

　　事後，這一段錄音被整理，以〈談談異化問題〉為題，在《新聞戰線》一九八零年第八期上發表，繼而被不少報刊轉載，產生很大的影響。有人把錄音帶借給胡耀邦的兒子胡德平，後來王若水得知，胡德平說，他們全家都聽了，很感興趣（所謂「全家」，自然包括胡耀邦）。王若水幾天後又在《人民日報》編輯部講了一次，同樣收到很好的效果。王若水發現，人們對「異化」概念產生了濃厚的興趣，顯然，這是因為它能夠對現實中的許多問題給以比較深刻的解釋。

　　一九八零年，王若水又發表了〈文藝與人的異化問題〉，提出文藝應當描寫社會主義制度下的人的異化並對此提出抗議，為隨後出現的「異化文學」鳴鑼開道。同年十月，在天津召開的馬列主義文藝理論學術討論會上，王若水被邀請做了發言。王在發言中對人道主義和唯物主義以及辯證法的關係做了說明。

　　那一年人民出版社準備編一本關於人道主義的論文集，向王若水約稿，王應約寫了〈人是馬克思主義的出發點〉一文（這本文集在一九八一年初出版，書名就採用王文的標題）。王若水寫作此文顯然企圖切中「要害」。多少年來，毛澤東等共產黨人實際上是把階級作為馬克思主義的出發點，因而「以階級鬥爭為綱」，迷信「階級鬥爭一抓就靈」。他們把人納入了階級的框架，以人的特殊性（階級性）來否定人的一般性。因而，用王若水的話來說，在中國出現了一種藐視人的「冷冰冰的馬克思主義」。一九八二年春，王若

水應《中國青年》雜誌之約寫了一篇〈馬克思主義並不冷冰冰〉，其中也是強調人的問題在馬克思主義中佔有重要地位。

一九八三年一月十七日，《文匯報》在「爭鳴」版上發表了王若水早在一九八二年夏天就著手寫的〈為人道主義辯護〉。文章各部分的小標題是：「人道主義只能是資產階級的意識形態嗎？」「從費爾巴哈到馬克思」、「從青年馬克思到老年馬克思」、「社會主義需要人道主義」。文章認為社會主義的人道主義對中國的現實意義包括：它意味著堅決拋棄十年內亂期間的「全面專政」和殘酷鬥爭；拋棄把一個領袖神化而把民眾貶低的個人崇拜；堅持在真理和法律面前人人平等，公民的人身自由和人格尊嚴不受侵犯。它意味著反對封建的等級和特權觀念，反對資本主義的拜金思想，反對把人當作商品和單純的工具，它要求真正把人當人看，並且從一個人的本身而不是從他的出身、職位或財產去衡量他的價值……文章的開頭和結尾模仿了〈共產黨宣言〉，把「共產主義的怪影」換成「人道主義的怪影」。結尾這樣描述了中國的「人的發現」：

> 一個怪影在中國大地徘徊……
> 「你是誰？」
> 「我是人。」

王若水這篇文章發表後，反應異常強烈，對那時已有一些冷卻下來的人道主義討論起了重新升溫的作用。朱光潛也給王若水寫來一封信，表示很贊成文中觀點。當時適逢《人

民日報》報社召開記者年會，從各地來的與會者要求人手一份。王若水讓印刷廠列印了一百份，除了給記者部分發之外，又把六十份送給了正在進行的「文學作品中的人性、人道主義討論會」，作為向這個會議提交的論文。有趣的是，這個中宣部文藝局授意召開的會，其目的本來是想批評一下人道主義，但批不起來；而這篇論文在會上散發後，氣氛更加變了。的確，王若水這篇長文，「儼然是一篇人道主義的宣言和挑戰書」。

從一九八零到一九八二年的三年間，有關「人」的問題的討論文章在中國大陸各地發表了四百多篇，包括探討馬克思主義人道主義、異化、人性等等。文藝界和教育界也召開了人道主義的討論會。人民出版社在此期間出版了兩本論文集《認識馬克思主義的出發點》和《關於人的學說的探討》。順便指出，在中國最早提出「社會主義異化」這個最要害、並逼使最高領袖鄧小平後來親自封殺的觀點的人還不是王若水而是當時一位馬克思主義美學家高爾泰。他早在一九七九年寫了一系列的文章：〈異化辨義〉、〈異化現象近觀〉和〈異化及其歷史考察〉，詳盡地考查了異化概念並深刻地分析了社會主義社會的異化現象。高爾泰曾經長期受到政治迫害，在集中營裏備受折磨，倖免於死。他對異化的批判更加激憤。不過，由於黨內職務和資歷因素，王若水影響更大。正是在王若水等人的推動下，一股「人道主義熱」和「社會主義異化熱」掀起來了；而周揚在一九八三年三月七日馬克思誕辰一百周年紀念會上作的、王若水也參與起草

的〈關於馬克思主義的幾個理論問題的探討〉的報告，標誌這股熱潮達到最高峰。

二、毛澤東讓他大起大落：

文革前與文革中的王若水

二十世紀五十、六十年代，王若水也曾有過一些風光的時候。這是另一種「風光」——以李慎之的話說，他是極少數有幸姓氏上達天聽，又蒙天語嘉獎，然後聲名播於天下的人。（李慎之，〈嗚呼王若水魂兮歸來〉，網站文章）

五十年代初，毛澤東就發現了王若水。

一九五四年十一月某天，《人民日報》總編輯鄧拓給王若水佈置一個緊急任務，要他寫一篇批判胡適的文章。王用一天的時間趕了出來，題為〈清除胡適的反動哲學遺毒〉，很快發表了。後來王若水得知，批判胡適是毛澤東的指示，毛看了他的文章，說他也是「新生力量」。王若水在文章裏寫道，批判胡適，是批判俞平伯《紅樓夢研究》的必然結果。毛澤東說自己也受到啟發。王若水又接連寫了第二第三兩篇，毛也看了，並對第三篇特別表示欣賞。後來這篇文章被推薦為幹部學習參考資料之一。

一九五七年四月，王若水以《人民日報》理論組的編輯身份，撰寫了一篇社論，講「百花齊放，百家爭鳴」方針（題目為〈大膽放手，貫徹「百花齊放，百家爭鳴」的方針〉）。這是《人民日報》有關社論的第一篇，胡喬木修

改後，發表在當月十日《人民日報》上。顯然，胡是前一天受毛責備後，才立即佈置撰寫並發表上述社論的（王若水，《新發現的毛澤東》，明報出版社，二零零二年，頁二六七）。十日當天，毛澤東就把《人民日報》的編委叫去了，問：這篇社論是誰寫的？鄧拓回答說：是王若水寫的。毛澤東就說：讓王若水也來。毛對此文顯然頗為賞識，還對王若水說：「我要請你吃飯。」（朱正，《反右派鬥爭始末》，明報出版社，二零零四年，頁七十七）毛兩年多前看過王若水批判胡適的文章，對其名字有印象。

這是王第一次也是唯一一次見到毛澤東。他們到毛的住處後，毛把寫社論的功勞歸於王若水，大加表揚，同時狠狠地批評了鄧拓，說鄧拓沒有很好地宣傳「雙百方針」。那一次毛澤東發了很大的脾氣，甚至令人大惑不解地說鄧拓像漢文帝。據說毛決定撤掉鄧拓《人民日報》總編輯一職時，曾想過由王若水取代。

又過了幾年，一九六三年，王若水受馬克思《哲學手稿》的影響，寫了〈桌子的哲學〉那篇文章，毛澤東看了以後也表揚了一番。

如前文所說，這年王若水還有一個出色的表現。當時中共中央有計劃地批判蘇聯的所謂現代修正主義，擬出了一些題目，其中有一個題目是批判人道主義，負責這一個課題的是周揚。周揚就找了一些人，其中包括王若水。在寫作分工時，王被分配寫「人性」和「異化」這兩章。周揚這篇文章，特別內中所談的「異化」問題，為毛澤東高度讚賞。

　　由於這個背景，王若水在「文革」前期可謂春風得意。當時，《人民日報》的人員分成兩派，王若水成了其中一派的骨幹分子。究竟是受過毛表揚的人，因此他可以貼大字報而不用擔心打擊報復，多年來的那種壓抑感沒有了，甚至自以為在參與什麼偉大的事業。許多年之後，在一九九二年十二月，王若水這樣反思那時的自己：

> 我覺得自己解放了，我完全沒有認識到我正在經歷一種新的形式的「異化」。代替壓抑感的是一種類似宗教的感情。我對毛是「無限崇拜，無限敬仰」。我確信毛是在領導我們進行一場驚天動地，震古鑠今的偉大事業，要滌蕩舊世界的一切污泥濁水，建立一個紅彤彤的嶄新世界。（王若水，〈沒有結束的求索〉）

　　但是，天意從來高難測。王若水不久就栽了一個大跟頭，就是栽在毛的手上。

　　一九七一年「九一三」事件發生，毛澤東委託周恩來管《人民日報》。一九七二年八月一日，周指示《人民日報》應該批極左思潮，批林彪的「左」。當時已經被起用為「看大樣組」（共六個人，幾乎相當報社領導班子）成員的王若水，完全贊成周的指示。可是，張春橋、姚文元跑來又講了一通，意思是批左不要批過了頭，讓報社許多人都想不通——剛剛要開始批左，為什麼就強調「不要過頭」？王若水更覺得不能聽張、姚的，乘這兩個人去了上海的機會，於一九七二年十月十四日在理論版以整版篇幅編發了三篇批無

政府主義和極左思潮的文章。張、姚為此大為惱火。在這種
情況下，王若水於十二月五日索性直接寫信給毛澤東，告了
張、姚一狀。信上說：

> 總理在一次談話中指出：人民日報等單位，極左思潮
> 沒有批透；「左」的不批透，右的東西也會抬頭。我
> 很同意總理這個提法。總理講的是機關內部的運動，
> 但我覺得對報紙宣傳也是適用的。

沒想到這封信（李慎之紀念文章中講的「若水居然幹了
一件荒唐事」）惹來一場大禍——實際上，張春橋他們講的
正是毛的意見。

這年十二月十七日，周恩來和張春橋、姚文元等到毛澤
東處開會，毛對他們說：「批極左，還是批右？有人寫信給
我，此人叫王若水。我認識此人，〈桌子的哲學〉的作者，
並不高明。也讀過一點馬克思，參加過合二而一、一分為
二。」毛進一步說：「王若水那封信我看不對。（林彪）是
極左？是極右。修正主義，分裂，陰謀詭計，叛黨叛國。」

過後第三天，周恩來、江青、張春橋、姚文元在人民大
會堂召集人民日報社等單位負責人會議，傳達了毛澤東講話
精神。周恩來處境尷尬，講話語調是溫和的。輪到張、江、
姚講話就放炮了。江青指責王若水這封信「客觀上對中央起
著挑撥作用」，「分裂中央」；張春橋斥責王「極右」；姚
文元質問：「在階級鬥爭這個時刻，你站到哪裡去了？」氣
氛變得很緊張。

接著就開始批鬥王若水，從一九七三年到七四年，是《人民日報》內部聲勢最大的一次運動。王若水被批鬥得頭髮也脫了，背也駝了，後來又被定為敵我矛盾，送往大興縣紅星人民公社勞改。對許多人來說，那打擊簡直就是千鈞壓頂，沉重得難以承擔。報社都擔心王若水會自殺。但他卻仍然能夠故意示威似地在大字報巷子裏走過，一派蔑視的氣概。王若水對朋友說：「寧做痛苦的清醒者，不做沒有痛苦的糊塗人。」他感到有一種力量支持著他，是他所認為的馬克思主義中正確的東西在支持著他。他百分之百相信自己沒有錯。這種感覺甚至是他過去從來沒有的。

幾年之後，王若水拒絕投降終於得到回報。

一九七六年文革一結束，王若水從幹校回到報社，第二年被任命為《人民日報》副總編輯，主要分管理論、文藝、社論這些意識形態方面的東西。那幾年，《人民日報》的社長是胡績偉，在胡、王等一些開明黨人的領導下，《人民日報》經歷它有史以來的最好的時期，銷量空前高，破歷史記錄。報紙配合撥亂反正，發表了一系列文章，都是糾正文革錯誤的，在社會生活中作用很大。當時中國大陸有一個流行說法：「人民上天，紅旗落地」（「人民」指《人民日報》；「紅旗」指中共中央理論刊物《紅旗》雜誌）。作為《人民日報》副總編輯，王若水大談特談人道主義和異化問題，自然不同凡響。

三、導火線：

王若水遭遇他生命中最嚴重的打擊

但是，好景不長。

一九八三年，正是由於人道主義和異化問題，導致一場全國性的「清汙」運動，而王若水則遭遇他生命中最嚴重的打擊。這似乎突然但實屬必然──在中共某些領導人看來，王若水雖然「風光」一時，但絕非正統，不過是販賣一些異端邪說，也絕難得逞。

這年三月十六日，周揚九天之前在紀念馬克思逝世一百周年學術報告會上所做的題為《關於馬克思主義的幾個理論問題的探討》的演講稿在《人民日報》上發表，接著發生一場舉世皆知的軒然大波。

《人民日報》發表周文的當天上午，中宣部長鄧力群先打電話給秦川總編輯，接著找王若水。他對王說：喬木同志已明白表示周揚講話不能在《人民日報》上發表，你們為何不聽？這是一個嚴重的錯誤！你要負主要責任，因為你當面聽了喬木同志三月十日的談話，對這一點應當知道得很清楚。

鄧力群所指的是中共意識形態主管胡喬木三月十日從所住的醫院來到周揚家中當面對周揚的談話。王若水被叫去參加，一同參加的還有夏衍、賀敬之、郁文等。王若水對鄧力群承認，在發表前未請示胡喬木是錯誤的，但根據自己對這次談話作的筆記，對所謂「不能發表」這一點卻毫無所知。

　　王記得，胡喬木整個談話，時間很長，也很雜亂無章，但聽來比預料還要溫和。王若水最擔心胡喬木批評異化概念，但是他隻字未提。胡喬木對周揚還很客氣（在大門口告別時，胡喬木對周揚行九十度鞠躬），對王若水也有些客氣，沒有把他的不滿完全說出來，還在批評之後又講了兩句過獎的話，大概是希望王若水改了就好（這是他講話的風格，不瞭解這一點就會產生誤解）。秦川原先曾打電話給鄧力群，說《人民日報》打算發表周揚文章，徵求他的意見。鄧說，他沒有把握，要秦川請示胡喬木。經過胡的三月十日的談話後，王若水他們自認為知道胡喬木的意見了。

　　後來王若水才知道，胡喬木回到醫院後，在當天下午曾打電話給郁文，補充了他對異化問題的看法。郁文的記錄是：

> 關於異化的問題我忘記談了。我想馬克思早期說的異化和晚期說的不一定一樣。不管一樣不一樣，社會主義社會將它應用過來，不加區別，不對。用這個名詞要加以區別。如果因為（社會主義）社會中有非人道現象，同資本主義社會中的非人道現象混在一起，就把問題談亂了。一個是非基本的現象，甚至是非法的；一個是基本的現象。我這個意見將另外寫信告訴他們。如有關同志談到這個問題時，可把這個意見補充上。

　　那麼，在三月十日，當談話中周揚問胡喬木意見時，他為什麼不回答呢？王若水認為，胡喬木說「忘記談了」其實是托詞。他大概是回醫院後又找了一些書來看，這才發表

了上面的意見。當然這是臨時抱佛腳提出的，但他既然是領導，別人就必須奉為指示了。

但事情更為嚴重的是，按鄧力群的說法，胡喬木早在三月八日就打電話給中宣部，明白表示了這一點。隨後，鄧叫中宣部送了一份電話記錄給《人民日報》，那是九日胡喬木打給郁文的電話。其中包括如下幾個要點：

> 周揚同志的講話，難以處理，問題不少，不是加幾句話、刪幾句話能解決的。這是目前思想界的重要討論對象。總的意見，異化也好，人道主義也好，這種宣傳本身是抽象的。……如離開具體現象去講，去討論，會給人以暗示說，我們社會主義社會沒有人道。任何一個時期講人道主義，都是為了擁護什麼，反對什麼，是有目的的。這篇講話目的何在？
> ……周揚的文章發表了可能成大的問題。

這個電話的調子口氣很嚴峻。王若水他們如果事先知道這個電話，肯定不會發表周揚的講話。而胡喬木三月十日那次談話，在王若水聽來，是說了讓周揚修改一下講稿，但說得很委婉，並沒有說不能發表。但從這個電話看來，王若水推測，胡喬木那天專程來和周揚談話，是想讓周揚知難而退，主動撤銷發表。胡喬木在心底裏連周揚講人道主義的動機都懷疑，這使王若水非常驚訝。

不過，王若水發覺這一點已經為時太晚了。

三月二十六日，中宣部開會，由胡喬木主持，通知周揚、秦川和王若水參加。胡喬木說，關於《人民日報》犯錯

誤的問題，中宣部寫了一個報告給中央，提出處理意見。這個報告已經得到中央同意，但還要徵求三位同志的意見。

接著，就由鄧力群宣讀這個報告，其中批評了周揚和秦川，重點是批評王若水。王若水被指責企圖利用周揚的威信，把自己的觀點變成權威的觀點。〈報告〉在最後提出：把王若水調出《人民日報》。

這個會上，最令人印象深刻的，是周揚和胡喬木之間發生了一場火爆的爭吵。秦川這樣回憶：

> ……周揚聽著聽著，突然把〈報告〉往桌子上一摔，大聲斥責：「這樣做法不正派！不正派！這樣做法不正派！」
>
> 坐在周揚對面的胡喬木被這突如其來的聲音震驚了，用更大的聲音反問周揚：「你說什麼？說中央不正派？」
>
> 周揚更加憤怒：「你們這樣不正派！」
>
> 「你這不是說我，是說中央政治局不正派！」胡喬木的語調十分嚴厲。
>
> 「你不要扣帽子，我是說你這個具體的中央政治局委員！」周揚沒有退讓。
>
> ……

十六年之後，也是在《人民日報》工作的凌志軍和馬立誠合作出了一本書，對這一事件作了一個評論。他們問道：胡喬木是否有權利禁止周揚發表他的文章？就算胡喬木說過「不要發表」的話乃是屬實，難道就能作為周揚犯了錯誤的憑證？這兩位在黨中央的喉舌工作的作者顯然是故意發問。他們當然知道，正如他們自己在書裏也說，「在八十年代中

國的政治生活中，胡喬木的行為仍然有著某些必然的根據，這依據還需在我們國家既成的制度和觀念中去尋找。」

正是由於這些「必然的根據」，周揚被迫退讓了。一九八三年十一月六日，中國大陸各報發表了新華社前一日報導的周揚談話。在這個特意安排的談話中，周揚承認他在紀念馬克思逝世百周年期間「輕率地、不慎重地發表了那樣一篇有缺點、錯誤的文章。這是一個深刻的教訓。」

不久，周揚病倒住院。他念念不忘的是他受批判的事。他更想著繼續做研究。他對去看他的王若水說：「若水，什麼時候我們再搞一搞異化問題吧。」

一九八五年元旦，王若水又去北京醫院看望周揚。現在他幾乎不能說話。他緊緊握住王的手不放，要掉眼淚的樣子。這是訣別的表示。看來他想到上次對王提到的希望無法實現了。王若水安慰地說：「周揚同志，你放心吧！還有我呢。」

一九八九年七月三十一日，周揚遊絲般的氣息停止了。

第二天早晨中央電臺新聞聯播，最後一條消息，僅有一句話：文藝理論家周揚昨天在北京因病逝世。

至於王若水，他於一九八三年十月二十八日上午，和《人民日報》其他領導人員一起，被中共中央書記處召集到中南海勤政殿開會。書記處的成員除胡耀邦以外都在場，加上中紀委書記王鶴壽和組織部長陳野萍。

胡啟立向王若水他們宣佈書記處十月二十日的決定：同意胡績偉辭去社長的請求；免去王若水的副總編輯職務；他

們兩人都調離人民日報，但目前要留在人民日報參加整黨接受
批評；任命原總編輯秦川任社長，原副總編輯李莊為總編輯。

這是王若水意料中的事，而且事先已有風聞，並不吃驚。

王若水早就預料遲早有一天他將被迫攤牌，和他所在的
黨組織正面衝突；王若水只是希望這一天晚一點到來。現在
來得早了一些，這是王若水不願看到的，但沒有辦法。

四、「清汙」運動：
「二十八天的流產的宮廷政變」

胡喬木、鄧力群搬倒周揚並懲罰《人民日報》的計畫，
包括對王若水的嚴厲的處理，其過程竟然同時是一場影響整
個中國大陸政治生活社會生活的「清汙」運動；而這場「清
汙」運動又包含著一個妄圖搬倒中共中央總書記胡耀邦的陰
謀──被史家稱之為「二十八天的流產的宮廷政變」。

起初，胡喬木、鄧力群向王若水等人宣稱得到中央同意
的處理報告其實在中共中央書記處進展得並不順利。當時胡
耀邦要出國訪問，他說等他回來後找王若水談，但後來也沒
有找。顯然，胡耀邦有意想把事情壓下來。鄧力群二零零六
年在香港出版的《鄧力群自述：十二個春秋（1975-1987）》
（香港大風出版社）一書中也說，他們於一九八三年四月
二十日把一個月前曾經上報、現在修改過的報告以及其他材
料再次報送上中共中央書記處，以後就沒有了消息，有點

「留中不發」的味道。後來，胡耀邦和他講，學術問題，何必搞得那麼緊張，各說各的都可以嘛。他鄧力群就回說：周揚那篇東西不是簡單的學術問題。按周揚說，黨要變質，黨要走到自己的反面，政權也是如此，經濟、思想也要走到自己的反面，把馬克思主義講的在資本主義條件下的異化照搬過來，這不倫不類嘛，這不是一個單純的學術問題。但胡耀邦一直堅持這是個學術問題，不要搞得那麼緊張，事情幾個月沒有下文。

於是胡喬木和鄧力群決定繞過書記處，直接找鄧小平。大概這個時間（可能五月份），周揚也托薄一波給鄧小平送了十八條馬克思關於異化的語錄。

史家一般認為，鄧小平當時終於接受了胡喬木和鄧力群的建議，在即將到來的十二屆二中全會上講「精神污染」的問題。鄧力群在他的《自述》一書中，也承認鄧小平八月份找胡喬木談了一次話，是緣起他最近看了一些材料，覺得文藝界的問題複雜，思想界的問題嚴重，人們的思想很亂，所以他準備在二中全會上講講這些問題，並出了個題目：〈人類靈魂工程師的責任〉，胡喬木說這個題目太窄了，是不是放寬一點，講黨在思想工作中的任務。鄧小平同意這個意見，並讓胡喬木幫助搜集材料，準備稿子。九月七日上午，鄧小平通知鄧力群去他那裏，要談二中全會講話稿的事。鄧力群就把幫胡喬木搜集材料、起草稿子的龔育之、鄭惠、盧之超一起找去了。龔育之等把胡喬木設想的幾個題目和稿子字數，向鄧小平作了彙報。之後，他們反復作了修改。

　　一九八三年十月十二日上午，在中共第十二屆中央委員會第二次全體會議上，鄧小平在講話中特別提出：「思想戰線不能搞精神污染」。王若水說，很容易看出，胡喬木替鄧小平起草了這個講話稿；胡不過是借鄧之口，講出他自己的觀點罷了。而這樣一來，胡喬木的觀點就具有了最高的權威性。

　　當天下午的會上，鄧力群作了長篇發言，集中批判王若水近年的言論。他說，多年以來，王不是作為學術問題來討論而是作為現實政治問題來提出自己的主張。他歸納出王若水言論中有八個問題，加上人道主義和異化論，一共十個問題。會議還發了鄧力群所主持的中共中央書記處研究室編印的〈幾年來《人民日報》理論版宣傳中的問題〉和〈王若水同志關於「社會主義異化」和「馬克思主義的人道主義」的基本觀點〉兩份材料。鄧力群對王若水在什麼時候發表過什麼文章，說過什麼話知道得很清楚，因為他屬下的書記處研究室早已把王若水的材料收集整理好了。鄧力群的這個發言好像是放了大炮，震動了整個會場。

　　胡喬木在會上發言說：搞精神污染，不僅是思想問題，而且是一個現實的政治問題。像「異化」問題，說得嚴重一些，就可以形成一個持不同政見者的綱領，一個反對派的綱領。從「四人幫」倒臺後，就有人到處宣傳「異化」；參加周揚同志文章寫作的王若水，就是其中非常賣力的一個。胡話雖然不長，但給這個問題升了級。以前他主要是說人道主義和異化論對文藝界和青年的影響，現在和非法組織聯繫起來了。在中國大陸，「不同政見者」這個名詞在當時剛剛使

用。這是一個非常嚴重的字眼，如果還不是「反革命」的話，也差不多了。

參加這次會議的中央委員，大多數是上了年紀的老革命，從未聽說過「異化」這個詞。會議組織者為了幫助他們瞭解，又從《不列顛百科全書》中選擇了「異化」這一條，印發給與會者。實際上這未必有多大幫助。不過，既然鄧小平批評了，那麼使用「異化」這個概念當然是錯的，許多委員也就義憤填膺地聲討起來了。

十月十二日是全會結束的一天。第二天發表了全會的公報，宣佈會議結束。可是由於鄧小平在十二日的講話中提出了「清汙」的問題，再加上胡喬木、鄧力群在會上煽動，實際上會議延長了三天，並討論「精神汙染」的問題。而所謂的「精神汙染」，就是人道主義和異化理論（並不倫不類地搭上「西方資產階級腐朽生活方式」的影響和侵蝕）。

在這樣的形勢下，王若水的命運也決定了。

會後，全部的宣傳機器都發動了起來。

十月十九日，報紙報導李先念在全國工會十大上的致詞，其中提到職工應當「抵制和克服各種精神汙染」。

二十二日的《人民日報》頭版頭條出現大字標題〈保持工人階級本色，抵制各種精神汙染〉。次日，《人民日報》的社論也談到了「精神汙染」。

二十四日，中央書記處發出了〈轉發鄧小平同志、陳雲同志講話的通知〉。這個〈通知〉措辭嚴厲，令人想起「文革」。胡喬木、鄧力群在〈通知〉中把「不搞精神汙染」提升為「清除精神汙染」。

當天，《人民日報》頭版報導了兩條重要消息，一條標題是「中共中央召開黨外人士座談會，彭真受黨中央委託就整黨和清除精神污染做重要講話」，一條是「王震在中國社會主義學院成立大會上指出，清醒認識當前思想理論戰線形勢，堅決防止和清除各種精神污染」。

二十五日，《人民日報》頭版頭條新聞是：〈王震在兩個會議上傳達鄧小平同志的指示，高舉馬克思主義社會主義旗幟，防止和清除思想戰線精神污染〉。這條消息第一次透露了「清汙」是鄧小平提出的。頭版另一條消息是關於黨外人士擁護整黨和「清汙」。同天的《人民日報》還報導了中國文聯召開的一次會議，談到要「勇於清除精神污染」。

二十六日，《人民日報》頭版頭條繼續報導黨外人士座談會上的發言。以後，報紙上關於「清汙」的報導和評論越來越多，十二屆二中全會原定的「整黨」反而退居到次要的地位。

十一月一、二、三日三天，廣播了十個省的領導人的有關「清汙」講話。僅十一月二日的新聞節目，就發了六條省委領導人講話和三條其他有關消息。「精神污染」這個詞用得如此之多，以致《人民日報》排字房的這四個字的鉛字都不夠用了……。

胡喬木、鄧力群把「清汙」運動搞得來勢洶洶，正好露出了狐狸尾巴。他們的目的不只是要整幾個知識份子或開明的文化官員，他們還要藉口反對「精神污染」來反對隨改革而來的西方思想的影響，進而反對開放改革特別是這個方針

政策的統籌實施者；他們企圖在中央高層醞釀「倒胡」──鄧力群覬覦總書記的高位早已是司馬昭之心。

胡耀邦一九八二年九月當上總書記。提拔胡耀邦是鄧小平的意思，但以陳雲為首的幾個老人不滿意，他們喜歡的人是鄧力群；而胡喬木、鄧力群看准了這一點，就站在陳雲一邊，多次起勁地反胡耀邦，這一次又找到了機會。

「文革」是「破四舊」開始的。這一場「清汙」運動如果如此發展下去，後果亦不堪設想。幸好，胡耀邦、趙紫陽，以及萬里和習仲勳等人頭腦清醒，聯手作了抵制。此時鄧小平也看出問題的嚴重性，支持胡趙等人的抵制。

十一月十四日，胡耀邦、趙紫陽在中央書記處對「清汙」正式講了話。書記處作出兩點決定：一、不要因為整黨和「清除精神污染」而影響對內搞活、對外開放的經濟政策的實行，更不能把它們對立起來。二、「清除精神污染」有它特定的概念，要研究分析各種具體情況，注意界限，注意政策，不能簡單化。

一場喧囂一時的「清污」鬧劇鬧了二十八天，終於半途而廢──正是史家所言的「二十八天的流產的宮廷政變」。

十二月二十日，胡耀邦在中央書記處會議上總結說：「關於清除精神污染，小平同志提出這個問題是完全正確的。……後來由於我們自己的失誤，工作出了漏洞：一是擴大到社會上去了；二是把『不能搞』弄成『要清除了』；三是一哄而起，造聲勢，後來我們剎車了。這個問題以後不要提了。」萬里插話：「我主張資產階級自由化也不要提

了。……」胡耀邦說：「我同意這個意見，『精神污染』與『資產階級自由化』都不要提了，但也不要去批判這個提法，讓它慢慢消失。」

不過，此時歷史的詭譎又表現出來。「清汙」運動剎車之後，鄧小平對胡耀邦的態度又有了新的不滿。問題在胡耀邦過後繼續在不同場合，如同日本外賓談話，同上海領導人談話，都說反精神污染宣傳走了樣，搞了擴大化；一九八四年十二月底召開中國作協四大，由於遵照胡耀邦的意見，開成了一個最「自由化」、最得人心的大會（中央祝詞不提反精神污染，不提反自由化；人事安排組織部不插手，由會議自由選舉；整個會議精神提倡寬鬆，呈現一派反左景象，讓胡喬木、鄧力群等人非常難堪），這些情況當然讓陳雲等老人發怒。鄧小平終於同意端出胡耀邦（一九八六年北戴河期間，鄧小平已下了決心，發話說：「如果說這幾年我有什麼錯誤的話，就是把胡耀邦這個人看錯了。」「六四」以後，鄧改變了說法：「當時沒有看錯，後來卻不行了。」）。一九八七年一月十六日，在另一場稱之為「反對資產階級自由化」的運動中，胡耀邦被趕下臺。不久，一個傳說甚囂塵上：鄧力群要當總書記了（例如，一九八七年六月下旬，王震找王首道，談鄧力群當總書記好。見李銳：〈懷念同趙紫陽的交往〉）。雖然，也是因為鄧小平一句話，鄧力群最後也垮了台。但這些權力鬥爭並沒有改變王若水等人的命運。事實上，在一九八七年八月，王若水進而被以「資產階級自由化」的罪名勒令退黨，王拒絕後被予以除名。

五、解釋權威：

胡喬木講演人道主義和異化問題

一九八四年一月三日，胡喬木作了題為〈關於人道主義和異化問題〉的講演。

那天，胡喬木從醫院出來，帶著一個大口罩上臺。主持人蔣南翔（時任中央黨校常務副校長）說，喬木同志感冒了，他今天是抱病前來的。接著，胡喬木做了簡單的開場白，便由兩個播音員輪流代念全文。正如胡在開場白所說，這篇講話的起草是「歷時三月，四易其稿」。從一九八三年十月開始，胡喬木就在準備這篇重頭文章。按照中共的慣例，像他這樣高位的人寫這樣的大文章，是要組織一個班子來進行的。參與起草的八個單位為：中國社會科學院、北京大學、人民大學、中央黨校、《紅旗》雜誌、《光明日報》、中央編譯局、中央文獻辦公室。胡喬木指定社科院哲學研究所所長邢賁思作為主要執筆者（邢賁思本來是反對人道主義的，包括社會主義的人道主義。他過去一個著名的觀點是：人道主義是一種欺騙，社會主義人道主義則更是雙重的欺騙。當然現在他有所修正）。但起草工作進行得並不順利，胡喬木一次又一次對起草小組談他的提綱，一次又一次否定了草稿，以至後來不得不把主要執筆人換為龔育之，還多次召集專家討論，徵求意見，最後總算完成了。

胡喬木這篇〈關於人道主義和異化問題〉的長文三萬九千字，分為四個問題：一、究竟什麼是人類社會進步的動力？二、依靠什麼思想指導我們的社會主義社會繼續前進？三、為什麼要宣傳和實行社會主義的人道主義？四、能否用「異化」論的說法來解釋社會主義社會中的消極現象？前兩個問題那幾年中國大陸思想界並沒有多少爭論，胡喬木用這樣的方式來概括，不過是為了便於論證對方離開了馬克思主義的基本原則而已。的確，胡再講周揚講過的人道主義和異化問題，而且講演地點和十個月前周揚一樣仍選在中央黨校禮堂，是發出一種暗示：周揚那次講的不算，現在我胡喬木講的才是貨真價實的馬克思主義的正統觀點。

胡喬木的文章在中央黨校主辦的理論刊物《理論月刊》一九八四年一月號上發表。《紅旗》雜誌一月二十六日轉載。當天，中央人民廣播電臺廣播。次日，《人民日報》和全國各報轉載。人民出版社出版了單行本（除了漢文以外，還有朝鮮文、哈薩克文、維吾爾文、藏文、蒙文五種少數民族文字的版本），共兩千萬冊。加上報刊的轉載，共三千萬份。這個銷售量僅次於鄧小平的文集。但是，沒有官方的外國文字譯本。胡喬木似乎並不想讓他的觀點在海外引起討論。

正式發表的版本較之講話稿作了一些修補。例如加了一處「改革」的字樣。最明顯的一處是改變了對「馬克思主義的人道主義」的提法。原先是否定的，現在說如果把「馬克思主義的人道主義」理解為道德規範和倫理原則，那麼，使用這個術語原無不可；只是這個術語很容易引起誤解，不如「社會主義的人道主義」那麼恰當。

　　胡文發表前，在中宣部的會議上，鄧力群作了高度評價，賀敬之也大加捧場。他們還說要寫一批批判文章，要像當年寫「九評」那樣寫「十評」，解決文化思想界的問題。當年，從一九六三年九月到一九六四年七月，《人民日報》編輯部和《紅旗》雜誌編輯部聯名撰寫九篇評論蘇共路線的文章，不但在中國大陸而且在全世界進行了規模巨大的宣傳，儼然成了（當然是一廂情願）指導國際共產主義運動的綱領。現在他們顯然企想重溫舊夢，為胡文造勢。

　　一月二十六日，中宣部根據鄧小平的批示精神，發出關於學習和討論胡文的通知。〈通知〉說此文對於幾年來圍繞著人道主義和異化問題展開的爭論作了「科學的回答」，「對於推動理論工作者的健康發展，清除思想戰線上的精神污染有重要的意義，同時，也是在思想文化領域工作的幹部、知識份子和廣大青年學生學習歷史唯物主義的重要教材。」「各條戰線的各級領導幹部」也要學。

　　一月二十八日，胡文在《人民日報》發表的第二天，中共中央黨校開了一個慶祝座談會。此後，各種讚揚在全國各地各級各界包括各種報刊、電臺排山倒海，響徹雲霄。

　　胡喬木的講演被看作鄧小平在十二屆二中全會上關於「精神污染」的講話的最權威的解釋；他聽到了全國上下一片讚揚聲。這毫不奇怪。胡文發表之前不僅經過中共中央的批准，而且還得到鄧小平的讚賞（王若水說他後來驚訝地得知，鄧小平實際上並沒有看這篇長文章）。鄧作了如下的批示：

這篇文章寫得好。可在《人民日報》上發表或轉載。由教育部規定大專學生必讀。文藝、理論界可組織自由參加性質的座談，允許辯論，不打棍子。

按照鄧力群《自述》所說，這一切，包括鄧力群自己關於異化的觀點的變化，都是來自鄧小平的決定性的影響。書中說，一九八三年九月三十日，鄧力群他們把講話稿送給鄧小平時，鄧小平在談話中講了如下這些看法：

早已收到周揚同志為他文章辯護的信和附上的馬克思講異化的十八條論述。周揚同志送來的馬克思講異化的材料，他引的所有的話，都是講的資本主義社會，講勞動創造的成果反過來變成壓迫自己的力量。所有的話，都在這個範圍之內，都沒有超出這個範圍。

周揚同志講毛主席1964年贊成他講異化的文章，毛主席是不是吃了他的虧呵？那時候滿腦子蘇聯變質，聯繫說到我們自己也變質，提出走資派，資產階級就在黨內，打倒走資本主義道路的當權派。不只在中央打。各級領導都打。是不是異化思想導致的呵？

也怪，怎麼搬出這些東西來了。實際上是對馬克思主義、對社會主義、對共產主義沒信心。不是說終身為共產主義奮鬥嗎？共產主義被看成是個渺茫的東西，可望不可及的東西了。既然社會主義自身要異化，還到什麼共產主義呢？在第一階段就自己否定自己了。否定到哪裡去？社會主義異化到哪裡去？異化到資本主義？異化到封建主義？總不是說社會主義異化到共產主義嘛！當然，也說了社會主義自身有克服異化的力量。

這些觀點，說它「打著馬克思主義旗幟」，可能太重了。可以說它是「以馬克思主義的面目出現」。這不是馬克思主義。這是對社會主義沒有信心，對馬克思主義沒有信心。馬克思主義者要出來講話。

鄧力群《自述》說，鄧小平這篇話講得非常好，非常重要。這一篇話使他和胡喬木對這個問題的認識都大大地提高了。有了這篇談話，才能有他鄧力群在二中全會西南組批評王若水錯誤的長篇發言。而胡喬木也是因為看了鄧小平這次談話，他的〈關於人道主義和異化問題〉文章才可能寫得這樣好。王若水講，後來問題發展得這麼嚴重，是胡喬木送了材料。實際上，胡喬木沒有送材料，是周揚送了十八條語錄，才使鄧小平在異化問題上發表了這麼高明的意見。

內中真相如何，大可值得研究，鄧力群《自述》自然只是一面之詞。但不管怎樣，鄧小平在二屆二中全會的講話，例如其中這段話，在全黨全國是不容置疑的：

> 現在有些同志卻超出資本主義的範圍，甚至也不只是針對資本主義勞動異化的殘餘及其後果，而是說社會主義存在異化，經濟領域、政治領域、思想領域都存在異化，認為社會主義在自己的發展中，由於社會主體自身的活動，不斷產生異己的力量。他們還用克服這種所謂異化的觀點來解釋改革。這樣講，不但不可能幫助人們正確地認識和解決當前社會主義社會中出現的種種問題，也不可能幫助人們正確地認識和進行在社會主義社會中為技術進步、社會進步而需要不斷

進行的改革。這實際上只會引導人們去批評、懷疑和否定社會主義，使人們對社會主義、共產主義的前途失去信心，認為社會主義和資本主義一樣地沒有希望。

六、一場悲壯慘烈的抗爭：

王若水單槍匹馬反駁龐然大物胡喬木

胡喬木在〈關於人道主義和異化問題〉講演的結尾，周告天下，他「懇切地歡迎」不贊成他的基本觀點的人參加爭論。對此宣告，全中國學者都心知肚明，這不過是說說罷了。即使胡本人真有此心，也沒有誰膽敢挑戰黨的首席意識形態權威，而且此權威後面還站著一個最高領袖。

果然，完全意料之中，會後全國頓時萬馬齊喑，鴉雀無聲，幾年前百家爭鳴的局面不再出現。

只有一個幾乎被掩蓋的聲音，就是來自王若水。他勢單力薄，一時幾乎是煢煢孑立，形影相弔，但始終沒有停止表達他的觀點，一有機會就不時發出聲音——整個抗爭，可謂相當悲壯慘烈。

胡喬木講演那天，王若水去聽了。王最注意的就是胡講演的這個結尾。胡喬木批判的主要對像是周揚和王若水，而且首先是他王若水。周揚已經公開作了檢討，失去了反駁的資格，只有他能出來公開答辯，而且他確實想姑且試之，不想失去這個機會。當時，王的朋友、同事和熟人紛紛好意地

來阻擋，只有三個人支持：劉賓雁、王若水妻子馮媛和王的二妹。劉賓雁說得好：「這就好比在球場上，一個球落在你跟前了，旁邊沒有人，守球員是個龐然大物，你敢不敢踢？」

結果，胡喬木弄假成真了──自從中國共產黨執政以來，第一次發生一個下級黨員在報刊上公開反批評一個得到最高領袖稱讚的政治局委員的文章。

這篇題為〈我對人道主義問題的看法〉的反駁文章於二零零四年三月中旬寫出，王若水單槍匹馬一個人，用了半個月的時間。

王若水在文章中說：人道主義並不是一種對世界或歷史的解釋，本質上是一種價值觀念。價值觀念包括倫理道德，但範圍寬泛得多。我們需要對世界做出科學的解釋，也需要對世界做出適當的價值判斷，因此，我們需要唯物主義，也需要人道主義，兩者都是世界觀。胡喬木批評人道主義「不能對世界歷史做出科學的解釋」。王若水說，人道主義確實不能，因為這不是它的任務；它的任務是做出評價。王指出，當胡喬木說人道主義的含義的一個方面是世界觀和歷史觀時，他把價值觀念排除在世界觀之外了；而當胡喬木說人道主義的另一個方面的含義是倫理道德時，他又把價值觀念縮小了。難怪胡喬木認為歷史上的人道主義沒有多少可以繼承的東西，因為人道主義最核心最寶貴的東西是落在他的視野之外的。王若水說，在社會觀點上，馬克思主義同以往的人道主義（即使它們是唯心主義的）有批判繼承的關係。資產階級人道主義中，並不是除了倫理道德之外就沒有可以繼

承的東西；人的自由、人的解放、人的全面發展，這些都不
是倫理道德可以完全包括的，而它們都是人道主義思想中很
寶貴的東西，並為馬克思所繼承。

關於「人的價值」，王若水說，這是人道主義的核心
或基本原則，人道主義的道德規範是從這個基本原則引申出
來的。因此就絕不能像胡喬木那樣，一方面肯定「社會主義
的人道主義」，一方面又對「人的價值」的概念表示蔑視。
在胡喬木文章中，集中力量來批評那些主張社會主義的人道
主義的人，因為他們還要講人性、人情、人的幸福、人的自
由、人的尊嚴、人的權利、人的價值、人的解放，而這些統
統是為胡喬木所否定的。現在的主要問題，並不像胡喬木說
的那樣，人們對社會主義提出過高的、不切合實際的要求，
而是許多合理的、可以解決的有關群眾切身利益的問題被官
僚主義置之度外。

王繼續說，我們的社會存在著種種弊端，解決這個問題
需要進行倫理道德的教育，即思想工作；但單是這個不夠，
還要進行體制的改革。當前正在進行的這場改革，必定而且
正在引起價值觀念的變化；而適合現代化需要的價值觀念，
又必定而且正在促進改革的發展。提出人的價值和社會主義
人道主義問題，是有現實意義的，並不是什麼抽象的。把社
會主義人道主義簡單地歸結為某些倫理道德規範，是把它的
意義縮小了。歷史上的人道主義的一個主要錯誤正是在於把
社會問題歸結為道德問題。「其實，道德問題正要從社會條
件去找原因，問題在於改造社會。」

　　〈我對人道主義問題的看法〉這篇文章，只不過是王若水回應胡喬木而為自己作的一些辯護，看得出他並沒有太深入探討，例如全文不涉及異化問題——他知道鄧小平講了話這就成了絕對不能討論的禁區，而當下他主要考慮的是能否發表。

　　王若水這篇文章本意給《哲學研究》發表，但香港的《鏡報》雜誌突然在一九八四年六月號刊登了。王並沒向《鏡報》投稿，但他曾把稿子複印了幾十份向人徵求意見，很可能是其中的一份流傳到了香港。胡喬木馬上以此為理由，下令禁止王文發表；同時，嚴厲地責令人民日報社追查這個所謂「鏡報事件」。氣氛頓時緊張起來。王若水成了可疑的陰謀分子。胡喬木、鄧力群還不到此甘休。在他們的授意下，有關部門又加緊調查王若水和所謂「地下組織」的關係。

　　一九八五年初，政治氣氛有些鬆動。《三月風》雜誌向王若水約稿。王寫了一篇短文，題為〈關於「革命人道主義」〉。胡喬木在他的長文裏把毛的語錄「救死扶傷，實行革命的人道主義」加以擴大的解釋，王若水對此質疑。他問道，為什麼一定要把「救死扶傷」這些行為說成是「革命的」人道主義呢？這實際上還是把「人道主義」看成貶義詞，如果不加上「革命的」一類定語，就不能對它肯定。王若水說，其實，革命的人道主義應當是以革命為主要手段來實現人道目標的思想和行動。一個革命人道主義者當然要救死扶傷、幫助老弱病殘等等，但不會滿足和局限於這些行動。他的目標要大得多。他要消除不人道現象的社會根源，而要實現這一點，首先就要推翻給人民帶來深重苦難的反動

政權。王若水的這種說法不僅批評了胡喬木，也否定了毛澤東對「革命人道主義」的理解。王若水還表達了這樣的意思：多年的歷史證明，反人道主義的左的觀點的影響和危害，比資產階級人道主義大得多，因此應當是主要反左。

這篇文章不但刊登在《三月風》雜誌上，還在《工人日報》發表了（值班編輯用了一點小辦法），引起了相當的注意。第二天，總編輯一上班，就接到路透社記者的電話，問他發表王若水文章有什麼背景。類似電話而後還紛至遝來。

一九八六年，王若水寫了一篇更有深度的文章：〈關於馬克思主義的人的哲學〉，《文匯報》於此年年七月七日至十八日連載。這篇文章是王若水在一九八五年作的幾次演講的整理，系統地闡述了他對這個問題的理解。論者認為，這篇文章以及以前發表的〈人是馬克思主義的出發點〉，是王若水對闡述馬克思主義的精神的重要貢獻。馬克思主義之所以在中國遭到歪曲，就是因為沒有弄清馬克思主義的出發點。毛澤東等中共領導人把階級作為馬克思主義的出發點，因而大肆宣揚「以階級鬥爭為綱」、「階級鬥爭一抓就靈」之類。王若水自己也說，他認為馬克思的最好的東西在馬克思的哲學裏面，它仍有生命力，而他的〈關於馬克思主義的人的哲學〉是他在這方面的研究心得。

一九八六年，王若水還找到了一個機會，在三聯書店出版了一本近二十萬字的文集《為人道主義辯護》。

這部書的出版也有一個故事。王若水想把那篇〈我對人道主義問題的看法〉的答辯文章收進文集去。他從一九八五

年八月開始花了一個多月的時間把文章又改了一遍。這篇文章在一九八四年已經按照《哲學研究》的意見早就磨光了許多棱角，但仍有人覺得太尖銳了。有人更擔心那篇〈談談異化問題〉，想把它撤下，因為這是鄧小平批評過的。三聯書店將出版王若水文集的消息不知怎麼傳出去了，中宣部出版處打電話詢問，接電話的編輯不敢答復。後來商量了一下，告訴對方說有這件事，但「稿子還沒有齊」。對方要求看目錄。三聯書店總編輯范用想了一個辦法：把那篇答辯文章暫時撤下來，也不列入目錄。在全書的清樣已齊，臨近七月付印的最後時刻，范用從抽屜裏拿出了這篇稿子，交印刷廠火速排出，加在清樣中。結果，這本題為《為人道主義辯護》的新書出現在一九八六年的書市上，成了一本暢銷書，人們排著隊購買，初版三萬冊不久就銷完了。

七、被黨除名的王若水進一步就異化問題
反駁胡喬木

　　胡喬木、鄧力群對《為人道主義辯護》這本書保持緘默。也許，對他們來說，這是聰明辦法，因為反駁未必那麼容易，而且會使這本書的讀者大大增加。但是，他們找到了別的報復辦法。如前文提到，在一九八七年反對「資產階級自由化」的運動中，繼胡耀邦下臺和劉賓雁、方勵之、王若望被開除出黨之後，中央紀律檢查委員會在八月二十六日做

出決定，要《人民日報》黨組織勸告王若水退黨；如果他拒絕，就予以除名。中紀委所列出的王若水的幾條主要「罪過」是：

> 多次發表文章和講話，反對堅持四項基本原則，鼓吹資產階級自由化；
> 宣揚社會主義還有異化，說社會主義國家的主要危險是執政的共產黨異化為「與工人階級對立的異化勢力」；
> 宣揚「資產階級人道主義觀點」；
> 以及在《人民日報》任職期間，在報紙上發表了一些錯誤文章，包括發表周揚文章。

王若水向黨中央提出申訴，逐條批駁了中紀委的決定，但是沒有得到回答。王若水覺得他已對這個黨失望了——無情的現實把他青年時期的理想扯得粉碎。他有時夜晚從睡夢中醒來，痛苦地問自己：「難道這就是無數先烈為之流血犧牲，我也為之奮鬥的社會主義新中國？」這種心情曾反映在他於一九八五年寫的〈智慧的痛苦〉一文中。王若水於一九八九年在香港三聯書店出版（原是人民文學出版社約的稿，但他們後來拖延不出）的另一本文集，書名就叫《智慧的痛苦》。

一九八八年，不再是中共黨員的王若水，在批駁中紀委決定的同時，開始進一步就異化問題發表反駁文章：〈個人崇拜和思想異化〉發表於一九八八年第十期的《書林》雜誌；〈論人的本質和社會關係〉和〈社會主義沒有異化嗎？〉發表于他和朋友合辦的《新啟蒙》叢刊上（分別在第

二 輯，一九八八年；及第四輯，一九八九年）。王若水終於答覆了胡喬木對他的所有批判。

在〈個人崇拜和思想異化〉中，王若水反駁了胡喬木說的不能把個人崇拜「同宗教信仰相提並論」的說法。王說：毛澤東曾批評教條主義是把馬列主義當作「宗教教條」看待；鄧小平在八大的報告也把個人崇拜說成是「對於個人的神化」，人們沒有聽說過胡喬木對此表示過不同意見。那麼為甚麼不能把個人崇拜同宗教相提並論呢？為甚麼不能說個人崇拜和宗教一樣都是異化呢？胡喬木還把個人崇拜的原因歸結為毛澤東的不謹慎和脫離群眾，還有黨對社會主義時期階級鬥爭問題的認識不成熟。王說這也是很費解的。毛澤東變得不謹慎和脫離群眾了，那麼他在群眾中的威信理應降低，為甚麼反而產生了個人崇拜呢？至於黨對社會主義時期階級鬥爭問題的認識，在一九五六年八大時一度是比較正確的，後來才陷於錯誤。這不是毛澤東受全黨影響，而是全黨受毛澤東影響。全黨之所以接受了毛澤東的錯誤的階級鬥爭觀念，是因為對毛盲目崇拜。所以，個人崇拜是全黨在階級鬥爭問題上陷於錯誤的原因，而不是後者的結果。王若水指責胡喬木這恰恰是違反了歷史唯物主義。

胡喬木指責王若水他們「把社會主義同資本主義混為一談」，否認從資本主義到社會主義是一次根本性的「飛躍」。王若水在〈社會主義社會沒有異化嗎？〉一文中評論說：其實，中國社會主義制度固然是新的，但它必然帶有它所脫胎出來的半封建社會（還不是資本主義社會）的痕跡。社會主義社會有沒有異化的問題，必須靠對社會現實的分析

來解決。一個基本事實是：社會主義社會還要保留和發展商品經濟，因此就有商品拜物教，這就是一種異化。

胡喬木說，如果說異化是合乎規律的，又提出克服異化，這就是自相矛盾，因為規律是不可以克服的。對此，王若水以其人之道還治其人之身，問道：階級社會的產生和階級鬥爭是不是規律？如果是，共產主義者為甚麼要為消滅階級而鬥爭？理由很簡單，階級的產生和消滅都是合乎規律的，階級社會在一定歷史條件下產生，又在一定歷史條件下消亡。我們現在不能完全消滅異化，因為產生異化的條件還存在，但是這不意味著我們不能採取措施去減少異化現象。如「文革」，就是可以避免的。

按照胡喬木的邏輯，社會主義社會中存在著「普通的缺點和不合理現象」，但這些不是異化；只有「足以毀滅社會主義制度的『災變』」才是異化，但是這種災變並不存在。王若水駁斥說，且不說這種對異化的解釋的錯誤，人們可以問：「文革」是不是足以毀滅社會主義制度的「災變」？胡喬木必須否認「文革」有這樣大的危險性，否則就不能否認社會主義社會有異化。

胡喬木給王若水他們關於異化的觀點所下的政治結論是：它「具有模糊的但是又相當固定的反現實傾向，又具有可以到處亂套的抽象形式，可以把社會上的一切消極現象都歸罪於社會主義制度或社會主義社會的領導力量，把反對的目標集中於黨和政府的領導」。王若水說：這個話的實際含義就是「反黨反社會主義」，但這種帽子是嚇不倒人的。什

麼叫「反現實」？難道現實的都是合理的？難道像貧窮、愚昧、落後、犯罪、污染、官僚主義、以權謀私、貪污浪費、腐化墮落這樣的現實也反不得？難道中央高度集權的管理體制、大鍋飯、黨政不分等等這樣的現實也不能碰嗎？不要改革嗎？套用胡喬木的話說，「反現實」這個用語，正是具有模糊的但是又相當固定的保守傾向，又具有可以到處亂套的抽象形式，可以壓制對現實的一切批評和改革的嘗試。但是，如果不改革，那就不管怎樣空談社會主義的優越性，怎樣批判「社會主義異化論」，人民是不會信任共產黨的領導的，這樣社會主義事業真是沒有前途的。

在〈論人的本質與社會關係〉一文中，王若水探討了馬克思說的人的本質在其現實性上是「一切社會關係的總和」這個命題的含義。在批評王若水等人的文章中，這句話是引證得最多的，胡喬木的論證也是以這句話為基礎。王若水指出，馬克思的下一句話是批評費爾巴哈沒有「對這種現實的本質進行批判」。這是什麼意思呢？為甚麼要批判人的本質呢？馬克思的意思是，人的本質只有在社會關係中才能實現，這就是人的「現實的本質」。但社會關係也會異化，因而使得人的本質也產生異化，使人不成其為人。人的真正本質是自由自覺的活動（這是馬克思在《哲學手稿》中論證的），但人的現實的本質不一定符合這種真正的本質，所以馬克思認為要批判這種本質，並進而推翻一切壓迫人、侮辱人、蔑視人，使人不成其為人的社會關係，這就是革命。把人的本質說成是受一定社會關係決定的，從而認為完全可以

從後者出發來說明前者，這種觀點，實質上和十八世紀法國唯物主義者說的「人是環境的產物」沒有根本的不同，都是否認了人的主體性。人性不是歷史中的純被動因素。如果既定的社會關係完全決定了人的本質，那麼怎麼談得上改變社會關係呢？也許有人會回答說，這是因為生產關係束縛了生產力。但是，人就是最主要的生產力，束縛了生產力就是束縛了人。如果他們的本質已由生產關係所決定，他們又怎會感到這種束縛呢？

王若水本人自認，總的來說，他對這三篇文章要比對他最初寫的那篇長文要滿意一些，特別是〈論人的本質和社會關係〉一文比較多地從正面表達了他的觀點。

有意思的是，儘管在胡喬木的文章發表後，出現了幾百篇回應的文章，可是王若水的反批評文章出來後，卻沒有什麼人出來批駁或商榷。據說，胡喬木曾授意邢賁思寫文章駁王，邢婉言拒絕了。胡喬木又不願意自己出面發表文章，於是又一次施用他最聰明的辦法──保持緘默。顯然，他已意識到，他的反駁只會更加引起人們對王若水的文章的注意。但發表王若水文章的《書林》和《新啟蒙》也付出了代價──兩種刊物都被戴上「自由化」的罪名而先後被迫停刊了。

八、最後的歲月：
思想越來越獨立的王若水

二十世紀九十年代中旬，王若水把「清汙」運動的前後內幕，把他這場慘烈悲壯的抗爭的過程，寫成一部二十五

萬字的紀實文學。這部著作一九九五年五月脫稿，一九九六年一月修改，一九九七年九月由香港明鏡出版社出版（此書第一次修改稿曾有一個英文節譯本，書名為：THE ANTI-SPIRITUAL POLLUTION DRIVE—A FORMER PEOPLE'S DAILY EDITOR REMEMBERS──《反對精神污染運動：人民日報前編輯的回憶》，作為CHINESE STUDIES IN PHILOSOPHY──《中國哲學研究》一九九六年夏季號專輯出版）。王若水原來給這本書取的名字是：《人道主義在中國的命運── 一個當事人對「清汙」前後的回憶》，明鏡出版社出版時經王同意改成《胡耀邦下臺的背景》，雖然在內容方面相應作了一些補充，但準確地說，這不是關於胡耀邦下臺的全面的歷史而還是王若水個人的回憶錄。在書中，王若水以鐵的歷史事實，鐵的邏輯（當然是王所認可的馬克思主義的邏輯）說明了真相，而真相自然把某些人釘在恥辱柱上。

一九九七年五月七日，王若水在後記中還作了如下聲明：

> 這本書中的有些觀點是我當時的觀點，並不和我現在的觀點完全一樣；如當時我還認為堅持四項基本原則和改革開放是一致的，現在我已不這樣想了。

的確，如人們注意到，也為許多論者指出，作為一個馬克思主義理論家，王若水的思想越來越獨立，也越來越全面，越來越深刻，越來越切合實際。

有一個很有意思的例子──上世紀末幾年，王若水捲入一場在中國大陸之外的關於馬克思主義的論戰。

　　緣起一九九五年底，王若水寫出〈我的馬克思主義觀〉，發表於紐約的《北京之春》一九九六年一月號。「馬克思主義批判」是該期封面主題，同期刊載有鄭義的〈最後的圖騰——原教旨馬克思主義清算〉。其後，此刊同年九月號登載了高寒的〈馬克思主義辯——兼與王若水、鄭義先生商榷〉，很快，鄭義在同年十月號發表了〈原教旨馬克思主義再清算——答高寒〉，王若水也在此刊二零零零年二月號發表了〈回到馬克思，超越馬克思——答高寒先生〉。王若水寫〈我的馬克思主義觀〉的目的是「想初步用共產主義的實踐來檢驗馬克思主義的理論，又用馬克思主義的理論來批判共產主義的實踐」。人們習慣都說俄國革命和中國革命的勝利是馬克思主義的勝利，以此剛好相反，他認為那兩場革命都是違背了馬克思主義的結果。他覺得，共產主義理想實際是烏托邦，達不到的；馬克思的經濟學說基本上過時了；馬克思主義中最有價值的是它的哲學，但是這個哲學跟列寧所講的不一樣，不是所謂辯證唯物主義。王若水覺得最好把馬克思的哲學叫作「實踐的唯人主義」。他說：

> 實踐的唯人主義為我們提供了一種價值標準和方法論。這種思想也使我們在一個充滿權力異化和金錢異化的社會中，保持獨立的人格，不致失去自我，不致看不到人的價值。

　　他指出，正統的馬克思主義正在走向滅亡，這是歷史的進步，但馬克思主義中的精華——即實踐的唯人主義——仍會被許多人繼承和發展。

　　王若水在〈我的馬克思主義觀〉結尾處寫道：「（中國）官方認為我是馬克思主義的異端而加以批判；海外又有人因為我仍然講馬克思主義而覺得奇怪；這些我都不在乎。」這樣，他通過獨立思考，對馬克思的理論作了批判的分析，指出有一些確實是錯了，但同時也指出世人對馬克思主義有六個誤解。論者認為，該文是一篇極有見地的文章，無論是贊成或反對馬克思主義的人，都可以從中得到不少啟發。有些論者還認為，王若水似乎越來越轉向自由主義。

　　王若水〈回到馬克思，超越馬克思──答高寒先生〉一文也表達了一些閃亮的觀點。例如，王說，無產階級要解放自己，就要解放全人類，這就是「無產階級專政」的合法性的理論根據，但這樣一來，馬克思在否定了「救世主」之後，又確立了一個「救世階級」。列寧繼承這個思想，提出共產黨是「無產階級先鋒隊」（實際上是「救世黨」），這個先鋒隊又由幾個最有威信，最有能力的領袖來領導──這就是列寧關於「群眾、階級、政黨、領袖」的觀點。中蘇論戰中，中共就是用這一套理論來為個人崇拜辯護的。從救世階級到救世黨，從救世黨到新的救世主，繞了一個大圈子，又回到了原來的地方。

　　拙文開頭提到〈整風壓倒啟蒙：「五四精神」和「黨文化」的碰撞〉，這是王若水於二零零零年年底前完稿的，幾乎可謂是他的「絕筆」了。在此文中，王若水推翻了他的老領導周揚說過的一九四二年的延安整風運動是「三大思想解放運動」之一的定論，鞭辟入裏地論證了那是毛澤東為排除異己，在黨內確立個人絕對權威的一場運動，而且是全國

解放後歷次政治運動的祖本和樣板。它開創了依靠群眾運動來進行思想鬥爭和「肅反」的先例，從「反右派」、「大躍進」、「反右傾」一直到「文革」，所有這些運動都和延安整風一脈相承。文章的結尾說：

> 我們今天需要一個新的覺悟、新的啟蒙運動。這是因
> 五四運動的任務還沒有完成，而我們今天又需要啟
> 「黨文化」之蒙……

　　如論者所言，王若水這篇文章因其高屋建瓴的深刻分析，使之成為反思延安整風運動的經典之作。

　　在生命最後的幾年，王若水除了全身心地研究他認為馬克思主義中最有價值的東西外，便是要透徹研究毛澤東。他即使在一九九六年被發現患有肺癌並作了切除手術之後，還是力戰惡疾，加緊研究和寫作。直到他生命將盡之際——在二○○二年元旦上午，醫生邊給他治療，他還邊口授文稿，由他的夫人馮媛在電腦上記錄了二千六百字。那文稿思路清晰，語言乾淨，不需要什麼編輯。終於，在王若水去世後的同年，香港明報出版社出版了他的遺著《新發現的毛澤東》。馮媛在〈編後記〉中說：「王若水以一己之力，垂老之年，病弱之軀，儘量克服這些困難，先後完成和發表了若干論文，並使本書大致成型。」這部分上、下兩冊、厚達七百五十六頁的巨著，是極少見的研究毛澤東的嚴肅的科學著作，可惜王若水本人已經不可能看到他的心血凝聚的結晶了。

　　文革以後，中國人民痛定思痛，把毛澤東這位「偉大的領袖、偉大的導師、偉大的統帥、偉大的舵手」撢下神壇，

要求評毛。早在一九七九年理論工作務虛會上，王若水作了
〈文化大革命的重要教訓是必須反對個人迷信〉的發言，開
公開評毛之先河，得到了普遍的回應。但是很可惜，評毛的
進程被阻擋了。後來這些年，大陸有不少關於毛澤東的書，
其中大部份是毛身邊的人所寫的回憶錄。對這麼多的「僕
人」的回憶錄，王若水套用黑格爾在《歷史哲學》中關於
「僕人眼中無英雄」的諺語，說「僕人眼中也無奸雄」。他
一針見血地評論道：

> 毛澤東把千千萬萬的老百姓整得家破人亡，把無數知
> 識份子加以摧殘，把他的許多出生入死的戰友打倒，
> 對這一切，他什麼時候表示過絲毫的懺悔？那麼，他
> 在僕人面前表現出來的那一點人情味，又算什麼呢？

因此，王若水以他非凡的學養和歷練，第一次最為全面
最為深入地論述毛澤東和他的思想，並特別選擇毛的個人性
格和心理因素這個側面作深層次的剖析。論者認為，他呈獻
給讀者的研究成果，才真正是「新發現的毛澤東」。

九、公道自在人心：

新時期思想學術界留給歷史的「第一腳印」

二十世紀八、九十年代，雖然毛的陰影還在，雖然還
有人為毛招魂，但毛的時代畢竟過去了。在過去，像王若水
這樣受黨中央批判的人是不可接觸的賤民，幾乎一輩子都遭

人白眼。而現在，王若水發現，一旦政治氣候變得比較寬鬆的時候，他在許多地方還是受到歡迎。大學生請他去講演，學術團體邀他去開會，遼寧大學甚至授予他一個榮譽教授的頭銜。最讓王若水銘記在心的，在他的回憶文章中常常提到的，當然是那些不畏風險寫出的對他直接或間接支援的文章。

例如，一九八五年初，四川省的一份新辦的刊物《大時代》在創刊號刊出了馮川的〈馬克思理解的人性〉。文章的結論說，馬克思關於人性的思想，是人通過人的勞動自我創造自我實現的思想。這恰恰是一種歷史觀而不僅僅是一種倫理觀。毋寧說，馬克思對人性的理解與舊人道主義的根本分界線就在這裏。這家雜誌在第二期又登了高爾泰的一篇令人印象非常深刻的長文〈人道主義——當代爭論的備忘錄〉。高爾泰說，馬克思主義對抽象的人道主義和資產階級人道主義的批判，正是集中在這些學說僅僅把人道主義當作一種道德要求，並企圖通過倫理說教來實現它；把人道主義當作與一定的社會關係相適應的倫理道德規範來論述，不但不是什麼創見，而是倒退到馬克思主義以前的抽象人道主義的水平上去了。高爾泰還指出，生產力的解放和人的解放應該是一致的。只差沒有點名，高爾泰針鋒相對且非常雄辯地逐一批駁胡喬木關於人道主義的觀點，在理論上擊中了胡的要害。

一九八五年四月，西安出版的《文學家》雜誌第二期發表了原在人民大學學習的李貴仁的碩士學位論文〈人道主義——文學的靈魂〉。這篇寫於一九八二年的論文，作者公開聲明是獻給周揚、王若水、王元化等人。文中批評了邢賁思等人的觀點。作者在〈附記〉中說：「在我寫出本文一年多

以後，社會上出現了一股新的反人道主義思潮。……我始終堅信，歷史會對任何問題作出無情而公正的判決。」（由於李貴仁的文章，這一期雜誌後來被省委宣傳部下令收回。）

　　一九八五年七月，劉再複發表了〈文學研究應以人為思維中心〉（《文匯報》，一九八五年七月八日）；後來，他還發表了〈論文學的主體性〉的長篇論文（《文學評論》一九八五年年第六期、一九八六年第一期）。劉再複提出構築一個以人為思維中心的文學理論，呼籲作家賦予人物以主體性。他認為，文藝創作要把人放到歷史運動中的實踐主體的地位上，即把實踐的人看作是歷史運動的軸心，看作歷史的主人，而不是把人看作物，看作政治或經濟機器中的齒輪和螺絲釘，也不是把人看作階級鏈條中的任人揉捏的一環。也就是說，要把人看作目的，而不是手段。劉再複提倡人道主義，歌頌愛的力量。他說，每一個有作為的詩人和作家，都應該有自己追求的「上帝」，這個「上帝」就是愛，就是與全人間的悲歡苦樂相通的大愛。這種愛是超我的，超血緣的，超宗族的，超國界的。劉的論文產生了轟動效應，在文藝界影響很大。儘管王若水並非同意劉再複的全部觀點，而且覺得劉沒有使用異化的概念因而使得其理論在某種程度上和現實脫節，但他高度評價劉的這兩篇論文，看作「實際上是四十多年來向毛澤東的《在延安文藝座談會上的講話》的系統的挑戰」。（劉再複本人在當時不願意承認。還有一個很有意思的情況，劉的主體性論文同時受到胡喬木的高度讚賞。）

　　以上文章沒有談異化問題，看得出大多是不得不刻意避開，如高爾泰在〈備忘錄〉附記中所聲明那樣。這種情況

隨著時間的推移，慢慢改變了。一九八六年十二月十八日，《廣州日報》用一整版登載了有關人道主義和異化的文章。有一篇是黎克明（華南師範大學校長）的〈馬克思主義哲學要研究異化理論〉，其中提出了一些很有見地的觀點。黎克明認為：馬克思主義哲學應該是「以人的活動為中心的主體客體統一的哲學」。有人不承認異化概念是一個科學的概念，理由是：凡講人的本質的異化，必然包含了抽象的人性理論，並以這種理論來描寫人類社會的早期階段。針對這種觀點，黎克明提出：要瞭解人的本質，單是向後看是不夠的，還要向前看。馬克思主義哲學關於人的本質的異化的理論，需要一種理想模式作為邏輯前提，作為座標。在未來的社會裏，人的本質──創造性的自由活動──將充分實現。

　　一九八八年，上海社會科學院哲學研究所的孫月才發表〈人道主義、異化問題與百家爭鳴──重讀胡喬木《關於人道主義和異化問題》〉（《上海理論（內刊）》一九八八年第三期）。孫月才提出三個問題：一、作為世界觀和歷史觀的人道主義能不能批判繼承？二、社會主義社會是否存在著異化現象？三、是百家爭鳴，還是定於一尊？孫月才認為，應該從世界觀歷史觀的高度來肯定馬克思主義與人道主義的統一；而關於社會主義社會是否存在異化現象，這本來是一個可以研究的問題。孫月才提出公開討論胡喬木文章的要求，並點了胡喬木的名字，這是很有勇氣的。他的文章觀點鮮明，論證有力，可惜這篇文章只能在一個內部刊物上發表。至於他第三點批評「把學術問題政治化」，在王若水看來，就人道主義和異化這個具體問題來說，問題倒不在「把

學術問題政治化」，甚至也不在「太政治化」。在八十年代初的中國的具體條件下，提出這個問題，是有政治意義的。周揚和王若水都不諱言這一點。提出人道主義，是對「文革」進行痛苦的反思的結果，是對「階級鬥爭為綱」和「無產階級全面專政」的反彈。指出異化，是為了克服它（這裏不涉及能否徹底克服的問題）：克服政治的異化，要靠民主；克服經濟的異化，要靠改革；克服思想的異化，要靠思想解放。這些意思，都是在他們的文章中說得很明白的。

王若水一直記得孫月才這篇他認為的「好文章」。他去世前半年交給他朋友兩個「附錄」，其中之一題為〈有關孫月才文章的反映〉。「附錄」上有一行鉛筆字，是王若水的筆跡：「這是準備將來三版時增加的兩個附錄」（指他的《胡耀邦下臺的背景——人道主義在中國的命運》一書）。

一九八八年十二月，召開紀念十一屆三中全會十周年的理論討論會。王若水拒絕參加（因為把他當作另類代表）。蘇紹智參加了，他利用這個機會為因「清汙」和「反自由化」而受到不公正待遇的學者辯護，做了一個慷慨激昂的發言。他說：「王若水提出人道主義和異化根本沒有錯誤，現在全世界進步人士都把人道主義看做社會主義的根本特徵之一；而異化，在中國、在現實社會主義國家無處不在。」

一九八九年二月，高爾泰還了一個心願——發表了長篇學術論文〈論異化概念〉（《新啟蒙》第三輯，一九八九年），再次探討他在一九八五年寫〈人道主義——當代爭論的備忘錄〉時未能探討的異化問題。王若水讚賞說，高爾泰這

篇論文是他看到的國內對這個問題的最深入詳盡的闡釋，顯示了作者的功力。

王若水的一些較有地位的老相識後來也公開發表支持文章了。秦川在香港《鏡報月刊》一九九六年十二月號上，於光遠在一九九七年的《廣州文藝》上，都分別敘述了這件發生在二十世紀八十年代的事件並表明了他們支持周揚、王若水的態度。

因「六四」下臺的中共中央原總書記趙紫陽也看到並贊成王若水的文章。李銳曾回憶說，一九九五年王若水寫出〈我的馬克思主義觀〉長文時，給他寄了一份。他立即複印托人帶給趙紫陽。趙很喜歡讀書，有善於思考的習慣。他讀後很贊成王若水的觀點。（李銳，〈懷念同趙紫陽的交往〉）

歷史似乎可以劃下——或者不如說，已經劃下—— 一個句號了。具有典型意義的是常念斯的一篇回憶文章：〈老淚縱橫話喬木〉，發表在一九九五年第十二期《讀書》雜誌上。作者在盛讚胡喬木之餘（胡已於一九九二年九月二十八日年去世），特地表示：

> 近十五年裏，喬木與周揚、王若水的對立，我看恐怕喬木是錯的。喬木反對提「社會主義社會中同樣有異化」，反對提「馬克思主義人道主義」，在理論上，恐也未必對。

常念斯當然不會說出胡喬木「雖然沒有掌握真理，可是掌握了權力」這樣的話，不會說出胡把理論論爭變成政治迫害，無時無刻不在搜索意識形態方面的敵對份子，隨時準備抽出他那自詡「鋒利」的「寶劍」，但他如上文中講出兩個

「恐怕」——從胡喬木讚賞者口中講出，其意義「恐怕」不小。

夏中義以新時期思想學術界留給歷史的「第一腳印」來形容當時周揚、王若水、王元化三人聯手發起的「人道主義和異化問題」的討論（見〈學術-思想二十年——夏中義、王家范、童世駿訪談〉，《社會科學報》原發，《學術批評網》二零零二年五月三十一日轉發）。夏中義指出，就本土語境而言，這顯然不是一般意義上的人文學術討論，於是也就不難理解，為什麼人道主義問題一提出，會引起震動，為什麼討論還還沒展開就被窒息在搖籃中，甚至其作者還承受那麼大的代價。當一個社會連人都不便談，那麼人的現實境遇將會變得怎樣？只能是……人被「異化」。所以一九七八年以後提「異化問題」，其本意就是討論在社會主義條件下「人的異化」現象。人被異化意味著什麼呢？意味著人失去了青年馬克思在《巴黎手稿》裏說的兩點：一是自由，二是自覺。就是說人不再是一個價值上充分覺醒行為上能駕馭自己的獨立主體，用當時的主流詞語講他是「螺絲釘」。

十、歷史的玩笑：王若水等人天才的預見與異化現象嚴重的今天中國

歷史不時開一些令人仰天長歎的玩笑。

二十年以後的今天，中國大陸大批大批的學者或非學者，甚至政府官員，包括當初批判人道主義、反對社會主義有異化的人，都在把「人」的問題作為一個中心問題進行研

究，都在談異化，都在談人的發展、人的價值……等等。事實上，「異化」這個高度專業性的哲學術語，今天已經進入尋常社會生活之中。打開任何報章雜誌或電視電臺，都可以看到或聽到這些說法：權力異化與腐敗現象；女性意識的異化；藝術的異化；中國足球已經異化了；知識時代作弊是知識的普遍的異化；招生指標異化為斂財的工具；愛情被金錢異化了；「富人」政治權利的異化；公權異化；公務員身份被異化；手機的異化；貴族化月餅異化成禮品、政治生態環境的異化、發展的異化、道德異化、權力尋租行為的公然異化……諸如此類，五花八門，多不勝數。

　　其中很有一些嚴肅的討論。例如，從政觀的「異化」被總結出五個方面：一是「極端個人化」，某些人從政是私欲膨脹，一味地為自己謀權奪位，把人民賦予的權力私有化、壟斷化，作為個人謀取私利的工具；二是「市場交易化」，某些人視從政為投資，以職權為資本，大搞「權權交易」、「權錢交易」、「權色交易」，極力為個人謀求非法利益；三是「特殊化」，某些人儼然以「官老爺」自居，高高在上，處處炫耀，盲目追求各種特權，獵取各種便利，「只許州官放火，不許百姓點燈」；四是「庸俗化」，有些人一心只想當「太平官」、做「和事佬」，曲意迎合，一團和氣，四平八穩，以犧牲原則來調和關係，隨波逐流，固步自封，不思進取；五是「虛榮化」，「不求有為，但求有位」，以外在的職位粉飾自己的形象，擺架子、講排場、耍威風，沐猴而冠，招搖過市，飛揚跋扈，得意洋洋，咄咄逼人，實則內心空虛而貪戀祿位。

　　一般共識是，公共權力過濫和異化，是當今中國社會最大的毒瘤，而且其毒素已經滲透到整個社會肌體的基層細胞和神經末梢了。眾多中箭落馬的黨委書記副書記們，之所以能財源廣進，就在其擁有無上的權力。這一柄任命的尚方寶劍，足可以在當地橫掃一切。而更為隱蔽的公共權力異化現象，是眾多的權力部門以立法的形式規範、穩固本部門的特權，又沒有有效的制約形式和機制。以國家機器作後盾的權力異化和氾濫，後果是令人震悚的。

　　貧富懸殊，兩極分化，是今天中國令人觸目驚心的社會現象。論者指出，由於公共權力異化的行政壟斷，而由行政壟斷造成的行業壟斷使公有制的全民產權異化成壟斷既得利益集團的私有產權，基層公民大眾的全民生產資料所有權及農民的土地所有權被壟斷既得利益集團剝奪了，這就是兩極分化的根本原因。事實表明，在眾多公權氾濫和異化的現象中，公共權力與壟斷經濟的狼狽為奸，後患無窮，弊端極大。但是，在中國這個政經合一的國家，這個現象太普遍了，也正因為普遍，人們已熟視無睹。

　　論者指出，像「權力私有化」、「權力商品化」、「權力特殊化」、「權力家長化」，這些並不是單個出現的，而是你中有我、我中有你，相互促進、相互影響。公共權力的氾濫，是公共權力失控的前提，也是公共權力異化的基礎。大量的公共權力異化得不到有效扼制，將使整個社會呈現畸形發展。因此，有人提出，要根治腐敗，就必須認真研究中國特色社會主義條件下的公共權力的異化，尤其是要解決「一把手」的權力異化。

　　中國當前出現道德信仰危機，有一個名詞形容：「道德滑坡」，或更為甚之，「零度道德」。以下現像是人所公認的：社會許多領域許多地方道德失範；是非、善惡、美醜界限混淆；拜金主義、享樂主義、極端個人主義滋長；見利忘義、損公肥私行為經常發生；不講信用、欺騙欺詐成為公害；以權謀私、腐化墮落現象嚴重存在……令人極之憂心的是，這些現象竟然隨著共產黨「突出經濟」的宗旨的確立、隨著經濟的發展而變得嚴重。論者指出，這些問題如果得不到及時有效的解決，必然損害正常的經濟和社會秩序，損害改革發展穩定的大局，影響社會主義社會的和諧發展。首先，道德信仰危機損害了社會公平和正義。道德所調節的是倫理關係，倫理關係實質是人們之間的利益關係。因此，中國當代馬克思主義應該提出解決「道德異化」問題，用以重建中國現代人的生命觀、道德觀、底線觀、審美觀、人格觀，等等。

　　今天的中國，人們大談特談「發展的異化」問題，進而提出「可持續發展」的「科學發展觀」──這是吃了苦果痛感前非不得不認真思考的重大課題。一九九二年初，鄧小平南巡時，鮮明地提出了「發展才是硬道理」的著名論斷。鄧小平的決策讓中國經濟一直高速發展，其歷史功績是不容抹煞的。但是，單方面追求經濟高速發展就成了中國式的「指標崇拜」，發展就開始了異化。今日中國，伴隨高增長，是更多的「不可承受之高」：高通脹、高失業、高負債、高腐敗、高消耗、高污染、高分化、高風險，高動盪。各地政府大搞形象工程、政績工程、「短、平、快」工程，於是，相

應出現腐敗工程、「豆腐渣工程」、重疊工程。根據權威資料，在環境污染問題上，中國是世界上最嚴重的國家之一。全球十大環境污染最嚴重的城市中，中國占了八個；中國城市河段百分之七十受到污染；三分之二城市居民生活在噪音超標的環境中；很多過去從不缺水的城市普遍缺水，不得不開始使用無法恢復的、且只能供八至十年使用的深層岩水；中國的國土荒漠化以每年二千六百多平方公里的速度自西向東推進……中國人過去二、三十年的發展就是這樣以大量能源的消耗、以環境的惡化為代價的。人們根本沒有考慮環境成本，沒有想到犧牲了環境成本換取的經濟發展，透支了中國的環境成本。

　　……如此等等，難以一一敘述。

　　現在，對照今天中國社會嚴重的異化現象，人們實在不能不驚歎：當年王若水、周揚他們提出「社會主義異化論」，真是具有天才的預見性！他們把馬克思批判資本主義社會而提出的「異化」概念擴展為：各種異化現象，都是束縛人、奴役人、貶低人的價值的。馬克思和恩格斯理想中的人類解放，不僅是從剝削制度（剝削是異化的重要形式，但不是唯一形式）下解放，而且是從一切異化形式的束縛下的解放，即全面的解放。從這種理解出發，他們認為：社會主義仍然存在「異化」現象，存在著「經濟領域的異化」、「政治領域的異化」或者「權力的異化」，以至於「思想領域的異化」。早在一九八零年（幾乎三十年前！），王若水就一針見血地指出：社會主義國家的主要危險，並不是什麼「修正主義」，而是黨的異化！他們將人道主義納入馬克思

主義或者把馬克思主義人本主義化的努力，像他們義無反顧地公開宣稱那樣，始終有明確的現實針對性。他們在改革開放方始之時，把人道主義和異化問題一併提出來，目的就是要從理論上為改革開放鳴鑼開道，為改革開放提供價值論指導——把人道主義的價值目標補充到社會主義的本質規定中去，把價值、功能和結構三重規定一體化，從而希望使傳統的社會主義事業起死回生，值得嚮往。這是多麼了不起的真知灼見！這是多麼巨大的功績！又是多麼大義凜然！只可惜，他們迎來的，卻是一場政治迫害。這不單是他們個人的悲劇；這是中國悲劇。真是令人痛心疾首，仰天長歎！

異化現象如此嚴重的今天的中國，號稱是信奉馬克思主義的社會主義國家；因此，又回到當年王若水他們苦苦思考的問題：什麼是馬克思主義？什麼是社會主義？

可能令王若水他們安慰的是，他們的思考，後繼有人，雖然思考的深度、廣度、側重點、出發點、影響力，以及所處地位，各不相同。

老子云：「上善若水。」王若水就是這樣上善之人，在各個方面都足以為中國知識份子的楷模。世界上最柔弱的東西莫過於水，然而，滴水穿石。正是若水精神，鼓舞著許多志士仁人，各盡綿薄。

＊本文成稿於2007年12月，修改於2008年1月初，為紀念王若水先生辭世六周年而作。寫作時參考和引用王若水各個時期的著作以及各家對王的評論，力圖符合歷史真實，如有誤差，當由筆者負責，敬請讀者方家批評指正。

但願這是二十一世紀中國的
最後一課

──讀楊恒均的〈最後一課〉所想到的

最後一課：
罹難學生手上還緊握著一支筆

這是搜救人員找到的孩子
們的書包。它們整齊排
放，等待家長認領。五顏
六色的小書包，仿佛一個
個鮮活的幼小生命，立於
人們眼前⋯⋯

沉痛悼念罹難的孩子們

孩子，閉上眼睛，好好走吧。眼淚已
經流光，心已經碎，什麼樣的話語也
無法讓你撐開你那往日快樂而又頑皮
的眼神⋯⋯

孩子，那一刻，你們躲在一起，還來
不及想什麼。你們可知道爸爸媽媽
在尋找你們嗎？昨夜，你們還是爸爸
媽媽的掌上明珠，心肝寶貝⋯⋯今
天⋯⋯或許，你們的爸爸媽媽也已經
沒有能力來救你們了。今夜，將開始
永遠的長夜，寂寞的⋯⋯

但願這是二十一世紀中國的
最後一課
——讀楊恒均的〈最後一課〉所想到的

　　少時讀都德的〈最後一課〉，至今不忘。據說這篇小說隱藏著一個尷尬的事實。不過，到了今天，不要說普法戰爭，就是第二次世界大戰那一頁，也早已翻過去了，法德也成了友好鄰邦；而小弗郎士經過時間的沉澱卻形成了一個長存的形象——他怎樣上最後一課，曾經感動了並還在感動著千千萬萬幼小的心靈。這是愛國主義的啟蒙教材，不僅在法國，也在其他許多國家，不僅西方，也有東方，包括中國。今天讀楊恒均的〈最後一課〉，我馬上想到，它不但是汶川「五一二」大地震中悲慘一幕的一種樸實的文學昇華，不但是教師的崇高的人性光輝的至誠至敬的禮贊，它更是一份深刻的愛國主義的教材。什麼比關愛祖國花朵的美麗而又脆弱的生命，讓每一個兒童每一個未來國家棟樑茁壯成長而非無辜夭折，更重要更是愛國的百年大計呢？！

　　只是這份教材的代價太大了。它太令人悲傷欲絕，痛心疾首！

　　這些天來，只要一閉上眼睛，不，就是開著眼，我也能清楚看到萬里之遙的祖國，看到半年多前到過的或未曾到

過的、現在經受巨大災難的地方。我能痛切感受到，那天下午，2時28分，突然地動山搖，山崩地裂，巨響之中，黑煙升騰，樓房倒塌，三十多秒之後，十多萬平方公里的範圍，出現一片一片的廢墟，近十萬生命頓時消失，幾十萬人受傷，幾百萬人痛失家園！

也許因為自己已經開始接近風燭殘年那種輩分，這次地震最讓我撕心裂肺的就是那些被生生埋在廢墟下的孩子們！這麼慘烈的生命悲劇！完全慘絕人寰！

這是一堆堆孩子的屍體，在殘垣瓦礫下。孩子，那一刻，你們恐慌地躲在一起，還來不及想什麼。你們可知道爸爸媽媽在尋找你們嗎？昨夜，你們還是爸爸媽媽的掌上明珠，心肝寶貝⋯⋯今天⋯⋯或許，你們的爸爸媽媽也已經沒有能力來救你們了。今夜，將開始永遠的長夜，寂寞的⋯⋯

這是一個女生的屍體。僵硬腫脹的手中還緊緊握著一支筆。父親說，他們窮，但女兒很懂事，學習異常刻苦。地震時女兒正在讀書，她臨死時手也不離筆。

在一具具屍體中間，一對父母無言地輕輕撫摸兒子的臉頰：孩子，閉上眼睛，好好走吧。眼淚已經流光，心已經破碎，什麼樣的話語也無法讓你撐開你那往日快樂而又頑皮的眼神⋯⋯

這是搜救人員找到的孩子們的書包。一排又一排，它們整齊排放，等待家長認領。五顏六色的小書包，仿佛一個個鮮活的幼小生命，立在人們眼前⋯⋯

我還看到大難瞬間，人性閃光！

已經有很多報導。如那位老師，跪仆在廢墟上，雙臂緊緊摟著兩個孩子，像一隻展翅欲飛的雄鷹。兩個孩子還活著，而「雄鷹」已經氣絕！由於緊抱孩子的手臂已經僵硬，救援人員只得含淚將之鋸掉才能把孩子救出。

那位年輕的媽媽，已經停止了呼吸，雙手還懷抱著一個嬰兒蜷縮在廢墟中。她低著頭，懷裏的女嬰依然愜意地含著母親的乳頭，吮吸著。

那個三歲的小女孩宋欣宜何以能夠在廢墟裏獨撐四十多個小時？原來已經死去的年輕父母臉對臉、胳膊搭著胳膊，用自己的身體搭成一個拱形，在地震發生的一瞬雙雙擋住倒塌下來的沉重牆體，用血肉之軀為自己的孩子構築了一道「生命的圍牆」。

那位民警本來已在四根橫七豎八的水泥預製板縫隙處，分辨出兒子的聲音，但他要求倖存人員從容易處挖起，先救週邊的。至當日中午，兒子聲息漸無，他卻已經成功救出了三十多個鮮活的生命。

地震時，孩子們都在睡午覺，那位幼稚園老師一手一個抱出了兩個孩子，而她自己的孩子還在屋子裏！

那位老師用身體靠住教室的門，讓學生趕緊逃跑，結果自己被兩根巨大的水泥橫樑壓倒。遺體臉上神色坦然，右手還指著教室門外的逃生方向。他是離門最近的人，又是一個動作敏捷的籃球愛好者，卻沒邁出一步。那條線是生死線啊！

透過那一堆廢墟的間隙，可以看這位媽媽死亡的姿勢：雙膝跪著，整個上身向前匍匐著，雙手扶著地支撐著身體，

有些像古人行跪拜禮，只是身體被壓得變形了，看上去有些詭異。在她的身體下面躺著她的孩子，竟然毫髮未傷，抱出來的時候，還安靜地睡著。

在地震發生的一瞬間，一位教導主任雙臂張開趴在課桌上，身下死死地護著四個學生。學生們都獲救了，他卻不幸遇難。還有一個女老師，救下十三個學生後，自己卻被埋在垮塌下來的廢墟裏……

有數不清的這樣的光輝事蹟。許多老師，許多父母親，用自己的身軀護住稚嫩的孩子，以自己的血肉之軀擔當不可承擔之重，以自己的生命向死神換取孩子的生命。現在，楊恆均筆下的李老師，也是其中一位。她倒不是如何英勇，如何搶救學生，而是在黑暗吞噬了一切的廢墟下面，為尚未死去的四名學生上最後一課。學生在最後一課中一一死去，她最後也閉上了眼睛。

大地第一次震顫的時候，這些七、八歲的孩子還沒有意識到發生了什麼。李老師就站在離門最近的講臺上。她第一個沖到門前，打開門後，盡量用冷靜的聲音喊「快跑」，自己卻朝相反的方向跑進去。她必須沖向離門最遠的最後一排，她一定要親眼看到每一個孩子都安全撤離，特別是後排的那個外號二狗的王小二，實在是頑皮得很。不幸的是，除跑出六個外，她和三十六個學生都被壓在廢墟下面。

不知過了多久，她緩緩地睜開眼睛，看到的是一片無邊無際的黑暗。她想動一下，卻突然發現自己完全感覺不到下半身。她伸出右手去摸索。當她摸到一塊石頭的時候，她

的心抽動了一下，她知道，她不可能活著出去了——她的身體被一堵牆從腰際切斷了，她二十二歲的身體。她知道自己之所以還有一口氣，就因為那堵切斷自己的牆頂住了自己的血管，等到一鬆開，她就會立即死去。但她身邊還有四個學生活著。他們柔弱無助，在喊餓，喊痛，喊怕，在生死之間……她知道，把他們壓在下面的是五層樓的瓦礫，外邊的人要想救出他們，也許需要很長很長的時間。自己肯定是堅持不到了。可是，這些孩子應該還有能夠重見天日的。自己能夠做點什麼呢？她必須要轉移這些孩子的注意力，否則他們就算不流血而死、不餓死渴死，也會被黑暗吞噬，會被恐懼嚇死的。「你們都別吵了，聽老師講。」她突然使勁喊了一聲。孩子們聽到她的聲音，一下子安靜了下來。

「我們現在開始上課！」她突然說出這一句話，連她自己也怔了一下……

許多細節，讓人無法止住淚水。而下面這個細節，除了淚水之外，讓人想得更多。李老師在生命最後一息時想到，她工作三年來積攢了四千五百塊錢的存款，便交代學生被救出來後，要記住告訴叔叔，讓他們一定要取出來：

> 你們幫老師把這些錢捐給學校，給你們建新教學樓……
> 那麼多錢呀，大軍興奮地喊起來。老師，那樣的話，我們的教學樓就可以蓋得震不倒了，就像人民廣場上那座新建的大樓，又好看，又牢固！
> 小婷也興奮地說，那就好了，我們就可以在裏面上課，

地震的時候也不怕，躲在裏面，你可以給我們上課。

李老師知道大軍是指哪一座大樓。那天，還有慶祝喬遷辦公的儀式，放了許多炮仗，碎紅滿地，廣場停滿大小汽車，她和街上的人遠遠地看著……是的，她重複著孩子話。像那座大樓，什麼也不怕，你們記住了，老師託付你們的事，記住了嗎？……

我們也知道大軍是指哪一座大樓。悲憤地知道！

根據網上所傳的統計，這次地震中，單四川省內有一萬三千四百五十一所學校毀損，六千多名師生死亡，此外還有一千二百多人失蹤，八千八百多人受傷。數字可能不完全還會增加，但已經是太可怕太難以接受了！中國大陸兩家大媒體的可敬的記者在報導時，沉痛地說，在許多村鎮裏，學校房子倒塌壓死了那麼多孩子，意味著這裏喪失了差不多整整的一代人！任人們流多少淚，也沖洗不走喪失了孩子——許多是獨生子女——的父母們的傷痛！

令人更為萬分悲憤的是，從許多照片上可以看到，倒塌教學樓發生的是脆性破壞，是粉碎性倒塌；有些房子的牆壁仿佛是直接放在地面上的，看不出有地基結構；所謂水泥，有些用手一捏就化為粉末；本來應該用鋼筋的水泥柱子，內中只是敷衍地擺放些細柔鐵絲。這是《南方週末》記者根據現場所見的報導：「在（北川）老城的廢墟上，水泥是疏鬆的，在一個地方，我們可以像掰餅乾一樣把水泥預製板掰出任意形狀。鋼筋也是如此。有的水泥板中只有三根細小的鋼筋，只需稍微用力就可以折斷。」（李海鵬、陳江〈災後北川殘酷一面〉，《南方週末》，2008年5月22日）

　　父母們悲痛地責問：看看這就是給我們孩子修的學校！為什麼國家從2006年開始就強令要對學校建築每年進行兩次安全檢測，這樣的建築卻能夠通過檢測？？？

　　但另一方面，北川縣委大樓卻是「鋼筋又多，水泥標號又高，砸不開。」（同上）其他許多災區許多政府大樓也依然聳立。它們不倒當然很好。人們只是不解：在同一個市鎮，都應該按照規定經過設計、建築、監理的程式；都應該使用統一規格的水泥、鋼筋和磚塊，為什麼大多教學樓偏偏就塌成了如此令人心碎的廢墟？！

　　顯然，大批「豆腐渣」工程，一到關鍵時刻，就變成了殺人惡魔。而這裏面，肯定有瀆職，有腐敗。

　　人們問：能回答這些問題的人們，你們現在能安然入睡嗎？

　　但是，有些人，似乎就能安然入睡。到目前為止，人們尚未看到任何一個部門出來反思和道歉，更別提承擔責任了。一些權高位重的「專家」還出來做些看似很有道理但是荒唐透頂的「技術解釋」。最典型的是四川省教育廳將倒塌原因歸納為以下幾點（根據《南方日報》記者謝苗楓、胡亞柱5月28日報導）：

> 　　一、這次地震首先是超過了預計強度，學校校舍抗震難以抵禦如此強烈的地震。二、災情發生在上課期間，集體傷亡人數比較多。三、學生上課時集中在教室，樓面負荷大，疏散時又集中在樓梯間，這些走廊、樓梯相對來說是建築比較薄弱的，所以造成了一定的損害。四、根據四川省教育行政部門提交的材料，四川省倒塌的相當多的校舍建築時間比較長，校舍陳舊落後，這也是導致部分校舍垮塌的重要原因。

　　五、學校的建築在抗震方面本身就存在著設計方面的
先天性缺陷。

　　這五點不值一駁，如書劍子在他的〈一個土木工程師
駁四川省教育廳對校舍倒塌原因的解釋〉一文所說。（《多
維新聞網》，2008年5月29日）問題是，為什麼要回避要害
呢？為什麼對傷天害理卻又清清楚楚的事實視而不見死不承
認呢？為什麼不比較一下：中科院捐助的北川希望小學與北
川中學僅一牆之隔，在震中卻有天壤之別！香港慈善團體
「苗圃行動」在四川建造的六十一所希望小學包括建于阿壩
州震中附近的六所也全都沒有倒塌。被網友稱之為「史上最
牛希望小學」的「劉漢希望小學」以及同一位地產商在綿陽
所建的其他四所希望小學在大地震均巍然屹立！師生未損毫
髮!這些希望小學屹立不倒的事實，對照出四川省教育廳這
種「歸納」非常蒼白，非常可疑！難怪網友紛紛質疑抗議，
指出「歸納」的諸多言辭確有搪塞之嫌，蒙蔽視聽，開脫責
任，是此地無銀三百兩。難怪在5月28日四川省政府舉行的
新聞發佈會上，一位記者情緒激動，高聲質問官員：能否用
良心蓋一棟好樓？不讓孩子再流淚！難怪四川省教育廳副巡
視員林強先生要從內部反出來。他指出，天災並不必然導致
悲劇，把悲劇推諉於天災，在道德上是一種偷懶的做法：

　　面對那麼多孩子的亡靈，面對那麼多破碎的家庭，如果
　　生命的價值還不能戰勝官場潛規則，我們還要官官相
　　護，還要你好我好大家好，那我們就太沒有良心，就太

無恥了。（陳敏、吳冰清、沈亮，〈真相比榮譽更珍貴
——林強訪談錄〉，《南方週末》，2008年5月29日）

今天四川，「白髮人送黑髮人」的悲慟彌漫大地，「嚴
懲豆腐渣工程黑手」的呼聲不斷，任何推卸責任逃避罪責的
托詞，不管如何強詞奪理，不過欲蓋彌彰。其實，「豆腐
渣」工程不但遍及四川，而且遍及整個中國大陸，而學校可
能是其中最大的受害者。汶川地震震出一個世紀大悲劇：殺
死孩子的除了天災還有人禍，還有那些貪官汙吏。他們是製
造大規模死亡的罪人！

可以預想得到，在強大的民間輿論壓力下，事後怎麼也
得拿出一批涉案者給以嚴懲。不過，正如許多人指出，即使
這樣，還是不能徹底改變中國學校這一關乎無數孩子生命的
公益性建築在各種災害中不堪一擊的痼疾。解決這一問題，
還將是一個複雜的牽涉面很大的系統工程。

筆者不禁想到1995年1月17日日本關西大阪、神戶地區
發生的地震。這是「直下型」強烈地震（日本的特有說法，
專指震源在大都市下方的地震），芮氏7.2級。擁有近兩百萬
人口的神戶市在二十秒中遭受滅頂之災，無數幢房屋倒塌，
火災四起，死亡人數達五千三百多人。而能夠經受劇烈震動
屹立不倒的是什麼建築？是——學校。沒有人死在學校；地
震後許多臨時避難所設在學校；天皇接見罹難者家屬也是在
學校，因為這裏不但安全甚至還保持整潔的原狀。日本學
校建得特別堅固，原因很簡單——這裏是少年兒童集中的地
方，需要特別保護！

可能不應該和日本這樣發達的國家相比較。但是，毋庸諱言，中國的財政性教育經費占GDP的比重長期低於世界平均水平，甚至比其他一些發展中國家還要低。2003年9月9日至21日，聯合國專員托馬舍夫斯基考察了中國的教育狀況。結果發現，中國的教育經費只占GDP的2%。而政府預算只占教育總經費的53%，剩下的47%則要求由家長或其他來源填補。按照2004年12月31日官方公佈的數字，2003年中國財政性教育經費占GDP的比例為3.28%。按照聯合國開發署的《世界人類報告》的資料，1975年中國的人類發展指數比巴基斯坦和孟加拉現在的指數還高。1992年，當中國的人均收入在全世界排123位的時候，中國的人類發展指標排在111位，兩者相差12位。2000年，中國的這兩項排名雙雙列在96位。2001年，中國的人均GDP排102位，而人類發展指標排在104位。這說明了什麼問題？引用這個資料的王紹光博士說，這就是現在雖然收入增加了，但中國的發展模式反而跟一般的發展中國家沒有什麼區別了，反而不利於改善絕大多數人的福利（見王紹光，〈如何破解中國教育投入不足的難題〉，《南方都市報》，2005年3月3日）。

根據專家計算，一般情況下，抗震標準每增加一度，成本普遍增加百分之五至百分之十。但是，與生命相比，這種成本的提高當然是完全值得的。據說歷經多年「教育產業化」的迷失與陣痛之後，現在中國教育終於又回到了公益事業的軌道上來。那麼，好，就一件一件實事付諸實施吧。「再窮不能窮教育，再苦不能苦孩子」這個堂皇的口號已經

喊了幾十年，再喊下去就成為諷刺成為羞辱！還有，「讓領導先走」這句極其卑鄙無恥的話人們依然記憶猶新。那一年，在克拉瑪依，就是這一句話，使三百多個鮮活的孩子瞬間葬身火海！……悲劇一再發生，教訓實在太多，時至今日，站在廢墟面前，人們都清楚了：建築不能弄虛作假，而不能弄虛作假的還遠遠不止是建築。教育經費不足的狀況不能再繼續下去了；國家對公共建築監督管理不能再漠視再掉以輕心了；如何切實保護自己同類幼小生命應該全國上下全心全意提到議事日程上來了。中國是一個超大社會，必須改革一切不合理的制度；必須建立起能夠有效執行、有充分細則的法治和制度。這已是刻不容緩的當務之急。

　　這段時間，人們都在互相傳遞這樣一個故事，筆者覺得是很自然的。說野生羊群，被獵人逼上了崖頂，驚人的一幕發生了：羊群自己組合，兩兩搭配，一隻大公羊配一隻小羊，或一隻強壯的公羊配一隻母羊，一對對先後向對面無法企及的山頭跳躍過去。當大公羊躍到最遠的極限，正下墜落時，與它一起跳躍的小羊或母羊，以它脊背為踏板，猛力蹬踏，再度躍起，跳到山崖對面的山頭。那只作為跳板的，自我犧牲，摔到崖下屍骨無存，但小羊和母羊得以逃脫而生存，一個生命群落得以延續。人們還說，類似的例子，在動物界數不勝數。如牛群遇到狼群圍攻時，會擺出一個圓形的戰陣：最外是年輕的公牛，用牛角與狼戰鬥，裏一層是母牛，最裏面是他們的孩子。還有蟻群過河時，用自己的身體勾連成一個中空的球體，中空裏是它們刻意保護的幼

蟻。種群、族群，都是通過這種犧牲、保護而延綿不絕。何況人類！

　　5月19日至5月21日，是為「五一二」四川汶川大地震罹難者而舉行的全國哀悼日。中國有史五千年來，第一次，全國國旗為普通人而降；第一次，國家哀悼日為普通人而設。人們淚水奔湧而出，以國家的名義哭泣，更重要的，以「人」的名義哭泣。人們指出，降旗除有表示國家哀悼、尊重生命的象徵意義以外，通過這種儀式，還可以告慰和警醒所有人：每一個國民，都是國家真正的主人，只有尊重國民，愛護後代，讓他們幸福生活，邦才可興，國才會大。

　　我又想到前面提到的林強。他在訪談中又說：孩子們的亡靈需要一個說法，家長和整個社會期待一個說法。如果發生了那麼大的悲劇，我們卻一點反思都沒有，一個說法都沒有；如果我們總是把自己的名譽和前程看得比孩子們的生命更重要，這樣下去，怎麼可能有心靈的提升和機制的重建？又怎麼可能永絕後患？（陳敏、吳冰清、沈亮，〈真相比榮譽更珍貴──林強訪談錄〉）

　　筆者極其贊成丁學良教授的這個慎重嚴肅的建議：震後的四川，還須建造一座特殊的紀念碑──用那些倒塌的學校建築物的殘骸。可以考慮命其名為「永不」碑。其含義有二：永不忘記已經發生的這些悲劇；永不讓這樣的悲劇以後再發生。丁教授說，個人的進步、群體的繁榮、民族的復興，全都要從正視自己的真實過去開始。惟有智慧的強者，才敢看著自己的醜陋處不蒙眼、不托辭。震後重建家園時，

四川要給震災中湧現的感人不朽的「善」行立碑，也要給震災中暴露的不可饒恕的「醜」行立碑。為奪去了幾千個孩子生命的「醜」立碑。這是愛國主義價值觀的體現。（丁學良，〈四川，你會造這樣一座碑嗎？〉，《金融時報中文版》，《天益》網轉載，2008年5月21日）

楊恒均2008年5月28日文章〈在戰天鬥地中解放我們的思想〉（5月29日《天益》網發的標題）說，中國的官員思想解放到什麼程度，中國就將進步到什麼地步。所有的中國官員應該牢記胡主席「以人為本」的思想和溫總理那句「是人民養活了你們，你們自己看著辦吧！」的至理名言。是的，是人民養活了你們——如果你們故意忽視溫總理這句話中的前半句，而只記住了後半部，看著自己的利益隨心所欲地「辦」，不但不解放思想，甚至想利用手中人民賦予的權力去阻礙思想解放和中國進步的話，到時候，就不是你們「看著辦」的問題了，而是民眾會「看著辦」：也許突然有那麼一天，人民不想再養著你們了！

許多有識之士開始談論「五一二」汶川大地震的深遠的後果。2008年5月26日，朱大可在「寫於持續的悲痛之中」的文章中說，至今，這次地震至少已誘發了一場劇烈的精神地震，敦促人們反省和改造制度的結構性弊端，同時，它也必然會形成一種文化記憶，而其主題不是別的，就是大半個世紀以來，中國人第一次從自己身上，發現了更為健全的人性。（朱大可，〈誰殺死了我們的孩子？——關於汶川地震的反省與問責〉）《南方週末》編輯部2008年5月22日文

章，更是代千萬讀者，直截了當表達一個願景：「汶川震痛，痛出一個新中國」。的確，如文中所說，在救災中，國家正以切實的行動，向自己的人民，向全世界兌現自己對於普世價值的承諾。這是一個轉型契機。這是一個拐點──執政理念全面刷新的拐點；中國全面融入現代文明的拐點。中國現代化這鍋百年老湯，是到煮開的時候了。一個民族的百年悲情，是到昇華的時候了。中國會與世界一起，走向人權、法治、民主的康莊大道。（《南方週末》編輯部，〈汶川震痛，痛出一個新中國〉，《南方週末》，2008年5月22日）

讓我們再次讀一下楊恒均的〈最後一課〉吧。讓我們忍住眼淚，讀完這段結尾：

……不知道過了多久。在最後一次清醒的時候，她停了下來，深情地喊了兩位同學的名字：小婷，大軍？沒有回答，她繼續提高聲音喊。她知道這是最後一次提高聲音了，因為來自胸腔的麻木已經延伸到喉嚨和大腦。小婷！大軍！小婷？大軍？……

沒有聲音。一片黑暗。她哭了，但卻沒有眼淚流出，她身體裏的血和淚都已經流乾。現在，她知道，最後兩個學生也睡去了，是在她最後一堂課上安靜地睡去的，她也累了……

她早想閉上眼睛，永遠地閉上，把這黑暗關在外面。於是，她向黑暗中三十六位學生掃出了依依不捨的最後一眼。在眼簾合上的一剎那，她看到了水、食物，

還有光。

甚至還有那個用她捐獻的錢建造的震不垮的學校大樓。呀，她甚至通過一扇敞開的教室窗戶，看到了自己正站在講臺上，對台下那四十二個頑皮可愛的小臉蛋描述美好的未來⋯⋯

不是說多難興邦嗎？不是說大國崛起嗎？不是說二十一世紀是中國的世紀嗎？那就首先讓楊恒均的〈最後一課〉成為二十一世紀中國的最後一課，讓這一課的悲慘的情景不再出現！這是最後的一課！刻骨銘心，永誌不忘！

鳳凰生像死一般聖潔，死像生一般燦爛。傳說鳳凰涅磐，浴火重生。衷心祝願中國在經歷了這場大地震的慘烈、煎熬和苦難之後，將浴火重生！

＊寫於雪梨，2008年「六一」國際兒童節前夕。發表於《澳洲新報・澳華新文苑》第327／328期，2008年6月7／8、14／15日，以及賈平凹主編的西安《美文》月刊2008年7月號。）

＊附言：楊恒均短篇小說〈最後一課〉原標題為〈最後一堂課〉。本書作者經他同意，刪去原作的開頭和結尾，並改動了個別細節。作品將正式發表於本書作者主編的《最後一課》（《澳華新文苑叢書》第二卷）。

附錄

奧列：一個人撰寫一部有關中國的
英文辭書
——何與懷博士專訪

　　我前幾年就認識何與懷博士，他是雪梨華文作家協會副會長。半年前在《酒井園》詩刊創刊發表會上，何博士帶來了一本他在美國剛出版的英文辭書《中華人民共和國政治文化用語大典》，大家都為他的成果感到高興。

　　澳洲華文作家寫東西的不少，出的書也不算少，但一個人撰寫辭書，而且是象磚頭那麼厚的英文工具書，在美國權威的專業出版社出版，是絕無僅有的。該書在澳洲學術界也產生反響。作協會長黃雍廉提議開個新書發表會，何博士謙虛地謝絕了。因此我產生了採訪的念頭，想向讀者介紹一下這本書，並聽聽何博士對中國政治文化及澳華文化的一些看法。

　　在何博士雪梨南區的新家裡，我們遙望著藍色的海灣，輕鬆地聊著。深藍色封面的巨著就放在桌面，英文名是Dictionary Of The Political Thought Of The People＇s Republic Of China，拿在手上挺沉的，744頁，由紐約M. E. Sharpe出版社2001年出版。

記：何博士，您最近在美國出版的這本有關中國的英文辭典，也算是澳洲學術界的一個成果吧？這是一本怎麼樣的書？

何：這是一部向西方人介紹當代中國社會政治文化的工具書。不同於學術論文，闡明自己的觀察、分析和判斷，而是用中國自己的術語本身串起來去體現中國政治文化的歷史和現狀。我所做的就是對這些術語本身意義的解釋及考證。書中收有二千一百多個條目，每條四個部分：術語中文原文、漢語拼音、英文譯文、術語英文解釋（有些解釋長達數頁）。

中國的政治術語特多，這是共產黨文化一大特色。首先是重視宣傳領袖的思想言論，如毛澤東的一分為二、三大法寶、百花齊放、民主集中制等；林彪的老三篇、四個第一、活學活用等；鄧小平的白貓黑貓、四項基本原則等；江澤民的以法治國、三講等等。其次是運動多，政治成了人們生活的一部分，許多政治術語一般中國人耳濡目染都非常熟悉，如大批判、思想改造、打著紅旗反紅旗；反右前後的右派分子、引蛇出洞、三面紅旗；文革的走資派、造反派、四人幫、鬥私批修、反擊右傾翻案風；以及八十年代的清除精神污染、反對資產階級自由化……等等。通過這些術語的解釋，可以看到中國共產體制的連續性，以及各個時期的發展變化，如五、六十年代的「下放」、八十年代的「下海」、九十年代的「下崗」，特別是可以看到從以階級鬥爭為綱、反修防修到開放改革、突出經濟的變化軌跡。

外國人對這麼多繁復的術語常常感到費解，特別是那些帶有數字的術語，如一國兩制、三反五反、四條漢子、五講四美三熱愛、十大關係、十六條……等。還

　　有，中國文學與政治關係密切，文學術語也很多，如寫真實、黑八論、三突出、雙百方針、干預生活、文藝為政治服務、向前看文藝等。本書自然也有不少這種術語。

　　和別的術語書不同，本書也收集大量的「提法」，如槍桿子裡面出政權、以階級鬥爭為綱、正確處理人民內部矛盾、對內搞活對外開放、實踐是檢驗真理的唯一標準……等等。本書著重思想理論方面的條目，反映各種爭議，如傷痕文學論爭、社會主義悲劇論爭、人道主義論爭、文學主體性論爭、《河殤》論爭、新權威主義論爭、民族主義論爭以及最近幾年的自由主義與新左派的論爭等，這可能是本書最重要的特色。

記：寫這樣的書真不容易，必須對中國有深刻的認識，對西方有透徹的理解。您是位學者，曾在中國和紐西蘭教書，您的文化背景和學術經歷也許有助於您的寫作，能談談嗎？

何：所謂學者，就是學習者，就是活到老學到老的人。我1964年畢業於天津南開大學外文系，後在廣州中山大學進修，繼而在廣州外語學院任教，並在那裡經歷了文化大革命。八十年代初到紐西蘭奧克蘭大學，一邊讀博士學位一邊教書。我曾在紐西蘭《亞洲時報》上撰文談到這段生活。

記：這篇文章我看了，叫《在奧大讀博士雜記》。很有意思，在中國您是學英美文學教英美文學的，到了外國，您卻反過來研究中國文學教授中國文學。

何：我做的博士論文是評述中國「新時期」中一系列文學政治事件，探討當代中國文學與政治的關係，後來在1992年由德國魯爾大學東亞研究系主任馬漢茂教授在其波鴻

出版社出版，題目是《壓制與放鬆的循環：1976至1989年間中國文學政治事件研究》。因為研究當代中國文學與政治的關係，進而對當代中國各種思潮發生了興趣。

記：您為甚麼會產生寫這本辭書的想法，您覺得它能起甚麼作用？

何：我在大學教過書，知道此類工具書在教學和研究上的用處。但也正因為是工具書，決不會起甚麼「作用」，發生甚麼影響，首先就沒有一個人會從頭到尾看一遍。不過，我的確在啟發讀者思考方面（這不是一般工具書的任務）下了一些工夫。M. E. Sharpe 是西方有名的出版社，它要出我的書，我也利用了這個機會。

記：寫這本書，您花了多少時間？

何：我1995年就開始著手。當時因工作關係常與中國的官員、學者、商家接觸，發現中國這些年人們思想變化很大，對過去一套做法和指導思想普遍持批判態度，我就想編本書把中國政治文化層面的社會現實反映出來。雪梨大學文學院的陳順妍博士，最初打算由她出版此書，但因為要翻譯高行健作品太忙，沒時間作編審。這樣斷斷續續到了1998年 M. E. Sharpe 出版社同意出版此書，我便專心對書稿作大幅修改，增補（增補了一倍），特別增加了中國各種思潮論爭方面的術語。我同時著重理論定位，重點在於社會政治文化思想方面，而不同於某些辭典著重日常生活方面。撰寫時我力圖客觀、超脫、不迴避爭論。因為書中有中英文，英文出版社覺得排版有困難，所以我還得一頁一頁自己排版，耗去了不少時間。

記：這本書據說在學術界產生反響，情況究竟怎樣？

何：我看過在中國大陸、台灣、香港、美國、澳洲各地出版

的此類書籍，本書算是最新的了。台灣也出過類似的書，但他們對大陸不十分瞭解，分不清主次，也較過時，錯漏較多。一些香港的大學教師很重視本書，對我說此書對瞭解大陸很有幫助。香港雖然毗鄰大陸，但過去對大陸不屑一顧，不關注，現在要打交道感到很陌生。澳洲一些大學和圖書館都購買了此書。我所認識的一些學者教授對這本工具書的出版都表示讚賞。

記：寫這樣一本巨著，前後消耗了您多年時間。您是雪梨華文作家協會副會長，為寫這本書而不能全力進行華文寫作，您覺得是否有得有失？

何：說是「巨著」可能太誇張了。不過，寫這類書是相當費力不討好。為了準確，常常為小小的問題花費許多時間。而且，我可能不自量力，一個人進行這樣大的工程。西雪梨大學亞洲研究部主任馮兆基教授對此也感到驚訝，他說：「這應該是一個Team的工作，每人只需要寫十幾個條目。」當然，我也請人看過這本書稿，並提出意見。如陳順妍博士，還有雪梨理工大學國際研究院中國部主任馮崇義博士、新南威爾士大學政治及國際關係學院由冀博士以及其他一些教授專家也幫忙看過，趁此機會我也對他們再一次表示感謝。

　　編寫這類書也是一種「遺憾」的工作。書一出版就「過時」了，因為新的術語新的提法層出不窮，都來不及收入。而且，由於個人偏見，水平有限，或資料不足，時間倉促，書中難免有錯誤，特別是有遺漏。

　　為了寫這本書，其他方面的寫作自然少了許多。但編寫這本書也有助於我的學識修養的提高，它迫使我進一步瞭解一些當代中國問題，這對我今後的寫作還是有好處的。

記：作為學者兼作家，您覺得澳華文壇是否活躍？澳華報刊
　　還是發表了不少本地作者的文章或作品，從文化的層面
　　看，您覺得這些東西的價值如何？

何：我覺得澳華文壇是活躍的。就雪梨而言，各報刊出了很
　　大力氣，值得讚揚肯定。現在《東華時報》雖然停刊，
　　又出了你們編的《亞洲星期天》，這是又一片綠洲。雪
　　梨除了兩個作家協會，現在又出了個「酒井園」詩社，
　　很熱鬧。我對各位作者寫作都持肯定態度，能飛的飛，
　　能走的走，堅持寫作就不錯，誰也不是「應該割除的盲
　　腸」。如果不搞急功近利，不以文為生，就不必提出
　　「文學死了嗎？」這類問題。正如我在第四屆世界華文
　　作家代表大會提出的論文所表示，我是樂觀派，是世界
　　華文文學「多元文學中心論」的支持者。誰寫得好誰就
　　是中心，支流也可以變成主流。如果你希望有朝一日成
　　為傑出甚至偉大的華文作家，你現在就應該相信「中華
　　文化就在我的身上」，甚至認為「我就是中國」，就以
　　這種態度去寫作。

記：目前澳洲的華人學者和華文作家各有天地，您認為如何
　　使兩者結合起來，共同促進澳洲中華文化的發展？

何：我一直努力做的一項工作就是力圖使華人學者和華人作
　　家多多聯繫，相互學習。最近，我們請了劉渭平教授演
　　講澳洲華人的過去，現在及將來。我們還將請由冀博士
　　講「中國戰略及台海兩岸關係問題」。預計江澤民總書
　　記將在七月一日發表講話，重點闡述他的「三個代表」
　　的理論，之後我們將組織專家學者探討中國政治改革的
　　方向方法及其可能前景。作為一個華人，特別一個華人作

家,當然要關心中國的前途問題。而且這對其創作也大有幫助,可以擴大視野,增加歷史感,增加哲學深度。

八十年代,王蒙曾經感嘆當代作家學問不夠,不如二、三十年代的作家。那時許多作家都大有學問,有些是多面手,又是翻譯家,縱橫馳騁,得心應手。的確,學問多一些總是好的。

要提倡文學批評。如果有好的文學批評,有好的評論氣氛,整個文壇就帶動起來了。

記:您在這方面身體力行,最近在報上寫了一些有關高行健獲諾貝爾文學獎、中美關係及台海兩岸問題的文章,可以看出您對政治文化的興趣。

何:作為澳洲公民,我們應該更多關注澳洲的國際名聲、澳洲的社會政治文化,關注澳洲的經濟發展,社會進步。坦白地說,我在這方面做得很不夠。至於如你所說,我寫了些有關中國文學和政治問題的文章,但這些東西實在很膚淺,這還說不上研究,只是對社會現實的一種興趣。不知你注意到沒有,許多海外的中國學者都從研究文學擴大到研究中國社會政治文化,這種對社會的關注,是一種社會責任感,可能多少也因為儒家思想對中國知識分子的影響吧。

記:常在雪梨文化界看到您的蹤影,這就是您對中華文化發展的責任感吧。謝謝您接受採訪,並提出很好的意見,希望能看到您更多的文章。

＊本文曾於2001年7月29日在雪梨《亞洲星期天》發表。當時奧列為該報副總編輯。

後 記

　　本文集收入的文章大多可謂是對英靈的追念。他們中有些可稱之為中國大陸不同時期不同領域中的傑出人物。如在新聞領域上，有上個世紀八十年代的中國大陸被稱為「中國良心」的劉賓雁（〈上下求索，雖九死猶未悔〉），有在中國大陸宣導社會主義異化論研究的王若水（〈一位痛苦的清醒者〉），有在「文革」中悲慘地消失於人世的大右派儲安平（〈北望長天祭英魂〉）。在文學藝術領域上，有一代文學巨匠巴金（〈不讓歷史的悲劇重演〉），有著名畫家散文家郁風（〈她去了，一片紫色的煙霧……〉）、著名詩人公劉（〈遙遠的紀念〉）和昌耀（〈我看到那座巍然聳立的山脈〉），以及詩人學者翻譯家梁宗岱（〈他以悶雷般的吼叫告別世界〉），等等。在命運上他們非常坎坷奇特，如楊小凱從坐牢十年的「反革命」變成國際著名的經濟學家（〈天妒英才〉）；王若水從中共喉舌《人民日報》副總編輯的高位被開除後便一直被某些權貴視為「持不同政見者」。有些更是非常悲慘。如二十世紀六十年代初在夾邊溝勞改場大批死亡的右派分子（〈夾邊溝，我聽見亡靈的悲訴……〉），如文革中和文革後慘遭槍決的思想者（〈中國的馬丁‧路德‧金〉、〈一個極權主義的自覺批判者〉、〈她讓所有苟活者

都失去重量〉、〈中國聖女〉）或學術精英（〈一個天才青年的悲劇〉）。

　　書中各篇涉及的人物，我除了和梁宗岱比較熟悉外，和其他人並無交往或交往甚少：郁風是她和黃苗子到雪梨時認識的；和王若水只不過有一次在香港大學舉行的研討會上相處過兩三天，至於公劉，只在他去世後見到他的女兒並作了一次長談。但正如蕭虹博士、陳行之先生和冰夫先生在序中所言，在我的篇章中，我的確對那些先知先覺者難以抑制敬佩與追思之情；對他們的苦難與屈辱，也感同身受而且油然而生出不平之鳴。我委婉地披露出那「荒誕年代荒誕事件」產生的腐朽土壤及其嚴重後果，在字裏行間讓讀者感受到那「血的驚心與淚的沉重」。

　　但說到「社會良知與道德追求」的大義，我並不敢當。我不敢自詡什麼。我不過深信，追念這些逝去者是有意義的。

　　以〈北望長天祭英魂〉一文為例。好幾年前，當此文發表後，數天之內為世界各地一些網站刊登，不但有澳洲、美國等地的網站，更有中國北京的網站，如《改造與建設》網（北京社會經濟科學研究所網站）、《燕南》網（北京大學學人網站，現已不復存在，替代的是《天益》網）和《中國選舉與治理》網（由中國人民大學比較國際政治經濟研究所與卡特中心中國選舉專案聯合主辦，對象為中國大陸政府官員和海內外學者）。在網上閱讀此文者眾多，而且有不少評論，其熱烈與真誠有些出乎我意料之外。以下是我的資料文

檔中尚為保存的當年在《燕南》網上留言欄上開頭的幾則，
雖然已經過去了一些時日，讀來還是很感人的：

1　真正的自由主義知識份子風骨
2　兀然而醉，豁爾而醒，獨立之精神，自由之思想
3　歸根結底是無孔不入的專制主義傳統下，全社會尊重
　　基本人權的意識十分淡薄，自由主義的力量對比很微
　　弱，抵禦不了極權主義的侵入，肆虐。
　　這是苦難國史中的宿命，非人力所能及。這麼說不是
　　悲觀和推卸責任，而是對國人普遍的主體意識覺醒程
　　度有清醒的認識。
　　各位學友，勇猛精進呀！
4　沉重的歷史
5　千古奇冤的背後是什麼？
　　當初選擇的路徑不就註定了日後的悲劇嗎？
　　在歷史的迷局中，有幾人能象胡適、傅斯年一樣清醒
　　而執著地堅守自由主義的底線，不為天花亂墜的極權
　　主義所迷惑呢？
　　中國知識界為自己的膚淺付出了沉重的代價，並且殃
　　及國族全體！
6　五大右派平反之日，即是我中華復興之日。
…………

　　書中所呈現的種種，是一個時代的縮影。我以自己的水
準和視野，力求接近真實。我肯定做得不夠（包括資料來源

有限，而且未必都準確），但我的信念是清楚的：真相不應
該掩藏；歷史不應該遺忘，更不應該篡改。是的，如蕭虹博
士所說，我讚賞巴金先生主張成立文革博物館以警醒國人。
《一九八四》喬治·奧威爾這部被公認為是描繪一種集權統
治的烏托邦社會的大書也說，一些控制現在的人，妄圖通過
改變過去而創造符合一己私利的未來。所以，我在書中把這
些人和事寫下來，希望人們永遠不會忘記。而且，如果有
幸，希望我們的後代也能讀到這本書和所有類似的書，世世
代代都不忘記在中國大陸曾經發生過這樣可恥可悲的事情，
而且不允許同樣的事情再度發生。

今年五月這本書剛要交出版社編印之際，中國大陸發生
了「五一二」四川汶川大地震，我忙於賑災及其他活動，也
因為心境不佳，出版的事情便暫停了一下。現在繼續，順便
把這段時間寫的〈但願這是二十一世紀中國的最後一課——
讀楊恒均的《最後一課》所想到的〉也收進書中。但是，即
使不算此篇，本書其他各篇文章寫作時間前後亦相間得很
長。有各種原因。其中一個原因亦是因為所寫的內容過於沉
重過於難受，實在不堪回首而不時要停頓下來。現在成書得
到澳洲南溟出版基金的贊助，非常感謝。南溟出版基金為紀
念蕭宗謀先生而設。蕭先生青年時代畢業於天津南開大學
（碰巧不才也算是他一個小小的學弟），隨即在家鄉及海內
外各地獻身於華人教育事業。他還曾任臺灣世界書局總經理
多年，對弘揚中華文化貢獻良多。他主持整理校訂出版流失
海外多年的中華文化瑰寶《永樂大典》佚文，曾獲金鼎獎；

臨終前得見《四庫薈要》面世，含笑九泉。南溟出版基金的定名，取莊子《逍遙遊》中這個句子之意：「鵬之徙于南溟也，水擊三千里，摶扶搖而上者九萬里。」我當然有愧於此中的願景，但寫作此書的心意是真誠的。感謝蕭宗謀先生的女兒蕭虹博士把我內心的隱秘點出。她在序言最後說：

> 我覺得到此我還是沒有完全梳理出何與懷的意圖。我覺得這些文章內還隱藏著一個動機，但必需說明這只是我自己的體會，並未求證於何本人。他可能並沒有意識到這一點，也可能是我無中生有。總之，我還感到他在寫這些文章的時候，一定懷有幾分懺悔的心情。因為在當時沉默的芸芸眾生之中也有他。當他重新拾起這些往事時，能沒有幾分愧疚？

的確，寫作此書也是一種懺悔。劉再復先生在〈面對高潔的亡靈〉一文中，曾痛切地解剖自己的靈魂：

> 三十多年過去了，我仍然清清楚楚地記得沈元的名字，記得這一個年青傑出學者被活埋、被毀滅的悲劇故事。……在想起他的悲劇時，我首先想到他在過去那些荒誕歲月裏，自己也曾發過瘋，也振振有詞地批判過「右派分子」、「反革命修正主義分子」，也唯恐落後地和「沈元之流」劃清界線甚至加入聲討他們的行列。我真的感到自己參與創造一個錯誤的時代，真的感到自己也是謀殺沈元的共謀。

　　劉先生說出了我（我想亦是許多中國知識份子）也想說的話。我清楚地記得，在那些「嚴打」「速決」的時期，在那些所謂「群眾專政」的恐怖年月，我也像許多人一樣，可悲可歎地屈服了。正如我在敘述青年史學家沈元的悲慘命運（〈一個天才青年的悲劇〉）一文中所說：暴政可以是雙重的，不僅有獨裁政權的暴力專政，為獨裁政權所愚昧的民眾也可推波助瀾施加多數暴政。人性的卑鄙，制度的罪惡，沈元案件提供了一個令人萬分悲憤的標本。這是一代知識份子的傷痛、悲哀和恥辱。

　　不過，話說回來，如果只停留在個人的「懺悔」云云，亦多少有點卑微。我自認想得更多更大。冰夫先生說得對：知識份子的良知和社會責任感，對構建自由、平等、和諧、健康的現代社會，是一種巨大的推動力量。今天收到陳行之先生從北京傳來的評論〈他鐫刻了一座心碑〉，他為拙作寫出極其熱情美好的文字，令我愧不敢當，另一方面亦讓我增加些信心。他的大作最後說：

　　　　我有理由認為這本書是何與懷為那些高尚而深刻的靈魂鐫刻的一座心碑。我也有理由據此推想：倘若有更多的人鐫刻這樣的心碑並把它們置放到一起，我們就將得到一座穿越祖國歷史時空的長城，它巍峨壯麗，肅穆莊嚴，在它面前，任何可笑的事物都將愈發可笑，任何輕飄的事物都將更加輕飄，因為它是一個偉大民族真正的精神創造——它無與倫比。

　　讓我們都參與這個艱難的事業吧，不單中國大陸民眾，亦包括世界各地華人，當然更應該有臺灣人民。今日中國，已成為全世界矚目的中心；「中國向何處去？」——這個四十一年前楊小凱的「天問」，今天更具有全球的意義。這不僅關係到中華民族的禍福，甚至關係到全人類的禍福。茲事體大，我等即使不過芸芸眾生，即使人微言輕，力不從心，亦不能漠不關心，不置一詞。

　　如此可算本書的一個小小的心意。

2008年7月18日於澳洲雪梨。

國家圖書館出版品預行編目

北望長天——報導文學隨筆集 / 何與懷著. --
一版. -- 臺北市 : 秀威資訊科技 , 2008.11
　面 ；　　公分. --(語言文學類 ; PG0211)

BOD版
ISBN　978-986-221-099-4（平裝）

1.報導文學　2.傳記　3.中國

782.18　　　　　　　　　　　　97020164

 語言文學類　PG0211

北望長天——報導文學隨筆集

作　　　　者 / 何與懷
發　行　　人 / 宋政坤
執 行 編 輯 / 賴敬暉
圖 文 排 版 / 郭雅雯
封 面 設 計 / 蔣緒慧
數 位 轉 譯 / 徐真玉　沈裕閔
圖 書 銷 售 / 林怡君
法 律 顧 問 / 毛國樑　律師
出 版 印 製 / 秀威資訊科技股份有限公司
　　　　　　台北市內湖區瑞光路583巷25號1樓
　　　　　　電話：02-2657-9211　傳真：02-2657-9106
　　　　　　E-mail：service@showwe.com.tw
經　　銷　　商 / 紅螞蟻圖書有限公司
　　　　　　台北市內湖區舊宗路二段121巷28、32號4樓
　　　　　　電話：02-2795-3656　傳真：02-2795-4100
　　　　　　http://www.e-redant.com

2008 年 11 月　BOD 一版
定價：430 元

讀　者　回　函　卡

感謝您購買本書，為提升服務品質，煩請填寫以下問卷，收到您的寶貴意見後，我們會仔細收藏記錄並回贈紀念品，謝謝！

1. 您購買的書名：_____

2. 您從何得知本書的消息？

　　□網路書店　　□部落格　　□資料庫搜尋　　□書訊　　□電子報　　□書店

　　□平面媒體　　□ 朋友推薦　　□網站推薦　□其他_____

3. 您對本書的評價：(請填代號　1.非常滿意 2.滿意 3.尚可 4.再改進)

　　封面設計____　版面編排____　內容____　文/譯筆____　價格____

4. 讀完書後您覺得：

　　□很有收獲　　□有收獲　　□收獲不多　　□沒收獲

5. 您會推薦本書給朋友嗎？

　　□會　　□不會，為什麼？_____

6. 其他寶貴的意見：_____

_____

_____

_____

讀者基本資料

姓名：_____　年齡：_____　性別：□女 □男

聯絡電話：_____　E-mail：_____

地址：_____

學歷：□高中(含)以下　　□高中　　□專科學校　　□大學

　　　□研究所(含)以上 □其他_____

職業：□製造業 □金融業 □資訊業 □軍警 □傳播業 □自由業

　　　□服務業 □公務員 □教職　　□學生 □其他_____

(請沿線對摺寄回,謝謝!)

秀威與 BOD

BOD（Books On Demand）是數位出版的大趨勢，秀威資訊率先運用 POD 數位印刷設備來生產書籍，並提供作者全程數位出版服務，致使書籍產銷零庫存，知識傳承不絕版，目前已開闢以下書系：

一、BOD 學術著作—專業論述的閱讀延伸
二、BOD 個人著作—分享生命的心路歷程
三、BOD 旅遊著作—個人深度旅遊文學創作
四、BOD 大陸學者—大陸專業學者學術出版
五、POD 獨家經銷—數位產製的代發行書籍

BOD 秀威網路書店：www.showwe.com.tw
政府出版品網路書店：www.govbooks.com.tw

　　永不絕版的故事·自己寫·永不休止的音符·自己唱